DEIN COACH ZUM ERFOLG!

Dein ActiveBook auf MySTARK:

Du kannst auf alle digitalen Inhalte (Prüfung 2022, interaktive Aufgaben, MindCards, Glossar) online zugreifen. Registriere dich dazu unter **www.stark-verlag.de/mystark** mit deinem persönlichen Zugangscode:

Die Inhalte dieser Auflage stehen bis 31.7.2024 zur Verfügung.

Das ActiveBook bietet dir:

- Viele interaktive Übungsaufgaben zu prüfungsrelevanten Kompetenzen
- Tipps zur Bearbeitung der Aufgaben
- Sofortige Ergebnisauswertung und Feedback
- MindCards und digitales Glossar zum gezielten Üben und Wiederholen zentraler Inhalte

MySTARK

DEIN COACH ZUM ERFOLG!

So kannst du interaktiv lernen:

 Interaktive Aufgaben

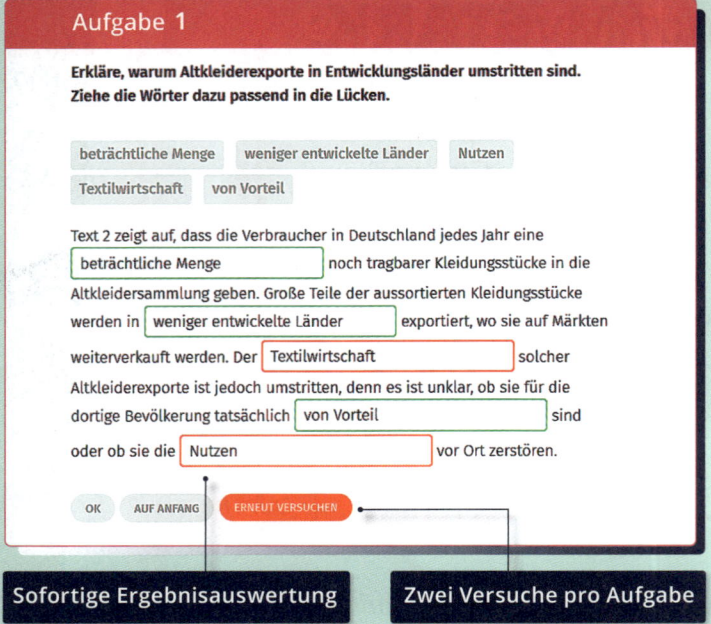

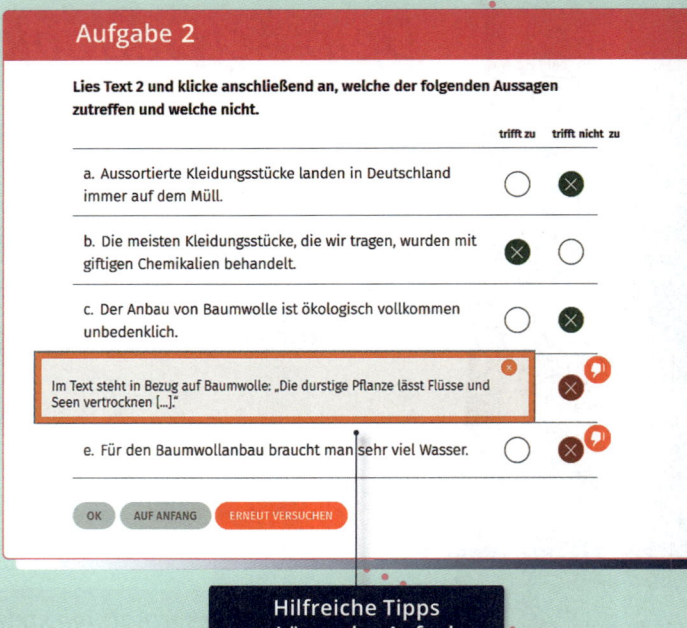

- Sofortige Ergebnisauswertung
- Zwei Versuche pro Aufgabe
- Hilfreiche Tipps zum Lösen der Aufgaben

 Digitales Glossar

 **Web-App „MindCards"**

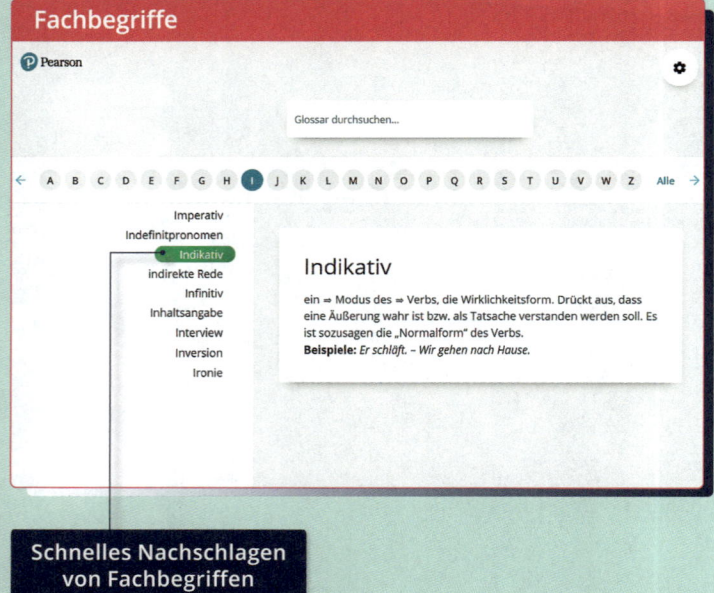

- Schnelles Nachschlagen von Fachbegriffen

- Merkwissen gezielt üben und wiederholen
- Individuelles Lernen nach dem Karteikartensystem

Systemvoraussetzungen:
- Mindestens 1024×768 Pixel Bildschirmauflösung
- Chrome, Firefox oder ähnlicher Webbrowser
- Internetzugang
- Adobe Reader oder kompatibler anderer PDF-Reader

Direkt zu den MindCards

2023

MSA · eBBR
Original-Prüfungen und Training

Berlin · Brandenburg

Deutsch

Bildnachweis

Fotolia:
S. 1 (unten) und 16 © Kurt MISAR, S. 5 © LianeM, S. 14 © runzelkorn, S. 34 © Stephan Koscheck, S. 39 © Sandor Jackal, S. 42 © Marty Kropp, S. 60 © Timothy Stone, S. 61 © Julian Weber, S. 81 © awhelin, S. 85 © corepics, S. 87 © Digitalpress, S. 93 © TimM, S. 96 © Dusan Kostic, S. 99 © amridesign, S. 104 © Daniel Gale, S. 114 © rekemp, S. 130 © Suprijono Suharjoto, S. 113

iStockphoto:
S. 1 (Mitte), 4 und 59 © Chris Schmidt, S. 11 © Monika Adamczyk, S. 23 © Andrea Krause, S. 37 © George Peters, S. 46 © Nikolay Stoilov, S. 74 © Steve Pepple, S. 83 (links) © Gene Chutka, S. 91 © Boris Yankov, S. 94 © nicholas belton, S. 115 © Roberto A Sanchez, S. 120 © Dan Brandenburg, S. 123 © Huseyin Turgut Erkisi, S. 124 © Cat London, S. 126 © Miroslav Ferkuniak, S. 127 © rusm

Dreamstime:
S. 6 © Sebastian Czapnik, S. 47 © Massimo Valicchia, S. 73 © Andrew Kazmierski, S. 100 © Ron Chapple Studios, S. 125 © Jan Martin Will

Shutterstock:
S. 1 (oben) und 69 © Andrea Danti, S. 24 © Anthonycz, S. 25 © jorgen mcleman, S. 31 © sharpner, S. 32 © Morphart Creation, S. 44 © Claudia Naerdemann, S. 48 © Kalenik Hanna, S. 53 © ArtFamily, S. 70 © Ase, S. 117 © Stefan Schurr

ullstein bild:
S. 9 © TopFoto, S. 83 © Imagebroker.net (Mitte), © Vision Photos (rechts), S. 90 © Reuters

Sonstige:
S. 20 © INTERFOTO / Moore, S. 21 © imago / Manngold, S. 22 © Verlag Herder, S. 63 © Jean Scheijen / www.vierdrie.nl, S. 76 © John Foxx Collection / Imagestate, S. 77 © Radiat-r, CC BY-SA 3.0, S. 89 © picture alliance/dpa-infografik

© 2022 Stark Verlag GmbH
18. neu bearbeitete und ergänzte Auflage
www.stark-verlag.de

Das Werk und alle seine Bestandteile sind urheberrechtlich geschützt. Jede vollständige oder teilweise Vervielfältigung, Verbreitung und Veröffentlichung bedarf der ausdrücklichen Genehmigung des Verlages. Dies gilt insbesondere für Vervielfältigungen, Mikroverfilmungen sowie die Speicherung und Verarbeitung in elektronischen Systemen.

Inhalt

Vorwort

MSA / eBBR – 10 wichtige Fragen und Antworten

A   Training Grundwissen

Lesekompetenz 3

1	Den Leseprozess steuern	3
2	Leseaufgaben lösen	6
2.1	Geschlossene Aufgaben lösen	6
2.2	Halboffene Aufgaben lösen	13
3	Sachtexte verstehen	17
3.1	Die Absicht des Verfassers erkennen	17
3.2	Arten von Sachtexten unterscheiden	19
3.3	Nichtlineare Texte lesen: Tabellen und Diagramme	24
4	Literarische Texte verstehen	31
4.1	Epische Texte untersuchen	31
4.2	Gedichte untersuchen	41
5	Die sprachliche Gestaltung beurteilen	48
5.1	Die Sprachebene bestimmen	48
5.2	Auf die Wortwahl achten	49
5.3	Den Satzbau berücksichtigen	51
5.4	Sprachbilder erkennen	51
5.5	Ironie richtig deuten	53

Schreibkompetenz 55

6	Den Schreibprozess steuern	56
7	Schreibaufgaben lösen	62
7.1	Offene Fragen zu einem Text beantworten	62
7.2	Den Inhalt eines Textes zusammenfassen	65
7.3	Einen Text analysieren	71
7.4	Eine literarische Figur charakterisieren	79
7.5	Einen argumentativen Text schreiben: Erörterung und Stellungnahme	82
7.6	Einen informierenden Text verfassen	86
7.7	Produktiv-kreative Texte schreiben	91

Inhalt

8	**Einen Text überzeugend gestalten**	**96**
8.1	Geschickt formulieren	96
8.2	Zitate gezielt einsetzen	98
9	**Richtig schreiben**	**100**
9.1	Rechtschreibung	100
9.2	Zeichensetzung – Die wichtigsten Kommaregeln	105

Über den QR-Code kannst du **Lernvideos** zu wichtigen Rechtschreibregeln abrufen.

Kompetenz Sprachwissen und Sprachbewusstsein ... **107**

10	**Wortbedeutungen erklären und zuordnen**	**108**
11	**Formen der Wortbildung kennen**	**109**
12	**Wortarten unterscheiden**	**110**
12.1	Nomen	112
12.2	Adjektive	115
12.3	Pronomen	116
12.4	Verben	118
13	**Satzglieder und Satzbau beherrschen**	**125**
13.1	Sätze untergliedern	125
13.2	Hauptsätze und Nebensätze unterscheiden	126
13.3	Sätze verbinden	128
13.4	Relativsätze geschickt nutzen	130
13.5	„Das" und „dass" auseinanderhalten	131

Merkwissen ... **133**
Stilmittel ... 133
Arbeitsaufträge (Operatoren) ... 135

Autorin:
Marion von der Kammer
(Teil A)

B	**Original-Prüfungsaufgaben MSA/eBBR**	

Abschlussprüfung 2018

1	Eva-Maria Träger: Her mit dem Stress *(Sachtext)*	2018-1
2	Lara Schützsack: Und auch so bitterkalt *(Literarischer Text)*	2018-8
3	Der Siegeszug der Fernbusse *(Diskontinuierliche Texte)*	2018-15
4	Richtig schreiben	2018-19
5	Überarbeiten eines Textes	2018-21
6	Erstellen eines Schreibplans: *Soll auf Feuerwerk verzichtet werden?*	2018-22
7	Umsetzung des Schreibplans: Verfassen einer Erörterung	2018-25

Inhalt

Abschlussprüfung 2019

1. Andreas Austilat: Unser täglich Rot *(Sachtext)* 2019-1
2. Jenn Bennett: Annähernd Alex *(Literarischer Text)* 2019-7
3. Die nächste große Welle *(Diskontinuierliche Texte)* 2019-14
4. Richtig schreiben 2019-18
5. Überarbeiten eines Textes 2019-20
6. Erstellen eines Schreibplans:
   Sollte man ein Ehrenamt ausüben? 2019-21
7. Umsetzung des Schreibplans: Verfassen einer Erörterung 2019-24

Abschlussprüfung 2020

1. Julia Grass: Smileys und Symbole – Wie Emojis unsere
   Kommunikation verändern *(Sachtext)* 2020-1
2. Susanne Mischke: Röslein stach *(Literarischer Text)* 2020-7
3. Plastikmüll – Mehr als nur Tüten *(Diskontinuierliche Texte)* . 2020-14
4. Richtig schreiben 2020-17
5. Überarbeiten eines Textes 2020-19
6. Erstellen eines Schreibplans:
   Sollte man Secondhandkleidung kaufen? 2020-20
7. Umsetzung des Schreibplans: Verfassen einer Erörterung 2020-23

Abschlussprüfung 2021

1. Mareike Nieberding, Björn Stephan:
   Influencer: Die Einfluss-Reichen *(Sachtext)* 2021-1
2. Antje Wagner: Hyde *(Literarischer Text)* 2021-8
3. Geliebte Limonade *(Diskontinuierliche Texte)* 2021-14
4. Richtig schreiben 2021-18
5. Überarbeiten eines Textes 2021-20
6. Erstellen eines Schreibplans: *Können Streaming-Dienste
   den Besuch von Kultur- und Sportveranstaltungen ersetzen?* ... 2021-21
7. Umsetzung des Schreibplans: Verfassen einer Erörterung 2021-24

Abschlussprüfung 2022
Prüfungsaufgaben .... www.stark-verlag.de/mystark

Sobald die Original-Prüfungsaufgaben 2022 freigegeben sind, können sie als PDF auf der Plattform MyStark heruntergeladen werden (Zugangscode vgl. Farbseiten vorne im Buch).

Inhalt

 Lernvideos

Wenn du den **QR-Code** mit deinem Smartphone oder Tablet scannst, kannst du Lernvideos abrufen, die dir wichtige Rechtschreibregeln erläutern.

Im Hinblick auf eine eventuelle Begrenzung deines Datenvolumens empfehlen wir, dass du dich beim Ansehen der Videos im WLAN befindest. Hast du keine Möglichkeit, den QR-Code zu scannen, findest du die Lernvideos auch unter:

http://qrcode.stark-verlag.de/rechtschreibung-deutsch

Themen der Videos:
- Großschreibung
- Nominalisierung
- Kommaregeln bei Haupt- und Nebensätzen
- Kommasetzung bei Infinitivgruppen
- Rechtschreibstrategien

Inhalt

Interaktives Prüfungstraining

Dieses Buch umfasst auch ein interaktives Prüfungstraining fürs Lernen am Computer oder Tablet. Zum ActiveBook gelangst du über die Online-Plattform *MyStark*. Nutze dafür den vorne im Buch eingedruckten **Link** und deinen persönlichen **Zugangscode**.

Im folgenden Inhaltsverzeichnis zum ActiveBook sind am Rand **Symbole** abgebildet. Diese findest du auch im Buch immer wieder. Sie zeigen an, zu welchen Kompetenzbereichen es im ActiveBook **zusätzliche interaktive Aufgaben** gibt.

Inhalt ActiveBook

Interaktive Aufgaben
Aufgaben mit Tipps und sofortiger Auswertung zu allen Bereichen der Prüfung:

Lesekompetenz

1 Sachtext

2 Literarischer Text

3 Grafiken

Sprachkompetenz

4 Grammatik

5 Ausdruck und Stil

6 Rechtschreibung und Zeichensetzung

Schreibkompetenz

7 Texte überarbeiten

8 Argumentierende Texte vorbereiten

MindCards
Interaktive Lernkarten zu wichtigen Fragen und Fehlerschwerpunkten

Digitales Glossar
Einfaches und schnelles Nachschlagen von Fachbegriffen, wie z. B. Textsorten, Stilmittel, Grammatikwissen

Vorwort

Liebe Schülerin, lieber Schüler,

dieses Buch hilft dir bei der selbstständigen Vorbereitung auf die Prüfung zum Erwerb des **Mittleren Schulabschlusses (MSA)** bzw. der **Fachoberschulreife (FOR)** oder der **erweiterten Berufsbildungsreife (eBBR/EBR)**.

▶ Im ersten Kapitel „**Training Grundwissen**" erfährst du genau, welche Strategien und Kernkompetenzen von dir in der Prüfung verlangt werden. Es wird dir gezeigt, wie die einzelnen Aufgaben aussehen können und wie du sie **Schritt für Schritt** bearbeiten kannst. Wichtige **Tipps**, übersichtliche Zusammenfassungen (**Auf einen Blick**) und zahlreiche **Hinweise** helfen dir, nichts zu vergessen und ein gutes Ergebnis zu erzielen.

▶ Anhand von zahlreichen **Übungen** kannst du trainieren, wie du mit möglichen Aufgabenstellungen umgehen kannst und wie du sie erfolgreich löst.

▶ Fachbegriffe aus dem Deutschunterricht, die in der Prüfung vorkommen könnten, solltest du dir mithilfe des **Merkwissens** noch einmal in Erinnerung rufen. Der praktische Überblick hilft dir, deine Kenntnisse gezielt zu überprüfen.

▶ Am Schluss findest du die **Original-Prüfungsaufgaben** aus den Jahren **2018–2021**. Sie verschaffen dir einen Eindruck davon, was dich in der Prüfung erwartet.

▶ Auf *MyStark* stehen im Internet außerdem die **digitalen Inhalte** zum Buch bereit. Dort findest du die **Original-Prüfungsaufgabe 2022**, die **Lernvideos** zur Rechtschreibung sowie **farbige Versionen** der Grafiken aus der Prüfung. Außerdem kannst du mit zusätzlichen **interaktiven Aufgaben** am Comupter oder Tablet trainieren.

Zu diesem Band gibt es ein separates **Lösungsbuch** (Best.-Nr. C11140L). Es enthält ausführliche Lösungsvorschläge und wertvolle Tipps zur Bearbeitung der Aufgaben. Wichtig ist, dass du **selbstständig** die Aufgaben bearbeitest, ehe du dir die Lösungen ansiehst.

Sollten nach Erscheinen dieses Bandes noch wichtige Änderungen in der Prüfung zum MSA oder zur eBBR vom LISUM Berlin-Brandenburg bekannt gegeben werden, findest du aktuelle Informationen dazu ebenfalls bei *MyStark*.

Viel Spaß beim Üben und vor allem viel Erfolg in der Prüfung!

Marion von der Kammer

MSA/eBBR –
10 wichtige Fragen und Antworten

1 In Berlin und Brandenburg finden gemeinsam die zentralen schriftlichen Prüfungen zum Erwerb der **Abschlüsse am Ende der 10. Klasse** statt. Dies sind:

▶ in **Berlin** der **Mittlere Schulabschluss (MSA)** oder die **erweiterte Berufsbildungsreife (eBBR)**;

▶ in **Brandenburg** die **Fachoberschulreife (FOR)** oder die **erweiterte Berufsbildungsreife (EBR)**.

Für die verschiedenen Abschlüsse gibt es **eine gemeinsame Prüfung** – welchen Abschluss du erwirbst, hängt von der Anzahl der Punkte ab, die du in der Prüfung erreichst. Wenn du nach der 10. Klasse die gymnasiale Oberstufe besuchen möchtest, ist das Bestehen des MSA bzw. der FOR die Voraussetzung. (Es kommen dann aber noch weitere Kriterien wie Mindestnoten in einzelnen Fächern hinzu.)

Welchen Abschluss kann ich durch die Prüfung erwerben?

2 Die Prüfung umfasst **drei schriftliche** Arbeiten, je eine in **Deutsch** und **Mathematik** sowie in einer **Fremdsprache**.

▶ Zusätzlich muss in **Berlin** eine **mündliche Prüfung** in der ersten Fremdsprache sowie eine **Präsentationsprüfung** in einem weiteren Fach abgelegt werden.

▶ In **Brandenburg** ist die **mündliche Prüfung** in einer Fremdsprache verpflichtend. Freiwillig kann noch eine zusätzliche mündliche Prüfung abgelegt werden.

Was wird geprüft?

3 Die schriftliche Prüfung in Deutsch zum Erwerb von MSA oder eBBR bzw. FOR oder EBR findet im zweiten Schulhalbjahr der Jahrgangsstufe 10 statt.

Wann findet die Prüfung statt?

4 Die Prüfung im Fach Deutsch besteht aus insgesamt **sieben** Teilen. Zuerst werden die Kompetenzbereiche **Lesen** sowie **Sprachwissen und Sprachbewusstheit** geprüft, in den letzten vier Teilen der Kompetenzbereich **Schreiben**.

▶ Im ersten Teil der Prüfung erhältst du in der Regel einen **Sachtext**, im zweiten Teil einen **literarischen Text**. Zu beiden Texten werden dir sowohl Aufgaben zur Überprüfung des **Textverständnisses** als auch zu **Sprachwissen und Sprachbewusstheit** gestellt.

▶ Der dritte Teil der Prüfung beinhaltet **diskontinuierliche Texte**, z. B. Diagramme oder Tabellen. Wieder wird mit Aufgaben dein **Textverständnis** überprüft.

▶ Im vierten Prüfungsabschnitt geht es darum, deine Kenntnisse im Bereich „**Richtig schreiben**" zu testen, wobei Rechtschreibregeln und -strategien beherrscht werden müssen. Im fünften Teil musst du unter Beweis stellen, dass du dieses Wissen auch anwenden kannst, indem du einen **Text überarbeitest**, also Rechtschreib-, Grammatik-, Zeichensetzungs- und Ausdruckfehler korrigierst.

▶ Ziel der letzten beiden Teile der Prüfung ist es, dass du einen **eigenen Text verfasst**. Dazu werden dir zunächst in Abschnitt sechs Teilaufgaben vorgegeben, anhand derer du einen **Schreibplan** erstellen sollst. Auf dieser Grundlage formulierst du dann im siebten Teil der Prüfung deinen **Aufsatz** aus.

Wie ist die Prüfung im Fach Deutsch aufgebaut?

MSA/eBBR – 10 wichtige Fragen und Antworten

Welche Aufgabentypen kommen vor?

5 Es gibt verschiedene Arten von Aufgaben: In den ersten fünf Teilen der Prüfung musst du in der Regel **geschlossene und halboffene Aufgaben** zum Textverständnis, zum Bereich Sprachkompetenz sowie zur Rechtschreibung bearbeiten. Die letzten beiden Prüfungsteile, die die eigene Textproduktion verlangen, beinhalten meist eine **Mischung aus halboffenen und offenen Aufgaben**.

▶ Bei **geschlossenen Aufgaben** gibt es in der Regel keinen Spielraum, das heißt, es ist nur genau eine Antwort richtig. Oft handelt es sich um Multiple-Choice-Aufgaben oder Richtig/Falsch-Aufgaben oder es gibt eindeutige Regeln wie im Bereich der Rechtschreibung und Grammatik, die nur eine Lösung zulassen.

▶ Auch bei **halboffenen Aufgaben** wird eine ganz bestimmte Lösung erwartet, jedoch musst du diese Fragen mit eigenen Worten beantworten und hast somit eine gewisse Freiheit in der Ausgestaltung der Lösung.

▶ Bei **offenen Aufgaben** gibt es viele Lösungsmöglichkeiten; du kannst deine Antwort frei formulieren. Das betrifft vor allem den letzten Teil der Prüfung, wenn es darum geht, einen eigenen Aufsatz zu schreiben und darin deine Meinung zum Ausdruck zu bringen.

Wie gehst du am besten vor?

6 Zur Bearbeitung der Aufgaben hast du insgesamt **180 Minuten** (also drei volle Stunden) Zeit. Verschaffe dir zuerst einen **Überblick**. Dazu überfliegst du die Texte und die Aufgaben einmal. **Lies** dann den ersten Text **genau** durch und bearbeite die dazugehörigen Aufgaben, möglichst in der vorgegebenen **Reihenfolge**. Verfahre mit dem zweiten Text auf dieselbe Weise. Arbeite so nach und nach das gesamte Prüfungspaket durch. Teile dir deine Zeit gut ein. Plane für **Schreibplan** und **Aufsatz** am Schluss **mindestens eine Stunde** ein.

Wird auch die Rechtschreibung gewertet?

7 Ja. Abgesehen vom vierten und fünften Prüfungsteil, in denen deine Rechtschreibkenntnisse ohnehin direkt geprüft werden, fließt auch in **den letzten beiden Prüfungsteilen** die Sprachrichtigkeit in die Benotung mit ein. Bewertet werden dabei nicht nur **Rechtschreibung** und **Zeichensetzung**, sondern auch die **grammatische Korrektheit** und die sprachliche **Darstellungsleistung**. Das heißt, du solltest deinen Aufsatz gut **strukturieren**, **Wiederholungen** vermeiden und dich **präzise und angemessen** ausdrücken.

Welche Hilfsmittel sind erlaubt?

8 Du darfst ein **Wörterbuch** benutzen. Es hilft dir, wenn du nicht genau weißt, wie ein Wort geschrieben wird oder welche Bedeutung es hat.

Wie wird die Prüfung bewertet?

9 Neben jeder Aufgabe ist die Punktzahl angegeben, die man mit der richtigen Lösung erzielen kann. Einige Aufgaben sind **anspruchsvoller**, sie sind mit einem kleinen schwarzen **Stern** (∗) markiert. Entsprechend gibt es zwei verschiedene Bewertungskategorien: „Fundamentum" und „Additum" – also in etwa „grundlegende" und „zusätzliche" Punkte.

▶ Willst du die Bestnote im **MSA** bzw. in der **FOR** erhalten, musst du **alle**, auch die **Aufgaben mit Sternchen** richtig lösen.

▶ Für eine gute Note in der **eBBR** bzw. **EBR** reicht es aus, wenn du dich auf die **Aufgaben ohne Stern** beschränkst. Aber Achtung: Um 100 Prozent Leistung

MSA/eBBR – 10 wichtige Fragen und Antworten

(also die Note 1) in der eBBR/EBR zu erreichen, musst du **auch einige Aufgaben mit Stern** gelöst haben. Bearbeite also möglichst alle Aufgaben; denn am Ende gehen **alle Punkte** in die Bewertung mit ein, egal welchen Abschluss du erreichen willst!

Wenn du mit deinen Lösungen **mindestens 60 Prozent** der Gesamtpunktzahl erzielst (bei eBBR/EBR bezogen auf Fundamentum, bei MSA/FOR bezogen auf Fundamentum + Additum), hast du die Prüfung mit der Note 4 bestanden.

10 Die **Abschlussnote** setzt sich aus dem **Ergebnis der Prüfung** und aus den **Jahresnoten** in den Prüfungsfächern zusammen. Es zählt also deine Leistung des ganzen Schuljahres! In beiden Bereichen musst du im Durchschnitt **mindestens die Note 4** erhalten haben, um den Abschluss zu bekommen. Wenn du im Prüfungsteil in einem Fach die Note 5 erhalten hast, kannst du dies aber noch ausgleichen, wenn du in einem anderen Fach mindestens die Note 3 erzielt hast. Bei Nichtbestehen des Prüfungsteils gibt es noch die Möglichkeit, eine **zusätzliche mündliche Prüfung** zu beantragen, um den Abschluss durch eine entsprechende Leistung doch noch zu erreichen.

Wie berechnet sich die Abschlussnote?

Hinweis: Um fehlende Lernzeit wegen der Corona-Pandemie auszugleichen, werden bei der Abschlussprüfung im Fach Deutsch Schwerpunkte gesetzt. Daher **entfallen** in der **Prüfung 2023** voraussichtlich **Teil 3 (diskontinuierliche Texte)** und **Teil 5 (Überarbeiten eines Textes)**. Die zur Verfügung stehende Bearbeitungszeit soll nicht gekürzt werden. Genauere Informationen erhältst du von deiner Deutschlehrerin oder deinem Deutschlehrer.

▶ **Training Grundwissen**

Lesekompetenz

Was muss man können? Was wird geprüft?

Ein Text (lat. *textus*: Gewebe) ist ein komplexes Geflecht, dessen Botschaften gar nicht so leicht zu verstehen sind. Ein guter Leser muss Folgendes können:

- **Wörter erlesen:** Er muss Buchstabenfolgen zu dem entsprechenden Wort zusammenfügen, zum Beispiel *B – a – u – m* zu *Baum*.
- **Bedeutungen kennen:** Er muss sein Erfahrungswissen mit den Wörtern im Text verknüpfen (muss also z. B. wissen, was ein Baum ist).
- **Zusammenhänge herstellen:** Die Wörter in einem Text beziehen sich aufeinander und bilden Sinnzusammenhänge. Diese Zusammenhänge muss der Leser erkennen und verstehen.
- **Leerstellen füllen:** Ein Verfasser kann einen Sachverhalt nie lückenlos darstellen – und oft will er das auch gar nicht. Deshalb muss der Leser das, was „zwischen den Zeilen" steht, ergänzen. Er muss also **Schlussfolgerungen ziehen** und ableiten können, was **nicht** ausdrücklich gesagt wird.

Die ersten beiden Punkte werden normalerweise vorausgesetzt. **Geprüft** wird vor allem, ob du Zusammenhänge herstellen kannst, und zwar ...

- **textinterne Zusammenhänge,** d. h. Zusammenhänge zwischen Wörtern und Sätzen innerhalb des Textes, sowie
- **textübergreifende Zusammenhänge** zwischen Textinformationen und deinem Erfahrungswissen.

1 Den Leseprozess steuern

MindCards: Wichtiges wiederholen

Gewöhne dir an, einen Text **dreimal zu lesen**, ehe du anfängst, die Aufgaben zu bearbeiten. Keine Angst: Was dir wie Zeitverschwendung erscheinen mag, ist in Wirklichkeit Zeitersparnis! Denn diese Zeit sparst du später beim Lösen der Aufgaben. Hinzu kommt, dass du einen Text auf diese Weise besonders gut verstehen kannst. Im Übrigen sind die Texte (oder Textauszüge), die dir in der Prüfung vorgelegt werden, ohnehin nur von begrenztem Umfang.

4 LESEKOMPETENZ

Schritt für Schritt

Richtig lesen

Arbeitsschritt 1 **Überfliege** den Text. Lies ihn zügig durch. Es macht nichts, wenn du noch nicht alles verstehst. Finde zunächst nur Antworten auf diese Fragen und notiere sie:
- Um was für eine Art von Text handelt es sich? Bestimme die **Textsorte**. (Eine Übersicht über die wichtigsten Textsorten findest du auf S. 19 und S. 33 f.)
- Worum geht es in dem Text? Bestimme das **Thema**.
- Was ist die **Absicht des Verfassers**? Will er sachlich informieren, den Leser unterhalten oder einen Sachverhalt kommentieren? (vgl. S. 17)

Arbeitsschritt 2 **Lies** den Text **ganz genau**. Markiere Stellen, die dir bedeutsam erscheinen, und kennzeichne sie mit **!**. Bei Textstellen, deren Sinn dir noch unklar ist, notierst du **?**.

Arbeitsschritt 3 Danach stellst du folgende Überlegungen an:
- Welche **Schlüsselwörter** gibt es in dem Text? (vgl. Tipp S. 5)
- Was ist die **Kernaussage** (die „Botschaft")?
- In wie viele **Sinnabschnitte** lässt sich der Text untergliedern? Markiere Stellen, an denen ein neuer Gedanke oder Inhalt auftaucht, mit ⌐. Notiere am Rand, mit welchem (Unter-)Thema sich jeder Abschnitt befasst. *Achtung:* Nicht immer entspricht ein Sinnabschnitt einem Absatz im Text.
- Wie lauten wichtige **allgemeine Aussagen**? (vgl. Tipp S. 5)
- Wo wird die Darstellung durch **Beispiele** veranschaulicht? (vgl. Tipp S. 5)

Arbeitsschritt 4 **Lies** den Text **selektiv** (d. h. stellenweise). Sieh dir noch einmal gezielt die Textstellen an, die du mit **?** gekennzeichnet hast. Versuche, ihren Sinn jetzt zu klären.

Übung 1

Lies den Text „Ruhelos im Großraumbüro" einmal überfliegend, einmal genau und einmal selektiv. Löse dann die Aufgaben auf der nächsten Seite.

1 In modernen Großraumbüros ist Lärmschutz angesagt. Die Störungen am Arbeitsplatz nehmen dadurch allerdings nur zu – weil nun die Gespräche der
5 Kollegen besser zu hören sind.
70 Prozent aller befragten Büroangestellten sind „oft bis immer" durch Geräusche und Gespräche abgelenkt. Das ergab eine Studie der Hochschule
10 Luzern. Dabei wird eine Unterhaltung von Kollegen störender empfunden als mechanischer Lärm. Besonders gravierend ist die Situation in modernen Großraumbüros. Hier hat die verbesserte
15 Dämpfung des Geräuschpegels durch leisere Geräte und Schallschlucker zu einer paradoxen Situation geführt: Stimmen treten noch deutlicher hervor. Am wenigsten geschätzt werden trendi-
20 ge „Multi-Space-Büros" mit einer Aufteilung in Zonen wie „Arbeiten", „Nachdenken", „Kommunizieren": Das stete Nomadisieren zwischen den Zonen erschwert es den Beschäftigten, wirklich
25 zur Ruhe zu kommen. Beliebt ist hingegen das klassische Kombi-Büro: zwei separate Arbeitsräume mit dazwischen liegender Kommunikationszone.

Quelle: Gruner + Jahr, Geo; www.presseportal.de/pm/7861/1581681

Den Leseprozess steuern / 5

Tipp

Achte beim Lesen eines **Sachtextes** auf diese fast immer vorhandenen Elemente:

- **Schlüsselwörter:** Sie fallen besonders auf – entweder, weil sie mehrmals wiederholt werden oder weil sie einem anderen Sprachgebrauch angehören als die übrigen Wörter im Text (z. B. Umgangssprache statt Standardsprache, Fachbegriffe statt Alltagswörter).
- **Allgemeine Aussagen:** Sie vermitteln die wesentlichen Informationen und beziehen sich auf Sachverhalte, die grundsätzlich gelten oder als Verallgemeinerungen zu verstehen sind. Oft stehen sie im Plural oder enthalten verallgemeinernde Wörter (z. B. *man*).
- **Erläuterungen:** Sie führen allgemeine Aussagen genauer aus, oft mithilfe eines Beispiels.
- **Beispiele:** Beispiele sind konkrete Einzelfälle. Sie veranschaulichen allgemeine Aussagen, liefern aber keine neuen Informationen.

Aufgaben

1. Nach dem **überfliegenden Lesen:** Bestimme …

    Textsorte: _____

    Thema: _____

    Absicht des Verfassers: _____

2. Nach dem **genauen Lesen:** Notiere …

    Schlüsselwörter: _____

    Kernaussage: _____

    _____

    Anzahl der Sinnabschnitte: _____

    Unterthemen: _____

    _____

    _____

    Allgemeine Aussagen: _____

    _____

    _____

    Beispiele: _____

    _____

3. Nach dem **selektiven Lesen:** Erkläre den Sinn dieser Wörter.

    mechanischer Lärm (Z. 12): _____

    Multi-Space-Büro (Z. 20): _____

    Nomadisieren (Z. 23): _____

    Kombi-Büro (Z. 26): _____

    Kommunikationszone (Z. 28): _____

Interaktive Aufgaben: Lesekompetenz trainieren

2 Leseaufgaben lösen

In der Prüfung werden dir vor allem **zwei Arten von Aufgaben** zum Leseverstehen vorgelegt, um festzustellen, ob du die Sinnzusammenhänge in einem Text verstanden hast: **geschlossene** und **halboffene** Aufgaben. Bei beiden Aufgabentypen wird von dir **eine** bestimmte Lösung erwartet. Halboffene Aufgaben musst du aber anders als geschlossene Aufgaben mit **eigenen Worten** beantworten.

Hinweis: Offene Aufgaben sind vor allem Bestandteil von Schreibaufgaben. Deshalb findest du die Erläuterungen dazu im Kapitel „Schreibkompetenz" (S. 62 ff.).

2.1 Geschlossene Aufgaben lösen

Geschlossene Aufgaben sind so gestellt, dass sie für die richtigen Antworten praktisch keinen Spielraum lassen. Das Prinzip ist immer gleich: Auf eine Frage gibt es jeweils nur **eine einzige Antwort**, die möglich und richtig ist.

Schritt für Schritt

Geschlossene Aufgaben lösen

Arbeitsschritt 1 Zur Vorbereitung:
- **Lies** den Text zweimal durch: einmal überfliegend und einmal genau (vgl. S. 4).
- Wirf einen Blick auf die **Aufgaben**, damit du weißt, worauf du beim Lesen achten musst. Lies den Text dann selektiv (vgl. S. 4).

Arbeitsschritt 2 Bearbeite die **Aufgaben:**
- Halte dich an die gegebene **Reihenfolge**, denn die Fragen bauen oft aufeinander auf. Bleibe aber auch nicht zu lange bei einer Aufgabe, die dir Schwierigkeiten bereitet. Lasse sie vorerst aus und versuche, sie am Schluss zu lösen.
- **Lies** jede Aufgabe **ganz genau** durch. Erst wenn du hundertprozentig verstanden hast, wonach gefragt wird, kannst du die passende Antwort finden.

Arbeitsschritt 3 Arbeite **mit dem Text:**
- Orientiere dich immer **am Text**, spekuliere nicht! Stelle dir bei jeder Aussage, die du ankreuzt, die Frage: *Wo steht das im Text?*
- Aber nicht jede Antwort steht wortwörtlich im Text. Suche dann nach einer Aussage, die **sinngemäß** zur Frage passt.
- Manchmal musst du auch **mehrere Informationen** im Text miteinander kombinieren, um die richtige Antwort zu finden.

Arbeitsschritt 4 Sollte **am Schluss** noch eine ungelöste Aufgabe übrig bleiben, dann **sei mutig:** Kreuze die Aussage an, die dir am wahrscheinlichsten vorkommt. Vielleicht kommt dir der Zufall zu Hilfe und du landest einen Treffer.

Auf den folgenden Seiten lernst du die **verschiedenen Arten von geschlossenen Aufgaben** kennen, die dir gestellt werden können.

Multiple-Choice-Aufgaben

Es wird eine Frage gestellt; dazu gibt es mehrere Auswahlantworten (meist vier), von denen die richtige angekreuzt werden muss. Multiple-Choice-Aufgaben (= Mehrfachwahlaufgaben) können sich auf einzelne Inhalte, aber auch auf sprachliche Besonderheiten oder die Absicht des Verfassers beziehen. Auch nach Falschaussagen (welche Aussage *nicht* zutrifft) kann gefragt werden.

Warum solltest du mutig sein, wenn eine Aufgabe am Schluss noch ungelöst geblieben ist? Kreuze die passende Aussage an.

Beispiel

a)	Man darf keine Aufgabe ungelöst lassen.	☐
b)	Es ist egal, ob die Lösung stimmt oder nicht.	☐
c)	Vielleicht kreuzt man zufällig die richtige Aussage an.	☒
d)	Ungelöste Aufgaben machen einen schlechten Eindruck.	☐

Tipp

> Gehe nach dem **Ausschlussverfahren** vor, wenn du beim Lösen einer Multiple-Choice-Aufgabe unsicher bist: Überlege, welche Antworten auf keinen Fall infrage kommen, und sondere sie aus. Von den verbliebenen Auswahlantworten kreuzt du die an, die dir am plausibelsten erscheint.

Richtig-/Falsch-Aufgaben

Zu einem Text werden mehrere Aussagen präsentiert. Jede Aussage ist auf ihre Richtigkeit hin zu überprüfen: Passt sie zum Text – oder nicht? Entsprechend muss jeweils angekreuzt werden.

Wie sollte man beim Lösen von geschlossenen Aufgaben vorgehen? Kreuze an.

Beispiel

Man sollte ...		richtig	falsch
a)	jede Aufgabe ganz genau lesen.	☒	☐
b)	im Text nach der passenden Information suchen.	☒	☐
c)	sich vor allem an seinem Erfahrungswissen orientieren.	☐	☒
d)	nur Aussagen ankreuzen, die wortwörtlich im Text stehen.	☐	☒
e)	sich möglichst an die gegebene Reihenfolge halten.	☒	☐

Tipp

> Deine Antworten sollten **eindeutig** sein. Falls du einmal etwas falsch angekreuzt hast, streichst du es durch. Die richtige Lösung kannst du dann z. B. so kennzeichnen: *richtige Lösung* → ☒.

Geschlossene Fragen

Es werden Fragen gestellt, auf die es nur eine bestimmte Antwort gibt. Die richtige Antwort muss jeweils aufgeschrieben werden. Manchmal ist sie auch in eine Lücke, z. B. in einer Tabelle, einzutragen.

Notiere den deutschen Begriff für das Wort *Multiple-Choice-Aufgabe*.

Mehrfachwahlaufgabe

Beispiel

Umordnungsaufgaben

Du erhältst ungeordnete Aussagen zum Text. Deine Aufgabe ist es, sie in die richtige Reihenfolge zu bringen. In der Regel sollst du die Aussagen nummerieren.

Beispiel

Die Erläuterungen zu den Aufgaben, mit denen die Lesekompetenz geprüft wird (S. 6 ff.), geben Antworten auf verschiedene Fragen. In welcher Reihenfolge werden diese Fragen im Text beantwortet? Nummeriere sie entsprechend.

Frage		Nummer
a)	Welche Arten von Aufgaben gibt es, um die Lesekompetenz zu testen?	2
b)	Wie können Beispiele für geschlossene Aufgaben aussehen?	4
c)	Was soll anhand von geschlossenen Aufgaben geprüft werden?	1
d)	Wie solltest du beim Lösen von geschlossenen Aufgaben vorgehen?	3

Zuordnungsaufgaben

Es werden bestimmte Aussagen zu einem Text gemacht. Zugleich werden einige Bezugsgrößen genannt, z. B. Namen von Personen. Bei jeder Aussage ist zu prüfen, auf was oder wen sie sich bezieht.

Beispiel

Worauf beziehen sich die folgenden Aussagen?
Trage den passenden Buchstaben in die Tabelle ein.

- **A** Multiple-Choice-Aufgaben
- **B** Richtig-/Falsch-Aufgaben
- **C** Geschlossene Fragen
- **D** Umordnungsaufgaben
- **E** Zuordnungsaufgaben

Aussage		Buchstabe
a)	Man prüft bei jeder Aussage, ob sie zum Text passt oder nicht.	B
b)	Man bekommt eine Frage, die man kurz und knapp beantwortet.	C
c)	Man sortiert ungeordnet vorliegende Aussagen zum Text.	D
d)	Man kreuzt von mehreren Auswahlantworten die passende an.	A
e)	Man bestimmt, worauf sich verschiedene Aussagen zum Text beziehen.	E

Auf einen Blick

Was du bei geschlossenen Aufgaben beachten solltest	
Multiple-Choice-Aufgaben	Es darf nur eine Aussage angekreuzt werden.
Richtig-/Falsch-Aufgaben	Mache in jeder Zeile ein Kreuz.
Geschlossene Fragen	Die Antworten findest du in der Regel wortwörtlich im Text.
Umordnungsaufgaben	Überlege dir zu jedem Textabschnitt eine mögliche Zwischenüberschrift (*Worum geht es hier?*) und ordne sie passend den vorliegenden Aussagen zu.
Zuordnungsaufgaben	Suche Textstellen, in denen die Bezugsgrößen (z. B. Namen) genannt werden. Im Umfeld dieser Textstellen findest du meist die passende Aussage – allerdings ist der Wortlaut oft etwas anders.

Lies den Text „O Sohle mio!" und bearbeite dann die Aufgaben.

Übung 2

O Sohle mio[1]!

1 [...] Freitags ist Chucks-Tag an der Lakewood Elementary School[2] in Modesto, Kalifornien. Morgens entscheidet der graubärtige Schuldirektor Doug Fraser,
5 welches Modell von seinen 104 Paaren er anziehen wird: Das mit den Zebrastreifen? Oder dem Batman-Print? Fluoreszierendes Grün oder Disco-Glitter? Auch die Schüler tragen freitags Chucks.
10 Wer Glück hat und eine ähnliche Farbe wie der Schuldirektor wählt, gewinnt einen Preis. „Das nimmt den Kids die Hemmungen, sich mit mir zu unterhalten", sagt Fraser. Und während sich
15 der 56-jährige Vorzeigepädagoge lächelnd für ein pflaumenblaues Modell entscheidet, rotiert irgendwo auf einem Friedhof an der Ostküste der USA Joey Ramone in seinem Grab.
20 Der Chuck Taylor All Star, kurz Chuck genannt, steckt in einem Dilemma[3]. Über Jahrzehnte hinweg war dieser Schuh ein Symbol von Rebellion und Ausdruck von Individualität. James
25 Dean trug ihn, Joey Ramone trug ihn, Kurt Cobain trug ihn sogar, als er starb. Und plötzlich sind Chucks Mainstream[4] geworden. Es gibt sie in allen Farben des Regenbogens: Der Schuh soll nicht
30 mehr zur Lebenseinstellung, sondern zur Handtasche passen. [...]
Das aktuelle Comeback haben The Strokes eingeläutet, die 2001 einfach mal die Uniform der Punk-Urgesteine Ra-
35 mones kopierten: Lederjacke, Röhrenjeans und Chucks. Die Schuhe machten danach genauso rasant Karriere wie die Band. Zunächst waren sie die Lieblingstreter von Künstlern und Kreativen,
40 die sie aus Understatement[5]-Gründen überstreiften. Kein Schuhmodell sagt so schön „Ist mir doch egal, was du über mich denkst." Außerdem verleihen sie selbst Mittvierzigern eine gewisse Jun-
45 genhaftigkeit, da kann das Haar noch so schütter sein und das Hemd noch so sehr um den Bauch spannen.

Harry Potter trägt Chucks – wie konnte das passieren?

50 Die Gummisohle marschiert weiter, aus den Clubs und den Werbeagenturen hinein in den Alltag. Wer heute zur Hauptverkehrszeit in einer beliebigen Stadt U-Bahn fährt, zählt mindestens
55 fünf Paar Chucks pro Waggon. Alternde Linke und Teenies mit Emocore-Buttons auf dem Rucksack tragen sie genauso wie Mütter und Kleinkinder im Partnerlook. Sogar Harry Potter – der
60 Gegenentwurf zu cool – war in „Der Orden des Phönix" in Chucks zu sehen. Spätestens seit Carine Roitfeld, Chefredakteurin der französischen Vogue[6], 2007 in einem goldenen Paar bei den
65 Fashion Shows in Mailand erschien, sind Chucks gesellschaftsfähig. Die österreichische Außenministerin Ursula Plassnik kombinierte ihre Converse prompt zum schwarzen Hosenanzug.
70 Wie konnte das geschehen?
Rückblick: 1908 gründete Marquis Converse in Massachusetts die „Converse Rubber Shoe Company", die zunächst Gummistiefel herstellte, später auch
75 Sportschuhe. Der Legende nach kontaktierte im Jahr 1921 der Basketball-

spieler Charles „Chuck" Taylor die Firma, um Verbesserungsvorschläge zu machen. Er ließ unter anderem den Converse-Sticker mit seinem Logo auf die Innenseite des Schuhs nähen, um die Knöchel der Spieler zu schützen. Die Erfolgsgeschichte begann, nachdem die amerikanische Basketballmannschaft in Converse Chucks 1936 erstmalig olympisches Gold einfuhr.

Doch Sport allein hätte diesen Schuhen nie einen so unglaublichen Siegeszug ermöglicht. Der Rock'n'Roll, er war es. Schon Elvis hatte schnell kapiert, dass die „Blue Suede Shoes", die guten Sonntagsschuhe, zu schade und zu unbequem waren, um damit auf der Bühne herumzuspringen. In den sechziger Jahren trafen sich die Beach Boys in pastellfarbenen Hemden am Strand und verpassten dem erstmals niedrig geschnittenen All-Star-Modell „Oxford" kalifornische Lässigkeit.

Der Schuh für alle Außenseiter

In den späten Sechzigern tauchten auch Yoko Ono und John Lennon in Chucks auf. Genau wie viele andere Hippies, die sie mit Peace-Zeichen bemalten und Blumen durch die Schnürbandösen flochten. In den Siebzigern beanspruchten die Punks die Chucks für sich. Schwarz mussten sie sein, logisch, der Schuh wurde so lange mit Tape oder Sicherheitsnadeln geflickt, bis er endgültig auseinanderfiel. In den Achtzigern paarten Hard-Rocker wie Van Halen ihre Chucks mit engen Streifenhosen. In den Neunzigern ergänzten Chucks das Grunge-Outfit: Eddie Vedder und Kurt Cobain trugen sie zu zerlöcherter Jeans und Holzfällerhemd.

Auch im Kino steckten die Chucks bevorzugt an den Füßen von Außenseitern oder unbequemen Helden. Etwa in den Achtziger-Filmen wie „The Breakfast Club" und „Fast Times At Ridgemont High". In „Trainspotting" (1996) trug sie Ewan McGregor in seiner Rolle als Junkie Renton.

Es scheint, als ob jede Generation den Schuh wieder neu für sich entdeckt. Das aktuelle Comeback sprengt jedoch alle Ausmaße. Zum ersten Mal besteht die Gefahr, dass ein Massenkult das Image erstickt. [...]

Rebellenmythos recycelt

Im Hause Converse hat man die Gefahr erkannt. Obwohl die Verkaufszahlen durch die Decke knallen, lancierte die Company eine gigantische Imagekampagne in 75 Ländern. Ein Versuch, den alten Rebellenmythos in die Zukunft zu retten. Auf Schwarzweißporträts wirbt Converse mit Helden von gestern wie James Dean, Sid Vicious oder Hunter S. Thompson. [...]

Vielleicht hätten sich die Marketing-Strategen aber gar nicht so ins Zeug legen müssen. Denn die größte Stärke des Chucks liegt ganz woanders – im Design. Ein einfacher, schöner, bequemer Schuh – genau das, wonach sich Menschen in hochtechnisierten Zeiten sehnen.

Und selbst wenn alle Chucks-Fans ihre Treter jetzt entnervt nach hinten ins Regal schieben, ist eines sicher: Irgendwann holt sie ein gelangweilter Teenie hervor und beginnt in den Schulstunden auf dem Stoff herumzukritzeln. Wie ein Boomerang wird der Schuh dann wieder da sein und sein nächstes Comeback feiern.

Immerhin ist den Chucks das gelungen, was vielen Politikern bislang versagt blieb: flächendeckende Demokratisierung! Ob es der Punk ist, der vor dem Bahnhof sein Dosenbier trinkt, oder die Chefredakteurin der Vogue. In Chucks riechen alle Füße gleich.

Quelle: © irissoltau.de

Anmerkungen
1 *O Sohle mio!:* Die Überschrift spielt auf einen italienischen Schlager an, der vor vielen Jahren populär war: *O sole mio.* Die italienischen Worte bedeuten: *Meine Sonne* (*sole:* Sonne; *mio:* mein).
2 *Elementary School:* Grundschule
3 *Dilemma:* die Auswahl zwischen zwei Möglichkeiten, die beide schlecht sind
4 *Mainstream:* etwas, das allgemein üblich ist, das der Meinung oder dem Geschmack der Mehrheit entspricht
5 *Understatement:* Untertreibung; hier: das Gegenteil von seriöser, eleganter Kleidung
6 *Vogue:* Titel einer französischen Modezeitschrift

Aufgaben

1. Multiple-Choice-Aufgaben

   a) Welches Signal sendete man früher damit aus, dass man Chucks trug? Kreuze die passende Aussage an.

a)	Ich lege Wert darauf, nach der neuesten Mode gekleidet zu sein.	☐
b)	Durch meine Schuhe hebe ich mich von der Masse meiner Mitmenschen ab.	☐
c)	Ich möchte für Schuhe möglichst wenig Geld ausgeben.	☐
d)	Bei Schuhen achte ich vor allem auf Bequemlichkeit.	☐

   b) Welche Absicht verfolgt der Verfasser hauptsächlich mit seinem Text? Kreuze die passende Aussage an.

   In erster Linie will der Verfasser …

a)	den Leser mit einer Geschichte unterhalten.	☐
b)	den Leser über ein Modephänomen informieren.	☐
c)	den Leser zum Tragen von Chucks auffordern.	☐
d)	den Imagewandel von Chucks kritisieren.	☐

2. Richtig-/Falsch-Aufgabe

   Welche Aussagen über Chucks lassen sich aus dem Text ableiten und welche nicht? Kreuze entsprechend an.

		richtig	falsch
a)	Früher trugen vor allem Außenseiter Chucks.	☐	☐
b)	Heute werden Chucks von vielen Menschen getragen.	☐	☐
c)	Chucks werden besonders von Sportlern bevorzugt, die ihre Knöchel schonen wollen.	☐	☐
d)	Wer Chucks trägt, kommt leicht mit anderen ins Gespräch.	☐	☐
e)	Ältere Leute, die Chucks tragen, wirken dadurch oft jünger.	☐	☐

3. Geschlossene Fragen

   a) Wie heißt der Gründer der Firma, in der Chucks hergestellt werden?

   _____

   b) In welchem Jahr wurde die Firma gegründet?

   _____

4. Umordnungsaufgabe

Bringe die folgenden Aussagen in die richtige zeitliche Reihenfolge. Nummeriere sie entsprechend. Beginne beim frühesten Ereignis mit der 1.

Aussage	Nummer
a) Eine Musikband machte die Chucks von Neuem populär.	
b) Der Basketballspieler Charles „Chuck" Taylor setzte bei der Herstellerfirma Verbesserungsvorschläge durch.	
c) In Filmen wurden Chucks von Außenseitern und rebellischen Helden getragen.	
d) Die amerikanische Basketballmannschaft gewann in Chucks erstmalig olympisches Gold.	
e) Rock'n'Roll-Sänger trugen Chucks auf der Bühne.	
f) Chucks sind heute Schuhe für jedermann.	
g) Marquis Converse gründete die „Converse Rubber Shoe Company" in Massachusetts.	

5. Zuordnungsaufgabe

Ordne die folgenden Aussagen den passenden Personen zu. Trage die Buchstaben in die linke Spalte ein. Ein Buchstabe bleibt übrig.

A Hippies
B Künstler und Kreative
C Männer mittleren Alters
D The Strokes
E der Schulleiter einer amerikanischen Grundschule

F Harry Potter
G Yoko Ono und John Lennon
H Punks
I eine österreichische Außenministerin

Aussage	Buchstabe
a) Sie trug Chucks einmal zu einem Hosenanzug.	
b) Er trägt Chucks immer freitags.	
c) Sie trugen Chucks in der Farbe Schwarz.	
d) Sie haben das aktuelle Comeback der Chucks eingeleitet.	
e) Er trug Chucks in einem Film.	
f) Sie dekorierten ihre Chucks mit dem Peace-Zeichen.	
g) Sie wirken durch Chucks direkt noch etwas jungenhaft.	
h) Sie tragen Chucks aus Gründen des Understatements.	

Tipp

Verharre nicht bei Aufgaben, deren Lösungen dir Kopfzerbrechen bereiten, sondern **überspringe** sie erst einmal. Bearbeite zügig alle Aufgaben, die du sicher lösen kannst, damit du nicht unnötig Zeit verlierst. **Am Schluss** kehrst du noch einmal zu den **ungelösten Aufgaben** zurück und versuchst, sie doch noch zu lösen.

2.2 Halboffene Aufgaben lösen

Bei halboffenen Aufgaben werden dir keine Auswahlantworten vorgegeben, sondern du sollst die **Antwort** auf eine Frage mit **eigenen Worten** zum Ausdruck bringen. Du hast beim Lösen deshalb einen gewissen **Spielraum**: Bestimmte Formulierungen werden nicht von dir verlangt.

Halboffene Aufgaben lösen — Schritt für Schritt

Arbeitsschritt **1** Lies jede Aufgabe **genau durch**, um zu verstehen, wonach gefragt wird. Auch bei halboffenen Aufgaben müssen die Antworten sowohl zur Aufgabenstellung als auch zum Text passen.

Arbeitsschritt **2** Arbeite mit dem **Text**. Beziehe dich bei deinen Antworten auf passende Textstellen, um nachzuweisen, dass deine Lösungen richtig sind.

Arbeitsschritt **3** Zur **Form** der Antworten:
- Antworte immer in **vollständigen Sätzen** – selbst wenn du nicht dazu aufgefordert wirst. Das macht einen besseren Eindruck und du vermeidest Unklarheiten und Missverständnisse. Stichwortartige Antworten schreibst du nur, wenn das ausdrücklich verlangt wird.
- Bezüglich der **Länge** der Antworten orientierst du dich an der Anzahl der vorgegebenen Linien. Gehe davon aus, dass du die Linien möglichst füllen sollst. Wenn nur eine Linie vorgegeben ist, genügen wenige Wörter. Bei fünf Linien schreibst du ca. 40 bis 50 Wörter.

Halboffene Aufgaben, die dir häufig begegnen, sind z. B.:

Textstellen erklären

Hier sollst du erklären, was eine bestimmte Textstelle bedeutet. Es kann sich um ein einzelnes Wort, eine Wortgruppe oder eine komplette Aussage handeln.

Beispiel

Es heißt, beim Lösen von halboffenen Aufgaben gebe es einen gewissen **Spielraum**. Erkläre, was das bedeutet.

Es wird nicht erwartet, dass man ganz bestimmte Formulierungen verwendet. Die Antwort muss nur sinngemäß stimmen.

Fragen zum Text beantworten

In diesem Fall wird dir eine Frage zum Text gestellt, die du eigenständig beantworten sollst. Oft handelt es sich um Wie- oder Warum-Fragen. Beantworte die Fragen mit eigenen Worten und belege deine Aussagen anhand des Textes.

Beispiel

Warum ist es wichtig, dass du dir die Formulierungen der einzelnen halboffenen Aufgaben sehr genau durchliest?

Man kann eine Aufgabe nur dann richtig lösen, wenn man verstanden hat, wonach gefragt wird. Frage und Antwort müssen nämlich genau zusammenpassen.

Aussagen zum Text begründen

Meist erhältst du zu einem Text eine Aussage, die richtig oder falsch ist. Deine Aufgabe ist es nun zu **begründen**, warum diese Aussage zutrifft oder nicht. Deine Begründung musst du am Text belegen.

Beispiel

Nachdem die Schülerin Jessica die Erläuterungen zu den halboffenen Aufgaben gelesen hatte, äußerte sie sich so:

„Bei halboffenen Aufgabe kann ich also meine eigene Meinung zum Text zum Ausdruck bringen."

Begründe, warum diese Aussage nicht zutrifft.

Jessicas Aussage trifft nicht zu, da bei halboffenen Aufgaben eine bestimmte Antwort erwartet wird. Man soll seine Antwort zwar mit eigenen Worten formulieren, es geht aber nicht darum, seine Meinung zu äußern.

Grafische Darstellungen ergänzen oder beschreiben

Manchmal werden Textinhalte auch in Form einer Grafik dargestellt. Es geht dann darum, den Zusammenhang, der in der Grafik abgebildet ist, entweder zu ergänzen (d. h. Lücken mit bestimmten Informationen aus dem Text zu füllen) oder zu beschreiben. Beziehe dich bei deiner Antwort immer auf den Text.

Beispiel

Beschreibe, welcher Zusammenhang in der folgenden Grafik dargestellt wird.

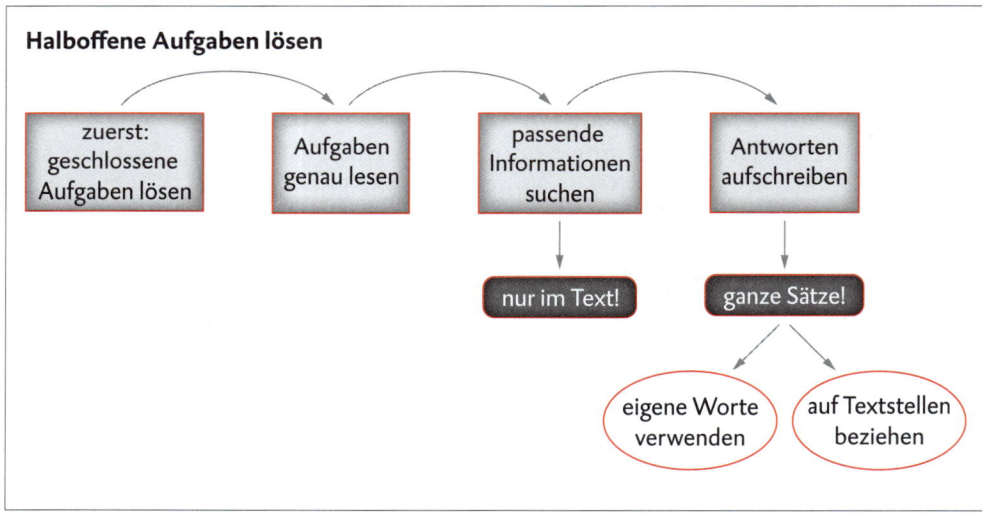

Die Grafik zeigt, wie man beim Lösen von halboffenen Aufgaben vorgehen sollte und welche Punkte besonders zu beachten sind (z. B. eigene Worte verwenden).
Die Pfeile machen deutlich, in welcher Reihenfolge die einzelnen Arbeitsschritte erfolgen sollen.

Leseaufgaben lösen | 15

Auf einen Blick

Was du bei halboffenen Aufgaben beachten solltest	
Textstellen erklären	Verwende unbedingt eigene Worte, schreibe nicht vom Text ab! Ausnahme: Du kennzeichnest ein Wort als Zitat, um anschließend zu erklären, was es bedeutet.
Fragen zum Text beantworten	Wenn in der Frage auf eine Textstelle Bezug genommen wird, solltest du noch einmal den Abschnitt lesen, der diese Textstelle enthält. Meist findest du dort Informationen für deine Antwort.
Aussagen zum Text begründen	Hier sollst du meistens kurz aufschreiben, warum eine bestimmte Aussage zutrifft oder nicht.
Grafische Darstellungen ergänzen oder beschreiben	Behalte immer den Text im Blick. Die Grafiken stellen in der Regel Zusammenhänge dar, die im Text erläutert werden.

Lies noch einmal den Text „O Sohle mio!" (S. 9 f.) und bearbeite anschließend die Aufgaben.

Übung 3

1. Textstellen erklären

    a) Erkläre, von welchem *Dilemma* (Z. 21) im Text die Rede ist.

    _____
    _____

    b) Die erste Zwischenüberschrift lautet: „Harry Potter trägt Chucks – wie konnte das passieren?" (Z. 48 f.) Erkläre, was damit gemeint ist.

    _____
    _____

    c) „Der Schuh soll nicht mehr zur Lebenseinstellung, sondern zur Handtasche passen." (Z. 29–31) Erkläre den Sinn dieser Textstelle.

    _____
    _____

2. Fragen zum Text beantworten

    a) Wie kam es dazu, dass die Chucks ihren ersten richtigen Erfolg hatten?

    _____
    _____
    _____

    b) Warum hat die Firma Converse eine *Imagekampagne* (Z. 136 f.) gestartet?

    _____
    _____
    _____
    _____

3. Eine Aussage zum Text begründen

   Der Erfolg der Chucks beruht ausschließlich auf ihrer Beliebtheit bei Sportlern.

   Begründe, warum diese Aussage falsch ist. Beziehe dich auf den Text.

   _____
   _____
   _____
   _____

4. Eine grafische Darstellung beschreiben

   Beschreibe, welchen Zusammenhang die folgende Grafik dargestellt.

   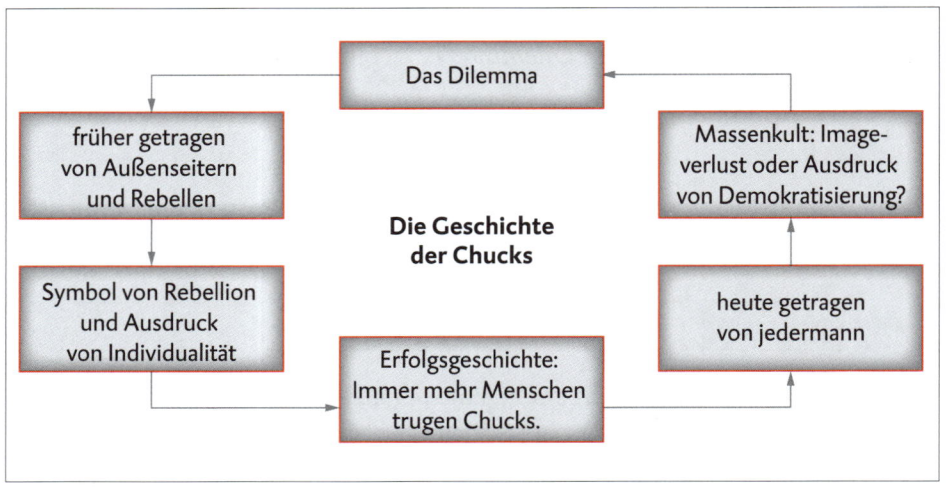

   _____
   _____
   _____
   _____
   _____

3 Sachtexte verstehen

Interaktive Aufgaben: Lesekompetenz trainieren (Sachtext)

Sachtexte befassen sich mit Dingen, die es tatsächlich gibt, gab oder geben wird. Sie teilen vor allem **Fakten** mit. Das heißt aber nicht automatisch, dass Sachtexte immer wahr sind. Schließlich kann sich der Verfasser auch einmal irren, z. B. weil seine Kenntnisse oder Beobachtungen nicht ausreichen. Ein Beispiel für einen Sachtext ist der Artikel „O Sohle mio!" (S. 9 f.).

3.1 Die Absicht des Verfassers erkennen

MindCards: Wichtiges wiederholen

Es gibt verschiedene Arten von Sachtexten. Man unterscheidet sie u. a. danach, welche **Absicht** (Intention) der Verfasser verfolgt: Beispielsweise kann er versuchen, den Leser zu beeinflussen, weil er möchte, dass dieser sich seiner Meinung anschließt. Es ist deshalb wichtig, dass du erkennst, ob ein Sachtext **neutral** oder **subjektiv** ist. Seine Absicht kann der Verfasser allerdings auch „verstecken", z. B. indem er sie nur **indirekt** zum Ausdruck bringt, etwa durch die Wortwahl. Berücksichtige deshalb auch die **Ausdrucksweise**.

Nach der Absicht des Verfassers unterscheidet man diese Sachtexte:

- **Informierende Texte:** Der Verfasser will über einen Sachverhalt **informieren**. Er teilt dem Leser Tatsachen mit.
  ein Bericht über ein Ereignis, ein wissenschaftlicher Aufsatz — Beispiel

- **Kommentierende Texte:** Der Verfasser will einen Sachverhalt **kommentieren**. Dann äußert er seine Meinung zu einem Ereignis oder einer Entwicklung.
  ein Kommentar zu einem strittigen Thema, eine Buchrezension, ein Leserbrief — Beispiel

- **Appellierende Texte:** Der Verfasser will an den Leser **appellieren**. Er will ihn dazu bewegen, etwas Bestimmtes zu denken oder zu tun.
  Werbetexte, Reden über politische Programme — Beispiel

- **Instruierende Texte:** Der Verfasser will den Leser **instruieren** (= belehren). Das bedeutet, dass er dem Leser Anweisungen erteilt, die ihm helfen sollen, eine bestimmte Handlung auszuführen.
  eine Bedienungsanleitung, Kochrezepte — Beispiel

Ein häufiges Ziel ist es außerdem, den Leser mit einem Text zu **unterhalten**. Der Verfasser will also erreichen, dass man beim Lesen auch Vergnügen empfindet. Bei einem Sachtext ist die Unterhaltungsfunktion allerdings zweitrangig.

Hinweis: Genaueres zu den Merkmalen von Sachtexten findest du auf S. 19.

> **Tipp**
> Ein Autor kann mit einem Text auch **mehrere Absichten** verfolgen. Wenn du unsicher bist, dann überlege, worum es ihm **hauptsächlich** geht. Frage dich z. B.: *Will der Verfasser in erster Linie, dass ich seine Meinung verstehe und sie übernehme?* Dann wäre es ein kommentierender Text. *Will er mich dazu bewegen, seinen Vorschlägen zu folgen?* Dann wäre sein Text appellierend.

Übung 4 — Lies die folgenden Textauszüge und bestimme jeweils die Absicht des Verfassers. Trage die passende Bezeichnung (appellierend, instruierend etc.) in die Tabelle ein.

Text A

Als weltweit erstes Großserienmodell mit Hybrid-Antrieb hat der Prius bereits 1997 Geschichte geschrieben. Eine Erfolgsgeschichte, die mit dem neuen Prius jetzt fortgesetzt wird. Dank seines intelligenten Designs, modernster Technologien und der neuesten Generation des Toyota-Hybrid-Antriebs ist er noch effizienter und bietet mehr Fahrvergnügen als je zuvor. Entdecken Sie jetzt die Hybrid-Ikone der Toyota-Modellpalette.

Quelle: Toyota Deutschland GmbH; www.toyota.de/automobile/prius/index.json

Text B

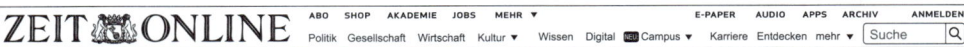

Soll der Staat eine Kaufprämie für Elektroautos zahlen? [...] Das Ganze könnte wie ein Geschenk an eine verwöhnte Branche aussehen. Aber die Regierung könnte dem Vorwurf begegnen, wenn sie im Gegenzug die Steuerbegünstigung für den Diesel streicht. Und in Brüssel die strengeren CO_2-Grenzwerte für die Flotten der Konzerne durchsetzt, statt als Lobby für dicke, alte Autos aufzutreten.

Quelle: Petra Pinzler, Die ZEIT Nr. 6 vom 4. 2. 2016 ; www.zeit.de/2016/06/subventionen-elektroauto-staat-pro-contra

Text C

Je länger man einen Gang ausfährt, also je höher die Drehzahl ist, desto mehr Kraftstoff verbraucht ein Wagen. Wer Benzin sparen möchte, sollte den Drehzahlenbereich daher niedrig halten. Man lässt das Fahrzeug nur kurz anrollen, schaltet sofort in den zweiten Gang und gibt etwas Gas, um in den dritten Gang zu schalten.

Quelle: SAT.1 Ratgeber, http://www.sat1.de/ratgeber/auto-technik/auto/benzin-sparen-beim-autofahren-clip

Text D

Handelsblatt

Winterliche Minusgrade bringen Elektroautos an den Rand der Nutzbarkeit. Das ist das Ergebnis eines Vergleichstests von „AutoBild". [...] Besonders beim Reichweiten-Test zeigten sich teils dramatische Einschränkungen. [...] Bei vier von fünf Testkandidaten sackte die Reichweite auf unter 70 Kilometer ab. Nur der Tesla brachte es aufgrund seines gewaltigen 85-kWh-Akkus auf mehr als 200 Kilometer. [...]

Quelle: Frank G. Heide, 3. 1. 2014 ; www.handelsblatt.com/auto/test-technik/reichweite-bricht-ein-elektroautos-versagen-bei-kaelte/9284156.html

	Absicht des Verfassers
Text A	
Text B	
Text C	
Text D	

3.2 Arten von Sachtexten unterscheiden

Bei vielen Sachtexten, die uns im Alltag begegnen, handelt es sich um **Zeitungstexte**. Sie informieren über wichtige Ereignisse, die passiert sind, und veranlassen den Leser, sich zu den Geschehnissen eine eigene Meinung zu bilden. Es erleichtert dir das Verständnis, wenn du die **Merkmale** der einzelnen Textsorten kennst. Am häufigsten kommen diese Zeitungstexte vor:

Digitales Glossar: Fachbegriffe nachschlagen

Merkmale der verschiedenen Sachtextsorten

Bericht
Er informiert **sachlich und neutral** über wichtige aktuelle Ereignisse. Berichte sind in der Regel so aufgebaut: Zuerst werden die **W-Fragen** beantwortet: Was ist geschehen? Wer ist betroffen? Wo ist es geschehen? Wann ist es geschehen? Eventuell wird auch gleich am Anfang etwas über die Folgen gesagt. Erst danach wird der Ablauf genauer ausgeführt: Wie ist es geschehen? Warum ist es passiert? Berichte sind in der Regel im Präteritum verfasst.

Kommentar
Er ist eine Art Stellungnahme: Der Verfasser äußert seine **Meinung** über ein aktuelles Ereignis oder eine aktuelle Entwicklung. Zuerst nimmt der Autor Bezug auf das Thema, zu dem er sich kommentierend äußern will. Danach sagt er, was er davon hält. Die Meinung des Verfassers kann **positiv** (befürwortend) oder **negativ** (kritisch) ausfallen. Kommentare sind überwiegend im Präsens verfasst. Die Darstellung ist meist sachlich, aber nicht neutral (denn der Autor vertritt ja eine bestimmte Meinung!).
Eine besondere Art von Kommentar ist die **Rezension**, also die Besprechung und Beurteilung eines Buches, eines Films oder einer Theaterinszenierung.

Reportage
Sie informiert **ausführlich, anschaulich und unterhaltsam** über ein Thema. Der Einstieg erfolgt oft über eine „Nahaufnahme", also eine konkrete Situation; davon ausgehend wird Grundlegendes zum Thema dargestellt. In einer Reportage gibt es sowohl **anschauliche Beispiele** als auch **allgemeine Informationen** und **Hintergrundwissen** zu einem Sachverhalt. Typisch ist auch die Befragung von Augenzeugen oder Experten. Reportagen sind in der Regel im Präsens verfasst, denn das wirkt lebendig, so, als sei der Verfasser direkt vor Ort.

Interview
Es gibt den **Ablauf eines Gesprächs** in Form eines Dialogs wieder: Ein Vertreter einer Zeitung oder Zeitschrift stellt einer Person Fragen und diese antwortet darauf. Sowohl die Fragen als auch die Antworten werden abgedruckt. Das Interview lebt davon, dass die Äußerungen des Befragten **spontan** und echt wirken, umgangssprachliche Äußerungen werden daher nicht „geglättet".

Glosse
Sie ist eine Art **humorvoller Kommentar**. Der Verfasser übt darin **Kritik** an einem Ereignis oder einer Entwicklung; das aber tut er auf äußerst lässige und witzige Art. Eine Glosse lebt von der **ironischen Darstellung** (vgl. zur Ironie: S. 53 f.). Häufig wird darin auch Umgangssprache verwendet. Glossen sind – wie Kommentare – meist im Präsens und (bei Vorzeitigkeit) im Perfekt verfasst.

Übung 5 Lies die Texte A–D (S. 20–22) und bearbeite dann die Aufgaben.

Text A

SPORT NDR – Susi Kentikian – Durchs Leben geboxt

Als Susi Kentikian das Zwei-Zimmer-Apartment betritt, macht sie einen Schritt in ihre eigene Vergangenheit. „Es ist 1:1 so wie früher. Die Räumlichkeiten sind noch ganz genauso, wie ich es in Erinnerung habe", sagt die Box-Weltmeisterin: „Aber hier ist es ganz gemütlich eingerichtet. Das war bei uns damals anders." Sie ist zu Besuch bei den Demirovs aus Mazedonien. Die Flüchtlingsfamilie lebt seit zwei Jahren im Pavillon-Dorf in Hamburg-Bramfeld. „Immer schön fleißig sein – und immer Deutsch lernen, das ist wichtig", rät die 27-Jährige den beiden kleinen Kindern. Die 1,55-Meter-Frau weiß, wovon sie spricht. 1992 floh sie mit Mutter, Vater und ihrem zwei Jahre älteren Bruder aus Armenien. […]

Kentikian ist fünf Jahre alt, als sie mit ihrer Familie nach Hamburg kommt. In den ersten beiden Jahren wohnen sie auf der „Bibi Altona" im Hamburger Hafen, einem Flüchtlingsschiff für Personen ohne Bleiberechtsperspektive. „Ich kann mich erinnern, dass da immer Gewalt war. Draußen wurde immer gekämpft", berichtet die in Eriwan geborene Boxerin. Es folgen acht Jahre in einem alten Schulgebäude in Hamburg-Langenhorn, das zur Asylbewerberunterkunft umfunktioniert worden ist. Die Familie Kentikian ist vor dem Krieg zwischen Armenien und Aserbaidschan im Kaukasus geflohen. Damals sterben 50 000 Menschen, mehr als eine Million werden zu Flüchtlingen. Der Vater, der in Armenien als Tierarzt arbeitete, muss sich allein um die Kinder kümmern, weil die Mutter lange im Krankenhaus liegt. In Deutschland darf er nicht mehr als putzen gehen. […]

Quelle: Florian Neuhauss, 6.5.2015; www.ndr.de/sport/mehr_sport/Susi-Kentikian-Durchs-Leben-geboxt,boxen632.html

Text B

ZEIT ONLINE – Über Geld spricht man (nicht)

Susi Kentikian kam als Flüchtling nach Hamburg und war so arm, dass sie klaute. Dann wurde sie Profiboxerin – und plötzlich reich.

DIE ZEIT: Frau Kentikian, was denken Sie, wenn Sie im Fernsehen tobende Rechtsradikale vor Flüchtlingsheimen sehen?

KENTIKIAN: Wenn ich solche Leute sehe, kriege ich gleich einen Abtörner. Sie machen mir Angst und ekeln mich an. Die Flüchtlinge haben nichts, gar nichts. So ein Leben ist echt die Härte, ich kenne das.

DIE ZEIT: Sie sind mit Ihrer Familie als Kind aus Armenien geflohen, lebten insgesamt acht Jahre in Flüchtlingsunterkünften in Hamburg und hatten selbst nichts. Wie lebt man mit nichts?

KENTIKIAN: Wir wohnten damals auf dem Asylschiff *Bibi Altona*. Wir hatten wirklich ganz wenig Geld. Einmal, als ich neun war, lief ein betrunkener Mann auf der Straße. Er hatte einen Batzen Geldscheine dabei, 500-Mark-Scheine. Wirklich! Er schwankte, und einer der Scheine fiel aus seiner Tasche. Ich habe ihn aufgehoben, bin zu ihm gelaufen und habe es ihm zurückgegeben. Ich weiß noch, dass mein Vater von hinten schrie: Susi! Neeein! Geh nicht dahin! Aber zu spät. Der Mann hat sich nicht mal bedankt. Das war schlimm für meinen Vater.

DIE ZEIT: Durften Sie sich jemals selbst etwas kaufen?

KENTIKIAN: Nein. Ich konnte mir nicht mal ein Croissant leisten und hatte immer große Augen auf alles, was ich nicht haben konnte. Meine Mutter hat mir manchmal mit ihrem letzten Geld eins gekauft, das war ein Highlight für mich. Oder einen Cheeseburger bei McDonald's. Sie hat immer versucht, mir meine Wünsche zu erfüllen. Als Kind will man so viel. […]

Quelle: Die ZEIT Nr. 40 vom 1. 10. 2015, das Interview führten Sarah Levy und Kilian Trotier; www.zeit.de/2015/40/susi-kentikian-boxerin-fluechtling-hamburg

Text C

AD HOC NEWS

Boxweltmeisterin Susi Kentikian hat einen weiteren WM-Gürtel gewonnen

Boxweltmeisterin Susi Kentikian hat einen weiteren WM-Gürtel gewonnen. Die 28 Jahre alte Hamburgerin bezwang in ihrer Heimatstadt die mexikanische Herausforderin Susana Cruz Perez einstimmig nach Punkten (97:94, 98:92, 97:93).

Damit verteidigte Kentikian ihren WBA-Titel[1] im Fliegengewicht erfolgreich und gewann zusätzlich den WIBF-Gürtel[2]. Die gebürtige Armenierin, die elf Monate nicht mehr geboxt hatte und deshalb ihren Leistungsstand nicht einschätzen konnte, hatte mit der konditionsstarken Mexikanerin Mühe. Vor 2 500 Zuschauern in der Inselparkhalle der Hansestadt ließ sie sich häufig in den Nahkampf zwingen. Von der zweiten Runde an kämpfte Kentikian mit einer Verletzung an der rechten Augenbraue und musste mehrfach behandelt werden. Die Weltmeisterin traf vor allem im Schlussgang häufiger. „Ich habe nicht damit gerechnet, dass sie so stark kämpfen wird", sagte die Hamburgerin.

Die 1,55 Meter große Kentikian, die sich seit einigen Monaten selbst vermarktet, hat nunmehr von 38 Profikämpfen 35 gewonnen. Ihre zwei Zentimeter kleinere Rivalin musste im 24. Kampf die siebte Niederlage hinnehmen. Zu den Zuschauern in der Halle gehörte die frühere Boxweltmeisterin Regina Halmich.

Quelle: DPA, 3. 10. 2015; www.ad-hoc-news.de/hamburg-boxweltmeisterin-susi-kentikian-hat-einen-weiteren--/de/News/46210201

Anmerkungen
1 WBA: World Boxing Association (Welt-Boxverband)
2 WIBF: Women's International Boxing Federation (Internationaler Verband für Frauenboxen)

Text D

Integration durch Sport

„Abgedroschen" ist so ein Wort, das einem nicht nur beim Lesen des Titels der Autobiografie „Mir wird nichts geschenkt. Mein Leben, meine Träume" von „Killer Queen" Susi Kentikian in den Sinn kommt. Auch der Klappentext macht mit klischeebeladenen[1] Trainerzitaten wie „Das Leben hat sie stark gemacht. Aber das Boxen hat ihr eine Möglichkeit gegeben, diese Stärke zu nutzen" zu Recht Angst vor sehr viel Pathos[2]. Dennoch lohnt es sich diesem Werk etwas Aufmerksamkeit zu schenken. Denn wenn es heißt, dass sich in Susi Kentikian „wie in einem Brennglas Themen und Entwicklungen unserer Gesellschaft spiegeln", ist dem nur zuzustimmen. […]

Es ist anzunehmen, dass ihr wachsender Erfolg und ihre damit zusammenhängende Bekanntheit im Leistungs- und nun auch im Profisport wohl ein nicht unwichtiger Faktor für den guten Ausgang des jahrelangen Kampfes ums Bleiberecht ihrer Familie darstellt. Ebenso wie ihre Serie an erfolgreichen Weltmeisterschaftskämpfen, in denen sie „für Deutschland" an den Start ging, brachten ihr wohl die Auszeichnungen als „Sportlerin des Jahres 2007" der Stadt Hamburg und als Deutschlands „Boxerin des Jahres" 2008 letztendlich die deutsche Staatsbürger(innen)schaft ein. Auch die […] erfolgreiche Verhinderung der Abschiebung 2001 und weitere zivilbürgerliche[3] Unterstützung für die Familie in Form einer Petition[4] sind klar auf Susis sportliche Erfolge und die Bereitschaft der Familie zur „Integration" zurückzuführen. […] In Ansätzen leistet Kentikian aber selbst Kritik am politischen Umgang mit dem Leben von ihr und ihrer Familie zur damaligen Zeit. Allerdings bleibt sie dabei innerhalb einer Denkstruktur von schlechten versus[5] guten Menschen, die sie (nicht) unterstützt haben […]

So bietet die Geschichte der Susianna Kentikian ein gutes Analysematerial für die Rolle von Sport im System aus Asylpolitik, Medien und Kommerzialisierung[6].

Quelle: Cora Schmechel, 2. 4. 2013; www.kritisch-lesen.de/rezension/integration-durch-sport (aus didaktischen Gründen leicht geändert)

Anmerkungen
1 *klischeebeladen:* voller Klischees (Klischee: Vorurteil, abgegriffene Vorstellung)
2 *Pathos:* übertriebenes Gefühl
3 *zivilbürgerlich:* durch normale Bürger
4 *Petition:* Bittstellung an einen Entscheidungsträger, z. B. an ein Parlamentsmitglied oder eine Behörde
5 *versus:* gegen
6 *Kommerzialisierung:* Streben nach Gewinn, Geschäftemacherei

Aufgaben

a) Bestimme bei den Texten A bis D die Textsorte.
b) Erkläre anschließend, an welchen Merkmalen du die Textsorte erkannt hast.
c) Belege deine Erklärungen jeweils anhand von zwei Textstellen.

Trage deine Lösungen auf der nächsten Seite (S. 23) ein.

© Verlag Herder

Sachtexte verstehen | 23

Text A – „Susi Kentikian. Durchs Leben geboxt"
Textsorte: _____

Merkmale: _____

_____

_____

Textbelege: _____

_____

_____

_____

Text B – „Über Geld spricht man (nicht)"
Textsorte: _____

Merkmale: _____

_____

_____

Textbelege: _____

_____

_____

_____

Text C – „[…] Susi Kentikian hat einen weiteren WM-Gürtel gewonnen"
Textsorte: _____

Merkmale: _____

_____

_____

Textbelege: _____

_____

_____

_____

Text D – „Integration durch Sport"
Textsorte: _____

Merkmale: _____

_____

_____

Textbelege: _____

_____

_____

_____

Interaktive Aufgaben: Lesekompetenz trainieren (Grafik)

3.3 Nichtlineare Texte lesen: Tabellen und Diagramme

Eine besondere Art von Sachtexten sind **nichtlineare** Texte. Im Gegensatz zu Fließtexten, bei denen die Sätze lückenlos aufeinanderfolgen, stellen nichtlineare Texte **wichtige Informationen verkürzt** in einer Übersicht dar. Man unterscheidet **zwei Arten** von nichtlinearen Texten: **Tabellen** und **Diagramme**.

Zahlenangaben spielen in nichtlinearen Texten eine große Rolle. Die wenigen Worte, die enthalten sind, sagen dir vor allem, wie die Zahlenangaben zu verstehen sind. In der Regel werden diese Auskünfte erteilt:

▶ das **Thema** oder die **Fragestellung**, der nachgegangen wurde,

▶ die **Einheiten**, in denen die Zahlen angegeben sind (z. B. in Prozent),

▶ die **Herkunft** der Zahlen (z. B. aus einer Umfrage oder aus einer statistischen Erhebung),

▶ die **Bezugsgrößen** (z. B. der befragte Personenkreis, die Menge der Niederschläge innerhalb eines bestimmten Zeitraums o. Ä.),

▶ der **Zeitpunkt**, zu dem die Daten erhoben wurden (z. B. wann eine Umfrage oder Messung durchgeführt wurde), oder der **Zeitraum**, auf den sich die Zahlen beziehen,

▶ der **Herausgeber**; meist handelt es sich bei dem Herausgeber um eine Institution (z. B. eine Behörde oder ein Meinungsforschungsinstitut) oder eine Interessengemeinschaft,

▶ das **Datum der Veröffentlichung**.

Einige dieser Auskünfte stehen außerhalb des eigentlichen nichtlinearen Textes, z. B. rechts unten. Man nennt diese Informationen die **Legende**.

Tipp

> Interessant sind bei nichtlinearen Texten vor allem **Übereinstimmungen** und **Unterschiede**. Daraus lassen sich nämlich bestimmte Aussagen ableiten. Achte also insbesondere darauf, wo sich Zahlenangaben ähneln – und wo sie deutlich voneinander abweichen!
> Zum Beispiel kann ein Sachverhalt auf die Mitglieder einer bestimmten Gruppe **besonders oft, durchschnittlich oft, vergleichsweise selten** oder **gar nicht** zutreffen.
>
> Deine Aussagen zu Tabellen und Diagrammen kannst du beispielsweise so formulieren:
> - *Es gibt mehr/weniger/genauso viele ... als/wie ...*
> - *Es kommt öfter/genauso oft/seltener vor, dass ...*
> - *Je ..., umso häufiger/seltener ...*

Sachtexte verstehen | 25

Tabellen

In einer Tabelle sind die Informationen in Spalten und Zeilen angeordnet. Meist finden sich in der äußeren Spalte links und in der obersten Zeile Erläuterungen zu dem **Zahlenmaterial**, das in den übrigen Spalten und Zeilen abgebildet ist. In nichtlinearen Texten, also auch in Tabellen, werden die Daten **nur genannt**, aber nicht interpretiert. Es werden also **keine Gründe** dafür angegeben, warum einige Zahlen höher ausfallen als andere.

Sieh dir die Tabelle genau an und löse anschließend die Aufgaben. — Übung 6

Shell Jugendstudie 2015

Freizeitbeschäftigungen von Jugendlichen nach Geschlecht und Alter (bis zu fünf Nennungen, Angaben in %)	m	w	12–14	15–17	18–21	22–25
Sich mit Leuten treffen	53	62	51	60	60	57
Musik hören	51	57	64	64	48	47
Im Internet surfen	60	44	51	51	52	54
Fernsehen	52	49	57	41	47	56
Soziale Netzwerke nutzen	35	36	26	39	40	34
Training/Aktiv Sport treiben (Fitnessclub, Sportverein ...)	35	26	30	39	31	25
Sport in der Freizeit, wie Rad fahren, Skaten, Kicken usw.	32	24	33	32	23	27
Etwas mit der Familie unternehmen	16	33	27	20	22	27
Playstation, Nintendo spielen, Computerspiele	39	7	43	27	14	17
Bücher lesen	13	31	23	20	22	23
In die Disco, zu Partys oder Feten gehen	20	21	4	21	30	23
Videos/DVDs anschauen	18	13	19	13	16	15
Nichts tun, „Rumhängen"	17	15	17	16	19	13
Shoppen, sich tolle Sachen kaufen	5	25	15	13	19	12
Etwas Kreatives, Künstlerisches machen	8	11	8	8	10	10
In die Kneipe gehen	10	4	0	3	9	12
Sich in einem Projekt/einer Initiative/ einem Verein engagieren	8	6	3	6	8	9
Zeitschriften oder Magazine lesen	5	7	6	6	3	7
Jugendfreizeittreff besuchen	4	5	6	7	3	3

Jugendliche im Alter von 12 bis 25 Jahren; m = männlich, w = weiblich

Quelle: 17. Shell Jugendstudie: Jugend 2015. TNS Infratest. Gudrun Quenzel, Klaus Hurrelmann, Mathias Albert. Shell Hamburg.

Aufgaben

1. Welche Auskünfte gibt die Tabelle? Beantworte die folgenden Fragen. Stichworte genügen.

    a) Welcher Fragestellung wurde nachgegangen?

    _____

    b) In welchen Einheiten sind die Zahlen angegeben?

    _____

    c) Woher stammen die Zahlen?

    _____

    d) Wer wurde befragt? Nenne den Personenkreis.

    _____

    e) Wann wurden die Daten erhoben?

    _____

    f) Wer hat die Daten veröffentlicht?

    _____

2. Welche Aussagen lassen sich aus den Daten ableiten und welche nicht? Kreuze entsprechend an.

		richtig	falsch
a)	Jugendliche lesen in ihrer Freizeit keine Bücher mehr.	☐	☐
b)	Je älter die Befragten sind, desto häufiger engagieren sie sich in einem Projekt oder Verein.	☐	☐
c)	Jungen interessieren sich mehr für Computerspiele als Mädchen.	☐	☐
d)	Mit zunehmendem Alter nimmt das Interesse an Sport ab.	☐	☐
e)	Jungen und Mädchen verbringen ihre Freizeit gleich gerne mit der Familie.	☐	☐

3. Kreuze die Freizeitbeschäftigung an, bei der die Unterschiede zwischen Jungen und Mädchen am größten sind.

a)	Etwas mit der Familie unternehmen	☐
b)	Computerspiele spielen	☐
c)	Bücher lesen	☐
d)	Shoppen, sich tolle Sachen kaufen	☐

4. Ordne die folgenden Aussagen den Altersgruppen passend zu. Trage den entsprechenden Buchstaben ein.

   Hinweis: Einmal musst du zwei Buchstaben eintragen.

   A   12- bis 14-Jährige   C   18- bis 21-Jährige
   B   15- bis 17-Jährige   D   22- bis 25-Jährige

In dieser Altersgruppe …	Buchstabe
a) ist das Surfen im Netz genauso beliebt wie Treffen mit Freunden.	
b) wird am meisten aktiv Sport getrieben, z. B. im Verein.	
c) ist die häufigste Freizeitbeschäftigung, sich mit Freunden zu treffen.	
d) ziehen die Jugendlichen Videos und DVDs Computerspielen vor.	
e) gehen nur wenige Jugendliche in Discos und auf Partys.	
f) werden am meisten Zeitschriften oder Magazine gelesen.	

Diagramme

In einem Diagramm werden die Daten in Form einer **Grafik** dargestellt. Eine grafische Darstellung bietet sich immer dann an, wenn die Anzahl der Daten überschaubar, also nicht zu umfangreich ist. So kann man die wichtigsten Informationen auf einen Blick erfassen.

Am häufigsten kommen diese Diagramme vor:

▶ **Balkendiagramm:** Hier sind die Daten in Form von waagerechten Balken dargestellt. Je länger ein Balken ist, umso größer ist die Zahl. Wenn die in einem Balkendiagramm abgebildeten Zahlen in Prozent angegeben sind, müssen sie zusammengerechnet nicht unbedingt 100 Prozent ergeben. Die Gesamtzahl aller Daten kann die 100-Prozent-Marke z. B. dann überschreiten, wenn bei einer Umfrage Mehrfachnennungen möglich waren.

▶ **Säulendiagramm:** Diese Diagramme sind ähnlich wie Balkendiagramme. Der einzige Unterschied besteht darin, dass die Säulen vertikal ausgerichtet sind, also von unten nach oben.

▶ **Kreisdiagramm:** Ein Kreisdiagramm sieht aus wie eine Torte, die in unterschiedlich große Tortenstücke unterteilt ist. Darum nennt man es manchmal auch „Tortendiagramm". Die einzelnen Abschnitte eines Kreisdiagramms sind meistens in Prozent angegeben; zusammengerechnet ergeben die Prozentzahlen aller „Tortenstücke" in der Regel 100 Prozent.

▶ **Kurvendiagramm:** Die Daten werden mithilfe einer Linie abgebildet, die steigt und/oder fällt. Je größer die Zahl, umso höher verläuft die Linie. Kurvendiagramme zeigen häufig eine Entwicklung an, die über einen längeren Zeitraum zu beobachten war.

Digitales Glossar: Fachbegriffe nachschlagen

28 LESEKOMPETENZ

Übung 7 — Sieh dir die Diagramme genau an und bearbeite dann die Aufgaben.

A Balkendiagramm

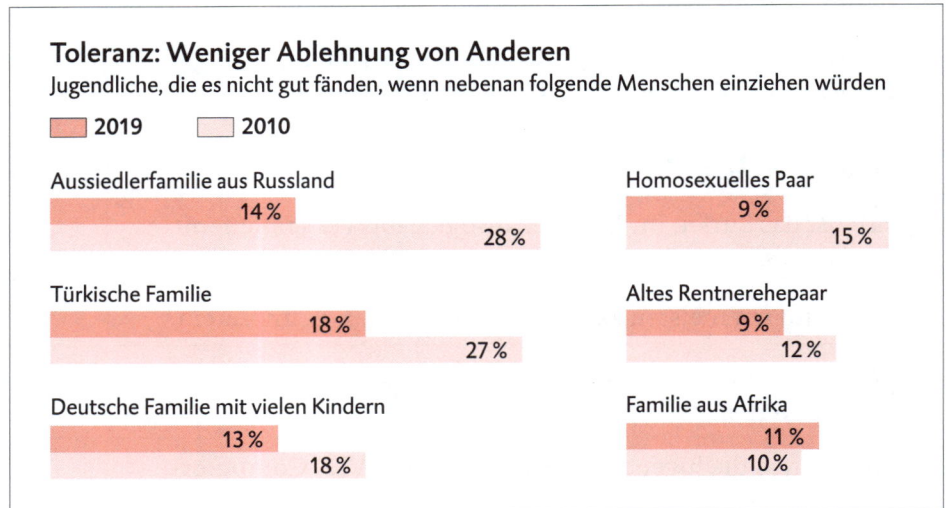

B Säulendiagramm

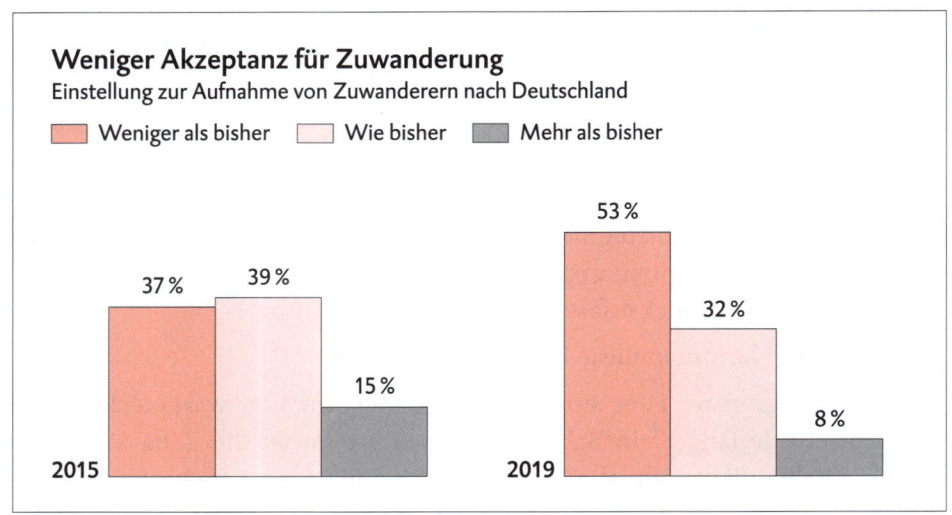

C Kreisdiagramm

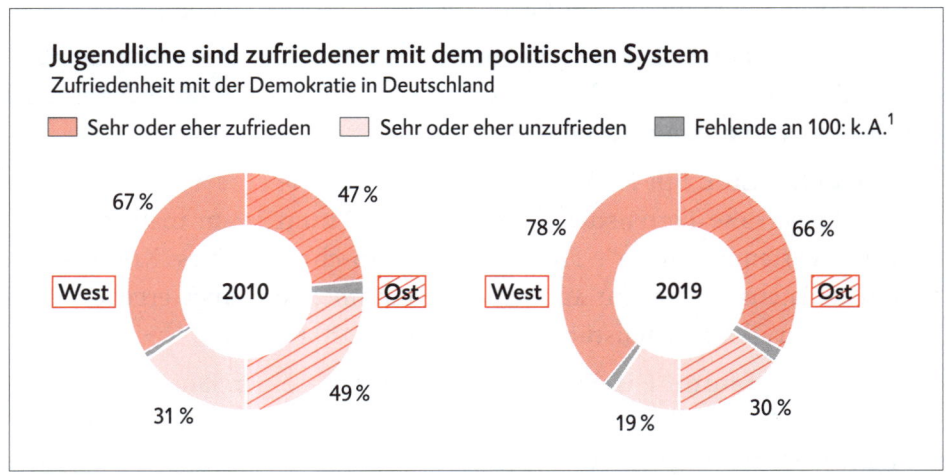

1 Bei den Kreisdiagrammen bildet jeweils ein Halbkreis eine Gesamtmenge von 100 % ab; k. A.: keine Angabe

D Kurvendiagramm

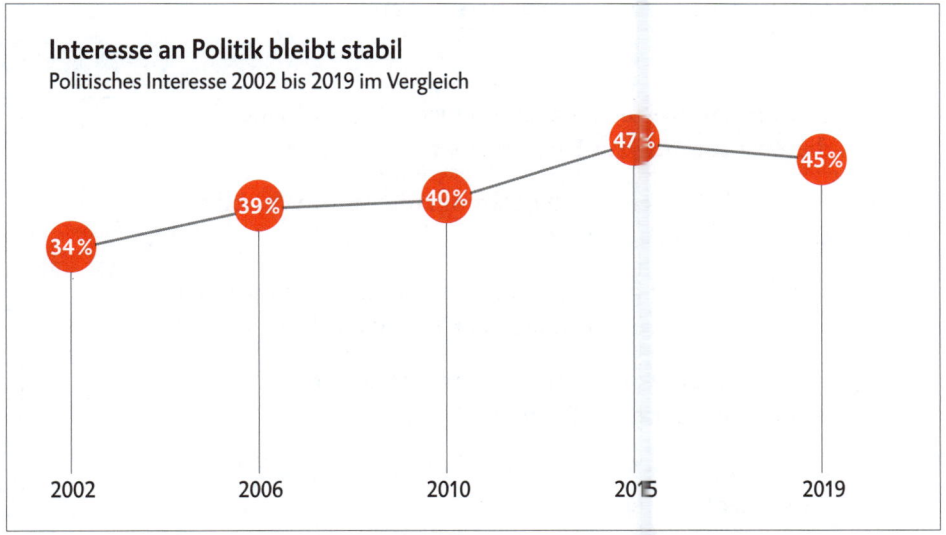

Basis: 2 572 Jugendliche (Diagramme A, D: 15 bis 25 Jahre; Diagramme B, C: 12 bis 25 Jahre)

Quelle (für alle Diagramme S. 28/29): 17. Shell Jugendstudie: Jugend 2015. TNS Infratest. Gudrun Quenzel, Klaus Hurrelmann, Mathias Albert. / 18. Shell Jugendstudie: Jugend 2019. TNS Infratest. Klaus Hurrelmann, Gudrun Quenzel, Ulrich Schneekloth, Ingo Leven, Mathias Albert, Hilde Utzmann und Sabine Wolfert. Shell Hamburg.

Aufgaben

1. Gegenüber welchen Personengruppen hat die Toleranz zugenommen (+) und gegenüber welcher hat sie abgenommen (−)? Trage jeweils das passende Symbol (+/−) ein. Orientiere dich an dem **Balkendiagramm**.

Personengruppe	Symbol
a) Aussiedlerfamilien aus Russland	
b) homosexuelle Paare	
c) türkische Familien	
d) alte Rentnerehepaare	
e) deutsche Familien mit vielen Kindern	
f) Familien aus Afrika	

2. Kreuze die Aussage an, die aus dem **Säulendiagramm** hervorgeht.

   Der Anteil derer, die …

a) Zuwanderern mit mehr Akzeptanz begegnen, hat sich seit 2015 fast verdoppelt.	☐
b) Zuwanderung ablehnen, ist seit dem Jahr 2015 um mehr als 15 Prozent gestiegen.	☐
c) ihre Meinung gegenüber Zuwanderern nicht verändert haben, ist gleich geblieben.	☐
d) über ihre Einstellung zur Zuwanderung keine Angaben gemacht haben, ist gestiegen.	☐

LESEKOMPETENZ

3. Welche der folgenden Aussagen lassen sich dem **Kreisdiagramm** entnehmen und welche nicht? Kreuze passend an.

		richtig	falsch
a)	Sowohl im Westen als auch im Osten Deutschlands hat die Zustimmung zur Demokratie zugenommen.	☐	☐
b)	Die Zufriedenheit mit der Demokratie ist im Westen stärker gestiegen als im Osten.	☐	☐
c)	Der Anteil der Jugendlichen, die mit der Demokratie unzufrieden sind, ist im Osten stärker gesunken als im Westen.	☐	☐
d)	Der Anteil derer, die mit der Demokratie zufrieden sind, ist im Westen um elf Prozent gestiegen.	☐	☐
e)	Im Osten ist die Zustimmung zur Demokratie um fast 20 Prozent gestiegen.	☐	☐
f)	Der Anteil derer, die zu diesem Thema keine Angaben gemacht haben, ist im Westen etwas größer als im Osten.	☐	☐

4. Was sagt das **Kurvendiagramm** über das Interesse der Jugendlichen an Politik aus? Beschreibe die Entwicklung.

_____
_____
_____
_____
_____
_____
_____
_____

Auf einen Blick

Sachtexte und Diagramme verstehen und untersuchen	
Thema und Textsorte	Bestimme möglichst zu Anfang, worum es geht und in welcher Form die Informationen präsentiert werden (sachlicher Bericht, wertender Kommentar, bloße Zahlen in einem Diagramm …).
Absicht des Verfassers	Beurteile, welche Absicht der Verfasser verfolgt: Will er über einen Sachverhalt informieren, den Leser von seiner Meinung überzeugen oder an die Leser appellieren?
Kernaussage	Überlege, welche Hauptaussage der Text bzw. das Diagramm vermittelt.
Detail-Informationen	Unterscheide allgemeine Aussagen und Beispiele.

4 Literarische Texte verstehen

Literarische Texte werden in drei Kategorien unterteilt, und zwar in diese **drei Gattungen: Epik** (Erzähltexte), **Lyrik** (Gedichte) und **Dramatik** (Theaterstücke).

Anders als Sachtexte beziehen sich literarische Texte nicht auf Tatsachen, sondern sie sind **fiktional**, also (vom Autor) erfunden. Dabei gestaltet der Autor die Inhalte stets auf eine besondere Weise. Literarische Texte sind nämlich **Kunstwerke**.

Eine Besonderheit, die literarische Texte auszeichnet, sind die „versteckten Botschaften". Vieles steht „zwischen den Zeilen", sodass der Leser immer wieder auf **Lücken** stößt, die er **mithilfe seiner eigenen Gedanken schließen** muss.

Wenn es im Text heißt: „Susi hat mit Karim Schluss gemacht", dann bedeutet das zugleich: „Die beiden waren vorher ein Paar."

Beispiel

> Überlege bei literarischen Texten immer, ob sich hinter einer Formulierung noch eine **Zusatzbotschaft** verbirgt. Wenn es im Text heißt: *sonst immer*, bedeutet das zugleich: *diesmal nicht*. Wenn es heißt: *Es hat aufgehört zu regnen*, drückt das aus, dass es vorher geregnet haben muss.

Tipp

4.1 Epische Texte untersuchen

Epische Texte sind Texte, in denen **eine Geschichte erzählt** wird. Sie können kurz oder lang sein. In der Regel sind epische Texte im Präteritum verfasst, denn der Leser soll sich vorstellen, es handle sich um Geschichten, die wirklich einmal passiert sind.

Interaktive Aufgaben: Lesekompetenz trainieren (Literarischer Text)

> Macht man eine Aussage über eine Person aus einem Text, verwendet man den Begriff „**Figur**". Damit wird deutlich, dass es sich um eine ausgedachte Person handelt. Man sagt also nicht: *Katniss Everdeen ist die Hauptperson in „Die Tribute von Panem"*, sondern: *Sie ist die Hauptfigur*.

Tipp

In der Regel geht es in Erzähltexte um Erlebnisse einer **Hauptfigur** (Fachbegriff: **Protagonist**). Manchmal gibt es auch zwei Figuren, die gleichermaßen wichtig sind. Oft kommt es zu einem **Konflikt** zwischen dem Protagonisten und anderen Figuren. Die Handlung kann gut oder schlecht ausgehen; es ist auch möglich, dass das Ende offen bleibt.

> Versuche nach dem Lesen eines epischen Textes als Erstes, diese fünf **W-Fragen** zu beantworten: *Wer? Was? Wann? Wo? Welche Folgen?* Auf diese Weise hast du die zugrunde liegende Situation und die Handlung im Wesentlichen erfasst.
> Danach stellst du dir die **Wie-Frage:** *Wie ist es dazu gekommen?* Mit der Wie-Frage kannst du wichtige Einzelheiten erfassen und Zusammenhänge (z. B. Handlungsmotive) verstehen.

Tipp

Übung 8 — Lies den Text „Anekdote" von Heinrich von Kleist. Bearbeite dann die Aufgaben.

Heinrich von Kleist: Anekdote (1803)

1 Zwei berühmte englische Boxer, der eine aus Portsmouth gebürtig, der andere aus Plymouth, die seit vielen Jahren von einander gehört hatten, ohne 5 sich zu sehen, beschlossen, da sie in London zusammentrafen, zur Entscheidung der Frage, wem von ihnen der Siegerruhm gebühre, einen öffentlichen Wettkampf zu halten. Demnach stellten 10 sich beide, im Angesicht des Volks, mit geballten Fäusten, im Garten einer Kneipe, gegeneinander; und als der Plymouther den Portsmouther, in wenig Augenblicken, dergestalt auf die Brust 15 traf, dass er Blut spie, rief dieser, indem er sich den Mund abwischte: brav! – Als aber bald darauf, da sie sich wieder gestellt hatten, der Portsmouther den Plymouther, mit der Faust der geballten 20 Rechten, dergestalt auf den Leib traf, dass dieser, indem er die Augen verkehrte, umfiel, rief der letztere: das ist auch nicht übel –! Worauf das Volk, das im Kreise herumstand, laut aufjauchzte, 25 und, während der Plymouther, der an den Gedärmen verletzt worden war, tot weggetragen ward, dem Portsmouther den Siegsruhm zuerkannte. – Der Portsmouther soll aber auch tags darauf am 30 Blutsturz gestorben sein.

Quelle: Heinrich von Kleist: Anekdote. In: Ders.: Sämtliche Werke. R. Löwith GmbH, Wiesbaden o. J., S. 941 f.

Aufgaben

1. Beantworte die folgenden W-Fragen in Stichworten.

    Wer? _____
    Wo? _____
    Was? _____
    Wann? _____
    Welche Folgen? _____

2. Beantworte nun ausführlich die Wie-Frage: *Wie ist es dazu gekommen?*

    Hinweis: Du musst keinen zusammenhängenden Text schreiben. Es genügt, wenn du die Handlungsschritte aufzählst. Schreibe aber vollständige Sätze.

Arten von epischen Texten unterscheiden

Es gibt verschiedene Arten von epischen Texten. Sie unterscheiden sich bezüglich ihres Umfangs, ihres Aufbaus und der Darstellung:

Erzählungen
„Erzählung" ist die allgemeine Bezeichnung für epische Texte von mittlerer Länge.

Anekdoten
Anekdoten sind kleine epische Texte, die von einer ungewöhnlichen Begebenheit aus dem Leben einer Person erzählen und mit einer Pointe enden. Bei der Person, um die es geht, handelt es sich oft um einen Menschen, der tatsächlich lebt oder gelebt hat. Die Darstellung erweckt den Eindruck, als würde der Erzähler seine Geschichte in einer geselligen Runde zum Besten geben.

Fabeln
Fabeln sind kurze Geschichten, in denen – direkt oder indirekt – eine Lehre erteilt wird. Meist sind die Hauptfiguren Tiere. Sie stehen jedoch für Menschen; das zeigt sich schon daran, dass sie sprechen können. Häufig geht es um einen Konflikt zwischen einem Stärkeren und einem Schwächeren.

Kalendergeschichten
Kalendergeschichten sind kurze Erzählungen, die ursprünglich (im 17. und 18. Jahrhundert) auf Kalenderblättern abgedruckt waren und sich an die ungebildeten Schichten richteten. Sie handeln von merkwürdigen oder lustigen Ereignissen aus dem Alltagsleben der einfachen Leute. Oft vermitteln sie auch eine Lehre. Im 20. Jahrhundert wurden sie in moderner Form wiederbelebt.

Kurzgeschichten
Kurzgeschichten sind Erzählungen von geringem Umfang. Auffällig ist vor allem ihr Aufbau. Typisch sind die fehlende Einleitung und das offene Ende: Der Erzähler springt sofort ins Geschehen hinein, der Ausgang der Handlung bleibt offen. Erzählt wird ein Ausschnitt aus dem Alltag ganz normaler Menschen. Auch die Sprache wirkt alltäglich; manchmal wird sogar Umgangssprache verwendet. Die Handlung strebt auf einen Höhe- bzw. Wendepunkt zu, in der Regel auf einen Moment, in dem eine Figur plötzlich eine neue Einsicht gewinnt.

Parabeln
Parabeln sind gleichnishafte Erzählungen. Die Handlung ist stark vereinfacht, es steckt aber mehr dahinter: Anhand eines konkreten Einzelfalls wird eine Lebensweisheit veranschaulicht. Der Leser kann eine Lehre aus der Handlung ziehen.

Novellen
Novellen sind Erzählungen von mittlerer Länge, in deren Zentrum ein besonderes Ereignis steht, eine „unerhörte Begebenheit" (Goethe). Die Handlung wird meist chronologisch erzählt, also entsprechend ihrem zeitlichen Ablauf. Es gibt eine hinführende Einleitung, einen Höhepunkt und einen Schluss. Der Leser erfährt, wie das Geschehen ausgeht.

Digitales Glossar: Fachbegriffe nachschlagen

Merkmale der verschiedenen epischen Texte

Schwänke

Schwänke sind kurze scherzhafte Erzählungen, die von einfachen Leuten handeln. In der Regel gibt es eine Hauptfigur (z. B. Till Eulenspiegel), die auf witzige Art andere hereinlegt. Das Gelingen des Streichs kennzeichnet den Höhepunkt der Geschichte. Der überlisteten Person wird damit eine Lehre erteilt.

Romane

Romane sind längere Erzählungen, die in Buchform veröffentlicht werden. Die Handlung ist oft vielschichtig und weit verzweigt und sie erstreckt sich meist über einen längeren Zeitraum. Deshalb kann der Leser verfolgen, welche Entwicklung die Hauptfigur durchmacht. Es gibt viele unterschiedliche Arten von Romanen, z. B. Liebes-, Kriminal- oder Jugendromane.

Tipp In der **Abschlussprüfung** wird dir oft ein Auszug aus einem (Jugend-) **Roman** zum Bearbeiten vorgelegt.

Übung 9 Ordne die genannten Merkmale den jeweiligen Textsorten zu. Trage die entsprechenden Buchstaben ein.

Hinweis: Einige Merkmale lassen sich mehr als einer Textsorte zuordnen.

- A Anekdote
- B Fabel
- C Kalendergeschichte
- D Kurzgeschichte
- E Novelle
- F Parabel
- G Roman
- H Schwank

Merkmal	Textsorte(n)
Der Protagonist macht eine Entwicklung durch.	
Die Handlung strebt auf einen Höhe- oder Wendepunkt zu.	
Eine Person wird hereingelegt.	
Die Hauptfiguren sind ganz normale Alltagsmenschen.	
Die Handlung erstreckt sich über einen längeren Zeitraum.	
Im Zentrum steht eine ungewöhnliche Begebenheit aus dem Leben einer Person.	
Die Geschichte ist stark vereinfacht.	
Es handelt sich um einen epischen Text von geringem Umfang.	
Die Hauptfiguren sind oft Tiere, die sprechen können.	
Im Mittelpunkt steht ein ganz besonderes Ereignis.	
Die Einleitung fehlt, und das Ende ist offen.	
Es gibt eine Einleitung und ein richtiges Ende; die Handlungsschritte werden chronologisch dargestellt.	
Es wird eine Lehre erteilt.	

Die Erzählperspektive bestimmen

Eine Handlung lässt sich aus unterschiedlichen Perspektiven erzählen. Grundsätzlich unterscheidet man zwei Erzählperspektiven: den **Ich-Erzähler** und den **Er-Erzähler**. Die Perspektive des Er-Erzählers lässt sich noch genauer bestimmen: entweder als **auktorialer** oder als **personaler Erzähler**.
Die Erzählperspektive zeigt an, welche Haltung der Erzähler zur erzählten Handlung einnimmt: ob er dem Geschehen eher sachlich und nüchtern gegenübersteht oder ob er z. B. mit einer Figur mitfühlt.

MindCards: Wichtiges wiederholen

Die verschiedenen **Erzählperspektiven** haben folgende Merkmale:

▶ Ein **Ich-Erzähler** erzählt die Handlung aus der **Sicht des Protagonisten**. Das bedeutet: Protagonist und Erzähler sind identisch.

Bisher glaubte ich, Mörder müsse man an ihren Händen erkennen, Massenmörder an ihren Augen.

Beispiel

▶ Ein **Er-Erzähler** erzählt die Handlung aus der **Sicht eines Beobachters**. Dieser kann dem Protagonisten sehr **nah** sein – er kann aber auch **distanziert** wirken, wie ein neutraler Berichterstatter.

- Hat man den Eindruck, dass der Erzähler die Welt **mit den Augen des Protagonisten** sieht (oder mit denen einer anderen Figur aus dem Text), handelt es sich um einen **personalen Erzähler**.

Er verdrückt sich in die Schulhofecke neben den Toiletten. Dort finden sie ihn nicht mit ihren blöden Fragen. Hast du den Science-Fiction-Film im Fernsehen gesehn? Warst du die Woche im Kino?

Beispiel

- Erweckt die Darstellung den Eindruck, dass der Erzähler ein **unbeteiligter Beobachter** ist, so handelt es sich um einen **auktorialen Erzähler**.

Das erste Trockendock in Toulon, das gegen Ende des 18. Jahrhunderts von einem Ingenieur namens Grognard erbaut wurde, verdankt seinen Ursprung einer merkwürdigen Begebenheit.

Beispiel

Quellen (von oben nach unten): Max von der Grün: Kinder sind immer Erben. In: Ders.: Etwas außerhalb der Legalität und andere Erzählungen. Darmstadt: Luchterhand 1980.
Fritz Deppert: Vielleicht auch ein Wunder. In: J. Pestum (Hrsg.): Ich singe gegen die Angst. Würzburg: Arena 1980.
Stefan Andres: Die Verteidigung der Xanthippe. Zwölf Geschichten. München: Piper 1960.

> Du erkennst den auktorialen Erzähler nicht unbedingt daran, dass er allwissend ist. Auch der personale Erzähler kennt z. B. die Gedanken der Hauptfigur!
> Entscheidend ist, dass der auktoriale Erzähler die Handlung völlig **gelassen** und **neutral** darstellt, als würde ihn das Geschehen überhaupt nicht berühren.
> Der personale Erzähler dagegen fühlt sich **betroffen:** Er erweckt mit seiner Darstellung den Eindruck, dass er auf alles eine **persönliche Sicht** hat.

Tipp

36 LESEKOMPETENZ

Übung 10 Lies die drei Textauszüge und bestimme jeweils die Erzählperspektive.

Text A

Die Frau lehnte am Fenster und sah hinüber. Der Wind trieb in leichten Stößen vom Fluss herauf und brachte nichts Neues. Die Frau hatte den starren Blick neugieriger Leute, die unersättlich sind. Es hatte ihr noch niemand den Gefallen getan, vor ihrem Haus niedergefahren zu werden. Außerdem wohnte sie im vorletzten Stock, die Straße lag zu tief unten. Der Lärm rauschte nur mehr leicht herauf. Alles lag zu tief unten. [...]

Quelle: Ilse Aichinger: Das Fenster-Theater. In: Dies.: Der Gefesselte. Erzählungen. Frankfurt am Main: Fischer Verlag 1955.

Text B

[...] Jenös Leute standen dicht zusammengedrängt auf einem Lastwagen. Es war nicht herauszubekommen, was man ihnen erzählt hatte, denn sie lachten und schwatzten, und als Jenö mich sah, steckte er zwei Finger in den Mund und pfiff und winkte rüber zu mir. Nur seine Großmutter und die übrigen Alten schwiegen; sie hatten die Lippen zusammengepresst und sahen starr vor sich hin. Die anderen wussten es nicht. Ich habe es damals auch nicht gewusst; ich war nur traurig, dass Jenö jetzt weg war. Denn Jenö war mein Freund.

Quelle: Wolfdietrich Schnurre: Jenö war mein Freund. In: Ders.: Als Vaters Bart noch rot war. Ein Roman in Geschichten. Frankfurt/Main, Berlin, Wien: Ullstein Verlag 1985, S. 152.

Text C

Leute starrten nach oben. Sie warteten. Ihre Gesichter waren feindlich. Trotzdem fühlte er sich ihnen verpflichtet. Er musste springen, damit sie ihre Sensation bekamen. Er fühlte, dass er es nicht schaffen würde. Er war noch nicht so weit. Aber er musste beweisen, dass er ein Mann war. Lieber tot sein, als sich vor diesen Gesichtern blamieren. Nur noch ein paar Sekunden atmen, dachte er, mehr verlange ich gar nicht.

Quelle: Annette Rauert: Der Schritt zurück. In: Dies.: Geschichten zum Nachdenken. Christian Kaiser Verlag 1977.

Erzählperspektive	Text A	Text B	Text C
a) Ich-Erzähler	☐	☐	☐
b) Er-Erzähler: personaler Erzähler	☐	☐	☐
c) Er-Erzähler: auktorialer Erzähler	☐	☐	☐

Auf einen Blick

Epische Texte verstehen und untersuchen	
Basisinformationen	Benenne Titel und Autor des Textes. Bestimme die Textsorte und das Thema. Oft ist es auch sinnvoll, das Erscheinungsjahr anzugeben.
Figuren	Überlege, wer der Protagonist oder die Protagonistin ist und welche Nebenfiguren eventuell wichtig für die Handlung sind.
Handlung	Rekonstruiere das Geschehen/den Handlungsverlauf.
Erzählperspektive	Beurteile die Darstellung durch den Erzähler: Wird das Geschehen auktorial, personal oder aus der Ich-Perspektive erzählt?
Kernaussage	Frage dich, welche Botschaft der Text den Lesern vermitteln soll.

Lies die Kurzgeschichte „Marathon" und bearbeite dann die Aufgaben.

Reinhold Ziegler: Marathon

1 Ob ich meinen Vater schon hasste, als ich auf die Welt kam, bezweifle ich. Ich vermute, ich fing damit erst an, als ich laufen lernen musste.
5 Ein Sohn, der nur krabbeln konnte, der sich später mühsam von einem Bein aufs andere fallend, durch die Welt hangelte, der schließlich gehen konnte, aber noch nicht lief, noch nicht federnd aus
10 den Fußgelenken, noch nicht abrollend mit der ganzen Sohle, noch nicht locker aus den Hüften heraus, noch nicht exakt im Knie geführt, der eben ging, wie ein Kind geht – all das muss ihn ungedul-
15 dig geschmerzt haben in seinem großen Sportlerherz. Und diese Ungeduld ließ er mich damals schon spüren.
Mit fünf hatte er mich schließlich so weit. Ob wir morgens Brötchen holten,
20 ob er mich zum Einkaufen in die Stadt mitnahm oder ob wir unseren abendlichen „Spaziergang" mit unserem Hund Nurmi machten, immer liefen wir, joggten wir, würde man heute sagen,
25 obwohl unser verbissenes Laufen bei weitem nicht die Leichtigkeit und den Spaß des heutigen Joggens hatte.
[...] Wenn ich an meine Kindheit denke, sehe ich nur ein Bild vor mir: Es ist
30 mein Vater, laufend, schräg rechts vor mir. Er blickt über seine linke Schulter zurück und ruft: „Auf, auf!" Und wenn ich länger hineinhöre in dieses Bild, dann höre ich sein gleichmäßiges At-
35 men, höre seinen Rhythmus: Schritt, Schritt, ein – Schritt, Schritt, aus. Und ich höre mein eigenes Keuchen, spüre mein Herz stechen und spüre den Hass, der mich zurückhalten will und der
40 mich doch immer hinter ihm hertreibt.
Und dann mein Vater, wie er zu anderen redete: „Der Junge hat Talent", höre ich. „Aus dem wird mal was", höre ich. „Das ist mein kleiner Sieger", höre ich.
45 Wenn er zu mir redete, hörte ich nur: „Auf, auf!"
An meinem dreizehnten Geburtstag lief ich zum ersten Mal die fünftausend Meter. Es war ein Sportfest, und ich
50 musste mit den Achtzehnjährigen starten, weil in meiner Altersklasse und den zweien darüber niemand sonst auf diese Distanz antrat. Meine Vereinskameraden standen am Rand der Bahn
55 und feuerten mich an. Fast zehn Runden hielt ich mit den Großen mit, dann fiel ich ab. Vater wartete an Start und Ziel, bei jeder Runde schrie er mir sein „Auf, auf!" ins linke Ohr, die letzte
60 Runde lief er auf dem Rasen neben mir her. „Auf, auf, auf!", schrie er, aber ich hörte nichts mehr, lief wie bewusstlos, Schritt, Schritt, ein – Schritt, Schritt, aus – bis mir irgendwer eine Decke über-
65 warf und ich verstand, dass es vorbei war. Ich ließ mich auf die weiche, kühle Kunststoffbahn fallen, er hielt mich fest, zog mir die Haut neben der Nase hoch, damit ich besser Luft bekam.
70 „Gut gemacht, mein Läuferlein", flüsterte er in mein Keuchen.
Und ich nahm diese Worte und schloss sie ein wie einen Edelstein, den man immer mal wieder ganz alleine hervor-
75 holt, um ihn zu betrachten.
„Gut gemacht, gut gemacht."
Später standen wir beieinander, alle die, denen Laufen Spaß machen musste.
„Viel hat da nicht gefehlt", hörte ich
80 meinen Vater „Nächstes Jahr packen wir den ganzen Tross."
Ich ging weg, nahm mein „Gut gemacht" heraus und sah es von allen Seiten an. Es hatte viele Facetten, das wuss-
85 te ich nun. Ich wollte nicht an das nächste Jahr denken, aber natürlich tat ich es.
Und natürlich hatte Vater Recht. Es war dasselbe Sportfest, ein Jahr später, als ich tatsächlich zum ersten Mal die fünf-
90 tausend Meter gewann.
Von nun an war ich, wie die Zeitungen schrieben, abonniert auf Sieg, das große deutsche Talent, unsere Olympiahoffnung und vieles andere mehr, was mich
95 vergessen ließ, wie sehr ich meinen Vater hasste, vielleicht auch, dass ich ihn überhaupt hasste.

Ich studierte in einer anderen Stadt. Sport natürlich, was sonst. Ich trainierte täglich zweimal, professionell, wie man mir sagte, obwohl es auch nicht viel mehr war als das „Auf, auf!" meines Vaters, nur besser organisiert, wissenschaftlicher verpackt und anonymer. [...] Dann verpasste ich die Qualifikation, wurde nicht zur deutschen olympischen Hoffnung. Knapp zwar nur, aber der Flieger ging ohne mich den fünf Ringen entgegen. [...]

Ich fing an, auf Marathon zu trainieren. Irgendjemand hatte meinen Laufstil analysiert und mir von der Bahn, von fünftausend und zehntausend weg hin zu Marathon geraten.

[...] Ich war gut im Marathon, aber meine Zeiten zeigten mir, für die Welt, die ganz große Welt, war ich auch hier nicht gut genug.

In dieser Zeit – es war kurz nachdem ich auch diese Qualifikation verpasst hatte – fuhr ich einmal nach Hause. Wie fremd saß ich dort an dem vertrauten Esstisch, trank Kaffee mit meinen Eltern wie früher und fand doch keine Worte, um das Versagen auszulöschen oder an die kleinen Siege meiner Vergangenheit anzuknüpfen.

Komm, lass uns laufen, sagte mein Vater, noch immer, ohne zu begreifen, wie sehr ich auch diesen Satz hasste.

Als wir die Schuhe aussuchten, fragte er: „Wie weit?"

„Marathon", sagte ich, ohne ihn anzusehen. Er war noch nie Marathon gelaufen, das wusste ich, und er war älter geworden.

Ich ließ ihn voranlaufen und merkte nach den ersten paar hundert Metern, dass er es zu schnell anging. Ich ließ mich zurückfallen, aber immer wieder kam sein Kopf über die linke Schulter zu mir: „Auf, auf!"

Nach nicht mal einem Viertel der Strecke begannen ihn die Kräfte zu verlassen. Wieder drehte er sich um: „Auf, sei nicht so faul!", rief er. „Führ du mal!"

Ich zog an ihm vorbei, hörte sein Atmen, viel zu hastig, viel zu ausgepumpt, viel zu verkrampft. [...]

Ich wollte ihn umbringen, wollte ihn winseln hören, wollte seine Ausflüchte hören, sein „Ich habe es doch nur gut gemeint". [...]

Ich zog noch ein bisschen an und er ging das Tempo mit. Sein Kopf wurde allmählich rot und fing an zu pendeln, seine Füße rollten jetzt nicht mehr, sondern platschten auf den Boden wie bei einem Kind, das froh ist, überhaupt von der Stelle zu kommen. Ab und zu drehte ich mich um: „Auf, auf!", rief ich ihm über die Schulter zu.

[...] Keuchend und nach Luft ringend, lief er hinter mir her. Wir waren jetzt viel zu schnell, selbst ich würde dieses Tempo nicht bis zum Ende halten können, aber es würde ohnehin keinen Einlauf durchs große Marathontor geben, nicht heute und nie mehr. Dies war das letzte Rennen meines Lebens, und nichts und niemand konnte mich daran hindern, es für immer zu gewinnen.

Plötzlich taumelte er, wie zwei Kreisel liefen seine Arme neben ihm her. Ich blieb stehen, um ihn aufzufangen, aber er stolperte an mir vorbei, ließ sich ein paar Meter weiter in die Wiese fallen und übergab sich. Ich drehte ihn um, stützte ihm die Stirn, verschaffte ihm mehr Luft. Sag es, dachte ich. Sag dieses verdammte: „Ich wollte doch nur dein Bestes!"

Aber er konnte nicht mehr sprechen, würgte alles heraus, was in ihm war, schnappte nach Luft wie ein Kind im Heulkrampf.

Allmählich kam er zur Ruhe, sah mich an, sah mir von unten her lange in die Augen. „Hasst du mich so sehr?", fragte er.

Da war etwas wie erstauntes Entsetzen in seinen Augen. Aber ich schwieg, sah ihn nur an in all seiner Hilflosigkeit.

„Nein, nicht mehr", antwortete ich schließlich. „Nicht mehr, es ist vorbei, es ist gut."

Wir blieben lange sitzen, wortlos, aber zum ersten Mal in unserem Leben einig. Dann trabten wir zurück. Ganz ruhig, fast gelassen.

Nebeneinander.

Quelle: Reinhold Ziegler: Marathon. In: Ders.: Der Straßengeher. Weinheim/Basel: Beltz & Gelberg 2001. S. 82–87.

Aufgaben

1. Welches Problem hat der Ich-Erzähler gehabt? Kreuze passend an.

a)	Sein Vater hat ihn schon als Kind zum Laufen gezwungen.	☐
b)	Er hat trotz seines harten Trainings als Sportler versagt.	☐
c)	Er hat geglaubt, die Erwartungen seines Vaters erfüllen zu müssen.	☐
d)	Das Laufen ist für ihn immer nur eine Qual gewesen.	☐

2. Welche Eigenschaften schreibt der Ich-Erzähler seinem Vater zu – und welche nicht? Kreuze an.

		richtig	falsch
a)	Ungeduld	☐	☐
b)	Egoismus	☐	☐
c)	Gleichgültigkeit	☐	☐
d)	Ehrgeiz	☐	☐
e)	Einfühlsamkeit	☐	☐

3. Bringe die Handlungsschritte in die richtige Reihenfolge. Nummeriere sie.

Der Ich-Erzähler ...	Nummer
a) wird als Olympia-Hoffnung gefeiert.	
b) steigt auf Marathon um.	
c) will mit dem Laufen aufhören.	
d) nimmt zum ersten Mal an einem Fünftausendmeterlauf teil.	
e) verpasst die Qualifikation für Olympia.	
f) läuft mit seinem Vater Marathon.	
g) gewinnt seinen ersten Fünftausendmeterlauf nicht.	
h) fängt an, Sport zu studieren.	
i) muss bei jeder Gelegenheit mit seinem Vater laufen.	
j) gewinnt einen Fünftausendmeterlauf.	

4. Erzähle die ersten drei Absätze (Z. 1–27) aus der Sicht eines auktorialen Erzählers neu. (→ Heft)
   Achte auf Formulierungen, die zu einem außenstehenden Beobachter passen. Du darfst stellenweise kürzen.

   Hinweis: Du kannst dem Protagonisten einen Namen geben.

5. „Und ich nahm diese Worte und schloss sie ein wie einen Edelstein, den man immer mal wieder ganz alleine hervorholt, um ihn zu betrachten." (Z. 72–75)
   Welche Aussage lässt sich aus diesem Satz **nicht** ableiten? Kreuze sie an.

a)	Die Worte haben ihm gut getan.	☐
b)	Der Ich-Erzähler hat sich gern an diese Worte erinnert.	☐
c)	Der Ich-Erzähler hat diese Worte schnell vergessen.	☐
d)	Diese Worte waren ein Ansporn für ihn.	☐

6. Warum fühlt sich der Ich-Erzähler zu Hause „fremd" (Z. 122)? Kreuze an.

a)	Seine Eltern haben sich verändert.	☐
b)	Die Möbel sind umgestellt worden.	☐
c)	Seine Eltern machen ihm Vorwürfe.	☐
d)	Er findet keine Worte für seinen Misserfolg.	☐

7. „Ich wollte doch nur dein Bestes!" (Z. 181 f.) Warum möchte der Ich-Erzähler diese Worte von seinem Vater hören? Kreuze die passende Aussage an.
   Mit diesen Worten soll ihm sein Vater zeigen, dass er …

a)	seine Fehler eingesehen hat.	☐
b)	seine Erwartungen zurückschrauben wird.	☐
c)	ihm seinen Misserfolg verzeiht.	☐
d)	ihn immer sehr geliebt hat.	☐

8. Nenne vier Gefühle, die der Ich-Erzähler im Laufe seines Lebens empfunden hat und erläutere sie kurz. Du kannst Stichworte verwenden. (→ Heft)

9. „Dies war das letzte Rennen meines Lebens, und nichts und niemand konnte mich daran hindern, es für immer zu gewinnen." (Z. 169–172)
   Welche beiden Vorstellungen stecken in diesen Gedanken des Ich-Erzählers?

   a) _____

   b) _____

10. Erkläre, was der Ich-Erzähler mit dem letzten Wort („Nebeneinander", Z. 201) zum Ausdruck bringt. Stelle einen Zusammenhang mit dem ganzen Text her. (→ Heft)

11. Erkläre den Sinn der Überschrift. (→ Heft)
    Hinweis: Der Titel eines (literarischen) Textes ist oft mehrdeutig.

4.2 Gedichte untersuchen

Gedichte sind besonders kunstvoll gestaltete Texte. Man erkennt sie gleich an ihrer **Form:** Die Zeilen sind verkürzt (**Verse**), und mehrere Verse sind jeweils zu Blöcken (**Strophen**) zusammengefasst. Gedichte sind oft nicht einfach zu verstehen. Darauf weist schon das Wort „Gedicht" hin: Der Dichter hat seine Aussagen so stark verdichtet, dass es einiger Mühe bedarf, den Sinn zu erfassen.

> **Tipp**
>
> Derjenige, der im Gedicht „spricht", also bestimmte Gedanken oder Gefühle äußert, ist *nicht* der Autor, sondern eine von ihm ausgedachte Stimme (wie der Erzähler bei epischen Texten). Bei Gedichten verwendet man dafür den Begriff „**lyrisches Ich**" oder „**lyrischer Sprecher**".

Wenn du die entscheidenden Merkmale von Gedichten kennst, kannst du dich dem **tieferen Sinn** Stück für Stück nähern.

Ein Gedicht untersuchen

Schritt für Schritt

Arbeitsschritt 1 Überfliege den Gedichttext einmal. **Bestimme** danach das **Thema** zunächst ganz allgemein (*Frühling? Leben in der Stadt? Liebe? Krieg?*).

Arbeitsschritt 2 Lies das Gedicht noch einmal genau und stelle dir folgende Fragen zum **Sprecher** und zum **Adressaten** (= der Angesprochene): *Gibt es ein lyrisches Ich? Wird jemand direkt angesprochen (ein Du oder ein Ihr)? Welche Gedanken äußert der lyrische Sprecher?*

Arbeitsschritt 3 Überlege, was den lyrischen Sprecher veranlasst, sich diese Gedanken zu machen. Bestimme seine **Situation** und sein **Motiv**.

Arbeitsschritt 4 Gehe **jede Strophe einzeln** durch. Lies Satz für Satz ganz genau. Frage dich jeweils: *Welche Bedeutung hat diese Aussage (in Bezug auf die Gedanken des lyrischen Sprechers)?* Textstellen, die dir unklar sind, kennzeichnest du am Rand mit **?** .

Arbeitsschritt 5 Denke darüber nach, wie die einzelnen **Aussagen zusammenhängen**. Frage dich z. B.: *Ist die Aussage als Grund zu verstehen? Oder als Bedingung? Gibt es wiederkehrende Gedanken? Findet eine Entwicklung statt?*

Arbeitsschritt 6 Gelange zu einem **Ergebnis**. Präzisiere das Thema, das du anfangs nur allgemein bestimmt hast. Frage dich: *Was genau bringt der lyrische Sprecher zum Ausdruck: einen Wunsch? eine Klage? Kritik? einen Appell?*

Hinweis: Es geht hier zunächst um das Erfassen des **Sinns**. Hinweise zu **Form und Sprache** von Gedichten findest du ab Seite 44.

> **Tipp**
>
> Eine besondere Art von Gedicht ist die **Ballade**. Meist haben Gedichte einen lyrischen Sprecher, der seine Gedanken und Gefühle äußert. In Balladen dagegen wird eine **Geschichte** erzählt. Fast alle Balladen zeichnen sich außerdem dadurch aus, dass sie **wörtliche Rede** enthalten. So wirkt die Darstellung nicht nur anschaulich, sondern geradezu dramatisch.

Übung 12

Lies das Gedicht „Septemberliches Lied vom Storch" von Günter Eich und bearbeite dann die Aufgaben.

Günter Eich: Septemberliches Lied vom Storch

1 Die Sonne brennt noch überm Luch[1],
vom Grummet[2] weht der Grasgeruch,
die Beere kocht im Brombeerschlag[3],
und lang noch steht die Sonn' im Tag.

5 Er aber glaubt nicht mehr ans Jahr,
der auf dem First zu Hause war.
Nach Süden schwang sein Flügelschlag
und lang noch steht die Sonn' im Tag.

Die Frösche quarren[4] doppelt hell,
10 die Maus zeigt unbesorgt ihr Fell.
Der ihnen auf der Lauer lag,
er schwang sich fort vor Tau und Tag.

Obgleich noch wie im Sommerwind
die Spinne ihre Fäden spinnt,
15 die Mücke tanzt im Weidenhag[5],
und lang noch steht die Sonn' im Tag.

*Quelle: Günter Eich: Septemberliches Lied vom Storch.
In: W. Höllerer: Ausgewählte Gedichte. Suhrkamp Verlag: Frankfurt am Main 1960*

Anmerkungen
1 *Luch:* Wiesenfläche im Moor
2 *Grummet:* Heu
3 *Brombeerschlag:* eine Ecke im Garten, wo nur Brombeerbüsche wachsen
4 *quarren:* quaken
5 *Weidenhag:* Weidengebüsch

Aufgaben

1. Bestimme das Thema des Gedichts.
   Stichworte genügen.
   _____

2. Wessen Sicht vermittelt der lyrische Sprecher?
   Kreuze die passende Aussage an.

   Er vermittelt die Sicht …

a)	des Storchs.	☐
b)	anderer Tiere.	☐
c)	eines nachdenklichen Beobachters.	☐
d)	eines gleichgültigen Beobachters.	☐

Literarische Texte verstehen | 43

3. Was für eine Situation beschreibt der lyrische Sprecher? Beziehe dich auf die Jahreszeit und auf die Stimmung. Formuliere dazu zwei Sätze.
   _____
   _____
   _____

4. Fasse die Beobachtungen des lyrischen Sprechers knapp zusammen. Gehe auf jede Strophe einzeln ein.

   Strophe 1: _____
   _____

   Strophe 2: _____
   _____

   Strophe 3: _____
   _____

   Strophe 4: _____
   _____

5. Worauf bezieht sich das Personalpronomen „er" in Vers 5? Stichworte genügen.
   _____

6. Die letzte Strophe beginnt mit der Konjunktion „obgleich" (V. 13). Worin besteht der Einwand, der damit zum Ausdruck kommt? Formuliere zwei Sätze, um diese Frage zu beantworten.

   Zwar _____
   _____

   Aber _____
   _____

7. Formuliere ein Ergebnis. Stelle in ca. fünf Sätzen dar, was der lyrische Sprecher mit dem Gedicht zum Ausdruck bringt.
   _____
   _____
   _____
   _____
   _____
   _____

Digitales Glossar: Fachbegriffe nachschlagen

Formmerkmale von Gedichten untersuchen

Jedes Gedicht besteht aus einer Gruppe von **Versen**, die zu **Strophen** zusammengefasst sind. Das ist das erste Formmerkmal, das dem Leser auffällt.

Reime erkennen

Beim Blick auf die Versenden stellt man oft fest, dass sich zwei (oder mehr) Verse **reimen**. Ein Reim entsteht durch den Gleichklang der Versenden. Es gibt auch sogenannte „unreine Reime": hier klingen die Versenden nur ungefähr gleich.

Beispiel

Wilhelm Busch: Der Esel

Es stand vor eines Hauses T**or** } reiner Reim
Ein Esel mit gespitztem **Ohr**,
Der käute sich sein Bündel H**eu** } unreiner Reim
Gedankenvoll und still entzw**ei**.

Tipp

> Am besten bestimmst du das **Reimschema**, indem du jeden Reim mit einem Buchstaben kennzeichnest. Bei der Strophe aus Wilhelm Buschs Gedicht „Der Esel" sieht das so aus: *aabb*.

Auf einen Blick

Die häufigsten Reimschemas			
Paarreim	Es reimen sich zwei aufeinander folgende Verse; sie bilden ein „Paar".	**aabb**	Sonne, Wonne, Mut, Glut
Kreuzreim	Die Verse reimen sich über Kreuz.	**abab**	Reise, fragen, weise, sagen
Umarmender Reim	Zwei sich reimende Verse werden eingerahmt von zwei Versen, die sich ebenfalls reimen.	**abba**	Boot, lachen, machen, rot

Übung 13

Bestimme das Reimschema des Gedichts „Septemberliches Lied vom Storch" von Günter Eich (S. 42). Stichworte genügen.

Das Versmaß bestimmen

Den meisten Gedichten liegt ein bestimmter Takt, das **Metrum** (Plural: Metren) oder **Versmaß**, zugrunde. Es ergibt sich durch eine regelmäßige Abfolge von betonten und unbetonten Silben. Betonte Silben nennt man auch **Hebungen**. Um das Metrum eines Gedichts zu bestimmen, solltest du den Text **laut lesen**. Achte beim Lesen darauf, welche Silben du betonst. Anschließend kennzeichnest du in jedem Vers die betonten und unbetonten Silben mit unterschiedlichen Zeichen, z. B. mit ´ für betont und mit ˇ für unbetont.

Tipp

> **Nicht immer** zieht sich das zugrunde liegende Metrum **durchgängig** durch das ganze Gedicht. In einem solchen Fall musst du herausfinden, welches Versmaß – trotz einiger Abweichungen – die Grundlage bildet. Versuche, Regelmäßigkeiten zu finden.

Auf einen Blick

Die häufigsten Metren		
Jambus	Zweiertakt: erste Silbe unbetont, zweite Silbe betont	Fĭgúr, Păpíer, Vĕrstéck
Trochäus	Zweiertakt: erste Silbe betont, zweite Silbe unbetont	Sónnĕ, Blúmĕ, lésĕn
Daktylus	Dreiertakt: erste Silbe betont, zwei folgende Silben unbetont	Málĕrĭn, Héilĭgĕr, Eítĕlkeĭt
Anapäst	Dreiertakt: erste zwei Silben unbetont, letzte Silbe betont	Zăubĕreí, Părădíes, Dĭămánt

Bestimme das Versmaß im Gedicht „Septemberliches Lied vom Storch" (S. 42).

Übung 14

> **Am häufigsten** kommt der **Jambus** vor. Es empfiehlt sich also, bei einem Gedicht als Erstes zu prüfen, ob das Metrum ein Jambus ist. Der Anapäst hingegen taucht sehr selten auf.

Tipp

Inhalt und Form zusammenführen

Auch bei einem Gedicht kommt es vor allem auf den **Sinn** an. Du solltest also nicht den Fehler machen, dich nur auf die Form zu konzentrieren. Es genügt auch nicht, Formmerkmale eines Gedichtes nur zu benennen. Du musst immer auch erläutern, welche **Wirkung** von ihnen ausgeht. Dasselbe gilt für die sprachlichen Besonderheiten. (Mehr darüber erfährst du ab S. 48 und auf S. 76.) Hilfreich ist oft die Frage, ob die Form zum Inhalt passt oder nicht:

▶ **Harmonie + Harmonie:** Der Inhalt ist harmonisch, und die Form ist regelmäßig gestaltet.

▶ **Disharmonie + Disharmonie:** Der Inhalt ist verstörend bzw. wirkt nicht harmonisch, und die Form weist keine oder nur wenige Regelmäßigkeiten auf.

} Inhalt und Form passen zusammen.

▶ **Disharmonie + Harmonie:** Der Inhalt ist verstörend bzw. wirkt nicht harmonisch. Trotzdem ist die Form ganz regelmäßig gestaltet.

▶ **Harmonie + Disharmonie:** Der Inhalt ist harmonisch, die Form ist aber unregelmäßig gestaltet.

} Inhalt und Form passen nicht zusammen.

> Wenn die Form (und ggf. Sprache) die Stimmung unterstreicht, die in einem Gedicht zum Ausdruck kommt, dann **passen** formale Darstellung und Inhalt **zusammen**. Das Gedicht strahlt dann einen **Gleichklang** aus: Entweder wirkt beides positiv (ruhig, fröhlich, feierlich, hoffnungsvoll …) – oder beides wirkt negativ (kühl, dunkel, traurig, trostlos, hart, grausam …).
>
> Wenn Inhalt und Form **nicht zusammenpassen**, hat das einen **Grund**! Der Leser soll auf die „Störung" aufmerksam werden und darüber nachdenken, warum es diese **Unstimmigkeit** gibt.

Tipp

Übung 15 Bestimme den Zusammenhang zwischen Inhalt und Form des Gedichts „Septemberliches Lied vom Storch" (S. 42). (→ Heft)

Gehe so vor:
- Fasse kurz zusammen, worum es geht und wie der Inhalt wirkt. (1–2 Sätze)
- Beschreibe die Form des Gedichts. (4–5 Sätze)
  Tipp: Bedenke, dass in der Überschrift von einem „Lied" die Rede ist.
- Triff zum Schluss eine Aussage über die Wirkung des Zusammenspiels von Inhalt und Form. Orientiere dich an der Übersicht auf S. 45. (2–3 Sätze)

Moderne Gedichte verstehen

Moderne Gedichte haben oft kein Metrum, sondern sind in **freien Rhythmen** verfasst. In der Regel gibt es auch **keine Reime**. Trotzdem handelt es sich um Gedichte! Das ist zum Beispiel an den verkürzten Zeilen (Versen) erkennbar. Moderne Gedichte sind oft besonders schwer zu entschlüsseln. Das liegt daran, dass die Verfasser häufig **mit der Sprache** und verschiedenen Bedeutungen **spielen**.

Tipp

> Man findet am besten einen Zugang zu einem modernen Gedicht, wenn man nach „**Signalwörtern**" sucht. Du wirst im Text an einigen Stellen Wörter finden, die üblicherweise in einem ganz **bestimmten Zusammenhang** vorkommen. Sie verweisen auf das zentrale Thema.

Übung 16 ### Mathias Jeschke: Spiel zwischen Erde und Himmel

1 Im Augenwinkel der Sturz.
  Schrill, scharf gellt der Pfiff.

  Ich wende mich hin,
  doch niemand gefoult am Boden.

5 Es war eine Schwalbe.
  Ich stehe auf der Lichtung und öffne mich.

  Die Vögel jubeln,
  die Bäume schwenken ihr Fahnengrün.

  Erneut ein schriller Pfiff.
10 Erwartung wächst.

  Da trifft es mich:
  Ich stehe am Punkt für den Freistoß.

Quelle: Mathias Jeschke: Spiel zwischen Erde und Himmel, https://e-hausaufgaben.de/Thema-203879-Spiel-zwischen-erde-und-himmel.php

Anmerkung
1 *gellen:* hell und durchdringend klingen, z. B. ein gellender Schrei

Hinweis: Du findest Aufgaben zu Sprachbildern in diesem Gedicht auf S. 52 f.

Literarische Texte verstehen 47

Aufgaben

1. Schreibe alle Wörter heraus, die darauf hindeuten, dass das Gedicht von Mathias Jeschke den Bildbereich Fußball aufgreift.

   _____
   _____

2. Nenne den zweiten thematischen Bereich, der im Gedicht angesprochen wird. Belege deine Antwort mit zwei Beispielen aus dem Text.

   Der zweite Themenbereich ist

   _____ .

   Beispiele:

   _____
   _____

3. Das Wort „Schwalbe" (V. 5) hat eine doppelte Bedeutung – entsprechend den zwei Themenbereichen aus dem Gedicht. Erkläre beide Bedeutungen. Stichworte genügen.

   Erste Bedeutung: _____

   Zweite Bedeutung: _____

4. Weise nach, dass das Gedicht „Spiel zwischen Erde und Himmel" in freien Rhythmen verfasst ist, indem du die Silben mit ´ (betont) oder ˘ (unbetont) kennzeichnest.

Auf einen Blick

Gedichte verstehen und untersuchen	
Thema	Bestimme allgemein, womit sich der lyrische Sprecher befasst.
Stimmung	Überlege, welche Atmosphäre im Gedicht zum Ausdruck kommt.
Lyrischer Sprecher	Frage dich, in welcher Situation sich der lyrische Sprecher befindet und was ihn bewegt (was ist sein Motiv?).
Adressat	Beziehe auch mit ein, an wen der lyrische Sprecher seine Worte richtet: an sich selbst, an eine (vertraute) Person, an den Leser?
Form	Beschreibe die Anzahl der Strophen und Verse, das Reimschema und das Metrum. Überlege, welche Wirkung durch diese Formmerkmale erreicht wird.
Aussage	Gehe Strophe für Strophe durch und denke über die jeweilige Bedeutung nach. Stelle abschließend einen Zusammenhang zwischen Form und Inhalt her und triff eine Aussage über die Gesamtwirkung des Gedichts.

Digitales Glossar: Fachbegriffe nachschlagen

5 Die sprachliche Gestaltung beurteilen

Um einen Text gut zu verstehen, genügt es nicht, nur auf die (oberflächlichen) Inhalte zu achten, denn der Inhalt und die sprachliche Gestaltung sind eng miteinander verwoben. Deshalb solltest du dir zu einem Text immer auch die Frage stellen: *Wie ist ein Sachverhalt oder ein Geschehen dargestellt?*
So kann die **Sprachebene**, für die sich ein Verfasser entscheidet, von Bedeutung sein, ebenso wie seine **Wortwahl**. Auch vom **Satzbau** geht häufig eine bestimmte Wirkung aus. Weitere wichtige Aspekte sind **Sprachbilder** und **Ironie**.

Interaktive Aufgaben: Ausdruck und Stil verbessern

5.1 Die Sprachebene bestimmen

Die Sprachebene, die ein Verfasser für seinen Text wählt, ist **vielsagend**. Damit gibt er z. B. zu erkennen, wie er sich selbst und sein Gegenüber einschätzt. Um die Sprachebene zu bestimmen, kannst du folgende Überlegungen anstellen:

▶ Verwendet der Verfasser eine **gehobene Sprache**? Greift er des Öfteren zu **Fremdwörtern** oder **Fachbegriffen**? Sind seine Sätze eher lang und kompliziert? Dann zeigt er durch seine Sprache, dass er **anspruchsvoll** ist – auch seinen Lesern gegenüber. Seine Darstellung wirkt **ernsthaft** und **seriös**.

▶ Entspricht die Ausdrucksweise eher der **Alltagssprache**? Ist sie vielleicht der **Umgangssprache** angenähert? Kommen überwiegend Ausdrücke vor, die dem alltäglichen (mündlichen) Sprachgebrauch entsprechen (so wie die Menschen z. B. im Supermarkt reden)? Ist der Satzbau evtl. **nicht immer korrekt** oder gibt es unvollständige Sätze? Oft wird dadurch eine **Nähe zum Leser** hergestellt. Die Aussagen wirken in diesem Fall eher **lässig** und **salopp**.

▶ Bewegt sich der Verfasser auf einer mittleren Sprachebene (**Standardsprache**)? Sie zeichnet sich durch **allgemein verständliche Wörter** und korrekte, aber vorwiegend **übersichtlich konstruierte Sätze** aus. Es gibt kaum Abweichungen vom öffentlichen Sprachgebrauch (z. B. dem der Massenmedien) – weder „nach oben" noch „nach unten". Die Sprache ist in dem Fall eher **unauffällig**.

Tipp

> Auch bestimmte **Gruppensprachen** können in einem Text auffällig sein, z. B. eine Sprache, wie sie Mediziner verwenden. Der Verfasser will damit vielleicht seine Fachkenntnisse zeigen.
>
> Eine Gruppensprache ist auch die **Jugendsprache**. Typisch dafür sind z. B. Neologismen (Wortneuschöpfungen) und Anglizismen (Begriffe aus dem Englischen). Ein Autor setzt Jugendsprache möglicherweise ein, um eine Szene besonders realistisch wirken zu lassen.

Die sprachliche Gestaltung beurteilen | 49

a) Bestimme bei den Sätzen in der Tabelle die Sprachebene. Kennzeichne sie so:
   - ↑ eher von gehobenem Niveau
   - → von mittlerem Niveau
   - ↓ eher von niedrigem Niveau (z. B. Umgangs-, Jugend- oder Kiezsprache)

b) Unterstreiche in den Sätzen, die du mit ↑ oder ↓ gekennzeichnet hast, alle Stellen, an denen du die Sprachebene erkannt hast.

Übung 17

Beispielsätze	Sprach-ebene
Könnten Sie mir freundlicherweise Ihre E-Mail-Adresse zukommen lassen?	
Ich hab schon ewig keine WhatsApp mehr von meiner Freundin gekriegt. Das ist halt echt komisch.	
Wie is'n deine Handynummer? Kannste die mir mal geben?	
Wer früher den Ausdruck „elektronische Medien" benutzte, meinte damit nur Rundfunk und Fernsehen.	
Heute denkt man vor allem an Computer und Internet, wenn jemand von elektronischen Medien spricht.	
PC und Internet gestalten unsere Kommunikation sehr komfortabel, denn sie ermöglichen gleichzeitig die Produktion, die Übertragung und die Rezeption von Nachrichten.	
Wir bieten Ihnen eine kompetente Betreuung aller in technologischer und logistischer Hinsicht anfallenden Aufgaben.	
Mein W-Lan-Empfang ist echt unter aller Sau. Ich hoffe, das ändert sich bald mal.	
Es soll Leute geben, die immer noch keinen Internetanschluss haben. Das kann ich nicht nachvollziehen.	
Was kümmern dich die anderen? Du nervst voll!	
Mitteilungen nach außen werden inzwischen immer öfter digital kodiert, vor allem bei Behörden und im Dienstleistungssektor.	
Man sollte sein Passwort öfter ändern. Das ist eine Frage der Sicherheit.	

5.2 Auf die Wortwahl achten

Für den Sinn eines Textes spielt die Wortwahl eine entscheidende Rolle. Mit manchen Wörtern verbindet der Leser von vornherein eine bestimmte Vorstellung. Ein Begriff kann **neutrale**, **positive** oder **negative** Gefühle wecken.

neutral	positiv	negativ
Hund	vierbeiniger Freund	Köter
Haus	Villa	Bruchbude

Beispiel

Von besonderer Bedeutung sind diese Wortarten:

▶ **Nomen:** Achte auf die genauen Bezeichnungen von Personen oder Dingen. Einem *Schelm* kann man z.B. nicht böse sein, vor einem *Gauner* wird man sich dagegen in Acht nehmen.

▶ **Verben:** Sie geben zu verstehen, ob ein Geschehen aktiv und lebendig wirkt – oder eher statisch und leblos. Von Verben wie *springen, klatschen* oder *stürmen* geht z.B. eine andere Wirkung aus als von Verben wie *stehen, schweigen* oder *sitzen*.

▶ **Adjektive:** Sie beeinflussen erheblich die Stimmung, die in einem Text zum Ausdruck kommt. Adjektive wie *fröhlich, warm* oder *bunt* erzeugen z.B. eine angenehme, schöne Atmosphäre, dagegen lassen Adjektive wie *trüb, hart* oder *kühl* eine Situation eher unangenehm erscheinen. Wenn ein Text nur wenige oder keine Adjektive enthält, wirkt die Darstellung farblos – so, als hätten die Personen oder Gegenstände gar keine besonderen Eigenschaften.

Tipp

 Achte besonders auf **Wiederholungen**. Kommt ein Wort in einem Text mehrmals vor, wird es besonders hervorgehoben – vermutlich weil es eine wichtige Funktion für die Textaussage hat.

Übung 18 Untersuche die Wortwahl im Gedicht „Spiel zwischen Erde und Himmel" (S. 46).

Aufgaben

1. Schreibe Wörter aus dem Gedicht heraus, mit denen man etwas Positives oder Negatives verbindet. Trage sie passend nach Wortarten in die Tabelle ein.

2. Äußere dich zur Wirkung, die von den gefundenen Wörtern ausgeht. Notiere zu jeder Wortart einige Stichworte.

3. Formuliere ein Fazit zu der Atmosphäre, die durch diese Wortwahl erzeugt wird.
   Hinweis: Berücksichtige dazu das gesamte Gedicht.

	Nomen	Verben	Adjektive
1.			
2.			
3.			

Die sprachliche Gestaltung beurteilen | 51

5.3 Den Satzbau berücksichtigen

Interaktive Aufgaben: Sprachkompetenz Grammatik

Auch der Satzbau beeinflusst die Wirkung eines Textes auf den Leser:

▶ **Satzreihen** sind meist leicht verständlich und sprechen damit ein breites Publikum an. Zugleich klingen sie in der Regel sachlich und nüchtern. Satzreihen werden vor allem im mündlichen Sprachgebrauch verwendet.

▶ **Satzgefüge** zeigen dem Leser an, welche Zusammenhänge zwischen einzelnen Teilsätzen bestehen. Sie klingen oft flüssiger als Satzreihen, sind aber teilweise auch lang und verschachtelt. So können komplizierte Gedanken ausgedrückt werden, was eine anspruchsvolle Leserschaft anspricht. Satzgefüge werden überwiegend im schriftlichen Sprachgebrauch verwendet.

▶ Besonders kühl und distanziert wirkt der Satzbau dann, wenn **kurze Sätze** ohne verbindende Worte aneinandergereiht werden.

▶ **Ellipsen** (unvollständige Sätze) bringen häufig Gefühle zum Ausdruck, wie z. B. Freude oder Schrecken, oder sie spiegeln eine spontane Reaktion des Sprechers wider. Sehr häufig kommen Ellipsen im mündlichen Sprachgebrauch (Umgangssprache) vor; sie können aber auch in schriftlichen Texten gezielt eingesetzt werden.

▶ **Ausrufe-** und **Fragesätze** bringen Lebendigkeit in einen Text. Ausrufesätze drücken z. B. Gefühle wie Erstaunen oder Begeisterung aus. Fragesätze können Zweifel oder Unsicherheit anzeigen. Dadurch wird der Leser stärker einbezogen.

Hinweis: Genaueres zum Satzbau, zum Beispiel zum Unterschied von Satzgefüge und Satzreihe, kannst du ab Seite 125 nachlesen.

Untersuche den Satzbau in Heinrich von Kleists „Anekdote" (S. 32): Erkläre zuerst, welche Art von Satzbau vorherrscht. Äußere dich dann zu seiner Wirkung. Schreibe ca. 80–100 Wörter. (→ Heft)

Übung 19

5.4 Sprachbilder erkennen

Häufig werden Wörter in einem Text anders verwendet als im normalen Sprachgebrauch. Das ist z. B. bei sprachlichen Bildern der Fall. Sprachbilder kennst du aus dem Alltag, z. B. aus Redewendungen. Anstelle von *„Du hast wohl schlechte Laune."* könnte man beispielsweise sagen: *„Dir ist wohl eine Laus über die Leber gelaufen."*

Vier häufig gebrauchte Sprachbilder sind diese:

▶ **Bildhafter Vergleich:** Eine Person oder eine Sache wird mit etwas verglichen, das aus einem ganz anderen Lebensbereich stammt. Bildhafte Vergleiche erkennst du oft an ihrer „Gelenkstelle", z. B. „wie" oder „als ob".

Die beiden glichen einander wie ein Ei dem anderen.
Es regnete so sehr, als ob die Welt unterginge.

Beispiel

Metapher: Eine Metapher ist eine Art verkürzter Vergleich. Es gibt keine „Gelenkstelle" zwischen dem Sprachbild und der Person/Sache, auf die es sich bezieht, sondern beides wird gleichgesetzt oder miteinander verschmolzen.

Beispiel

Das Leben ist eine Wüste. (Gleichsetzung: Leben = Wüste)
Der Dschungel der Großstadt erschreckte das Mädchen.
(Verschmelzung: Dschungel als Teil der Großstadt)

Personifikation: Einer unbelebten Sache werden Eigenschaften zugesprochen, die normalerweise nur Menschen haben. Dadurch wirkt sie lebendig.

Beispiel

Der Orkan hat viel Spaß an seinem Tun.

Symbol: Es bringt einen tieferen Sinn zum Ausdruck. Einige Symbole sind allgemein bekannt, z. B. das Herz als Symbol der Liebe. Es gibt auch Texte, die in ihrer Gesamtheit einen symbolischen Sinn haben.

Beispiel

Bei Gedichten, in denen vom *Herbst* die Rede ist, steht die *Jahreszeit Herbst* oft symbolisch für die *späte Lebensphase eines Menschen.*

Tipp

> Auch hier genügt es nicht, zu sagen, dass ein bestimmtes Sprachbild in einem Text vorkommt; du musst erklären, welche **Wirkung** davon ausgeht: Ist es ein schönes Bild? Oder ein düsteres?

Übung 20

Lies noch einmal das Gedicht „Spiel zwischen Erde und Himmel" von Mathias Jeschke (S. 46) und bearbeite dann die Aufgaben.

Aufgaben

1. Welche sprachlichen Bilder werden in dem Gedicht verwendet? Kreuze an.

   In dem Gedicht gibt es ...

a) bildhafte Vergleiche. ☐	c) Personifikationen. ☐
b) Metaphern. ☐	d) Symbole. ☐

2. Zitiere zu deiner Antwort aus Aufgabe 1 ein passendes Beispiel.

   _____

3. Äußere dich zur Wirkung der Sprachbilder. Ist die dadurch vermittelte Stimmung eher gut oder eher schlecht? Begründe deine Meinung.

   Die Sprachbilder erzeugen eine eher ...

a) gute Stimmung. ☐
b) schlechte Stimmung. ☐

   Begründung: _____
   _____
   _____

5.5 Ironie richtig deuten

Ironie ist die „Kunst der Verstellung". Sie dient dazu, **auf humorvolle Weise Kritik an etwas zu üben**. Der Autor stellt dann z. B. eine Handlung oder Verhaltensweise als positiv dar, obwohl er sie in Wirklichkeit schlecht findet. Er drückt seine Kritik – zum Schein – als Lob oder Anerkennung aus.

Du kennst ironische Aussagen aus dem Alltag. Wer zu einem Freund, der vollkommen übernächtigt aussieht, sagt: *„Du siehst ja heute gut aus!"*, meint in Wirklichkeit: *„Oje, was ist denn mit dir los? Du siehst sehr müde aus!"*

Beispiel

> Wenn jemand im (mündlichen) Gespräch eine ironische Aussage macht, merkst du das sofort: Seine Mimik und sein Tonfall passen dann nicht zu dem, was er sagt.
> Im **Schriftlichen** dagegen ist es nicht leicht, zu erkennen, ob etwas ironisch gemeint ist, denn man sieht und hört den Erzähler nicht. Du erkennst eine ironisch zu verstehende Aussage in einem schriftlichen Text am besten daran, dass sie **unpassend oder widersprüchlich** wirkt: Sie passt entweder nicht zu anderen Textaussagen oder nicht zu deinen Erfahrungen.

Tipp

Lies die Kurzgeschichte „Die Kampagne" von Peter Maiwald und bearbeite anschließend die Aufgaben.

Übung 21

Peter Maiwald: Die Kampagne

Das ganze Unglück – die Verwirrtheit in den Köpfen! – erklärte unser Stadtschreiber, der es wissen mußte, kommt von den Worten. Ohne Worte kämen die Leute nicht auf dumme Gedanken, und die Irrtümer hätten keine Chance, sich auszudrücken. Die Geschwätzigkeit nähme ebenso ab wie die zahllosen Mißverständnisse, denen wir mit Worten ausgesetzt sind. Der Ärger mit den Schwerhörigen verringerte sich, und die Hörigkeit in der Liebe verlöre an Unglück. Auf Eide, Treueschwüre, Reden und Zeitungen könnte verzichtet werden, in einem Wort: Die Vorteile der Wortlosigkeit sind offensichtlich. So begann die Kampagne: Raus mit der Sprache!

Wir entfernten alle Schilder, Plakate und Inschriften aus unseren Städten und verbrannten alle Bibliotheken. Die Radios spielten wortlos Musik, und im Fernsehen regierte der Stummfilm. Wir waren sprachlos, aber unendlich erleichtert. Niemand konnte uns mehr etwas vormachen. Keiner konnte uns mehr belügen. Niemand konnte uns mehr überreden, und keiner konnte uns mehr etwas in den Mund legen. Allen Wortverdrehern und Redewendungen war endlich das Handwerk gelegt.
Nun, da wir uns nichts mehr zu sagen haben, leben wir friedlich und zufrieden. Wir nehmen alles so hin, wie es ist. In Zweifelsfällen werden wir handgreiflich. Die Liebenden berühren sich und kommen ohne die bekannten mißverständlichen drei Worte aus. Und vor allem: Seit wir sprachlos sind, kann uns nichts mehr erschrecken. Was sollte uns, die wir keine mehr haben, noch die Sprache verschlagen?

Quelle: Peter Maiwald: Die Kampagne. In: Ders.: Das Gutenbergsche Völkchen. Frankfurt am Main: Fischer Verlag 1990. S. 29 (Die Schreibweise entspricht den Regeln der alten Rechtschreibung.)

LESEKOMPETENZ

Aufgaben

1. Nenne drei Probleme, die laut Text durch die Verwendung von Sprache entstehen können. Stichworte genügen.

   _____
   _____

2. Gib zwei Textstellen an, in denen etwas Negatives zum Schein positiv dargestellt wird. Erkläre, warum diese Aussagen nur ironisch gemeint sein können.

   Erste Textstelle: _____

   Erklärung der Ironie: _____
   _____
   _____
   _____
   _____

   Zweite Textstelle: _____
   _____

   Erklärung der Ironie: _____
   _____
   _____
   _____
   _____

Auf einen Blick

Wie du Besonderheiten der sprachlichen Gestaltung erkennst	
Sprachebene	Ist sie eher **gehoben** und wirkt damit ernsthaft und seriös – oder eher der **Umgangssprache** angenähert, sodass die Darstellung lässig und alltagsnah wirkt?
Wortwahl	Gibt es **Wörter**, die bestimmte Vorstellungen oder Assoziationen hervorrufen: positiv, sachlich-neutral oder eher negativ?
Satzbau	Achte auf den Fluss der Sprache. Klingen die **Sätze** ruhig und harmonisch oder wirken sie unterkühlt oder gar verstörend?
Sprachbilder	Welche **sprachlichen Bilder** sind vorhanden und welche Wirkung geht von ihnen aus: eine eher angenehme oder unangenehme?
Ironie	Sind alle Aussagen in sich **stimmig** oder gibt es (oberflächlich gesehen) Unstimmigkeiten, die auf **Ironie** hinweisen?
Gesamtwirkung	Stelle einen **Zusammenhang** zwischen der sprachlichen Gestaltung und dem Inhalt her: Passt die Sprache zum **Inhalt** oder wirkt sie eher unpassend?

Schreibkompetenz

Was muss man können? Was wird geprüft?

Beim Schreiben eines Textes musst du zeigen, dass du in der Lage bist, einen Sachverhalt **angemessen, klar** und **verständlich** auszudrücken. Ein gelungener Text überzeugt sowohl **inhaltlich** als auch **sprachlich**.

In der Prüfung musst du Folgendes leisten:

▶ Du hast etwas zu sagen, d. h., du verfügst über ausreichende **Kenntnisse** zum **Thema** (z. B. aus deiner Erfahrung oder aus vorliegenden Materialien).

▶ Du wählst die **wesentlichen Gedanken** zum Thema aus und ordnest sie in einer **sinnvolle Reihenfolge** an.

▶ Du kennst die Merkmale der geforderten **Textsorte** und beachtest sie.

▶ Du versetzt dich in den (möglichen) **Leser** hinein und berücksichtigst seine Erwartungen und Vorstellungen. Sowohl die Inhalte als auch die Sprache sollen zum Adressaten passen.

▶ Du kannst dich in den **Schreiber** hineinversetzen und weißt, was ihn dazu bewegt, seinen Text zu schreiben. Sein Anliegen bringst du geschickt und glaubwürdig zum Ausdruck.

▶ Du drückst dich **korrekt aus**, schreibst (möglichst) alle Wörter richtig und strukturierst deine Aussagen durch eine passende Zeichensetzung.

▶ Du gestaltest deinen Text **optisch übersichtlich** und ansprechend (z. B. durch Untergliederung in Absätze, ausreichend Rand und ordentliche Schrift).

Tipp

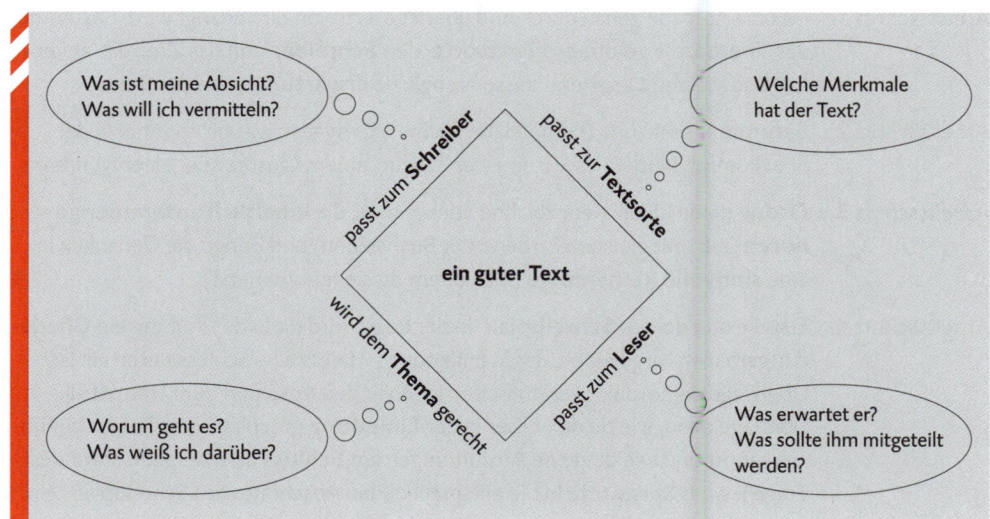

Beispiel — Anfang eines Briefes an die Schulleiterin (hier ohne Briefkopf):

Falsch	Richtig
Hallo Frau Müller, wir Schüler finden es total bescheuert, dass Sie was gegen die Einrichtung einer Cafeteria haben. …	Sehr geehrte Frau Müller, die Schüler sind von Ihrer ablehnenden Haltung bezüglich der Cafeteria sehr enttäuscht. …

- Anrede passt nicht zu förmlichem Brief an die Schulleitung
- Darstellung unhöflich
- Umgangssprache unpassend („total bescheuert", „was" …)

- höfliche Anrede, passt zu einem Brief an die Schulleiterin
- Darstellung sachlich und höflich
- Standardsprache (Schriftsprache) passt zu Anliegen und Adressat

Interaktive Aufgaben: Argumentierende Texte vorbereiten

6 Den Schreibprozess steuern

Der Schreibprozess besteht aus **drei Phasen:**

▶ **Vorbereiten:** Gewöhne dir an, den Schreibprozess sorgfältig zu planen. Das spart dir Zeit beim nächsten Schritt und erleichtert dir das Schreiben.

▶ **Schreiben:** Hier liegt der Schwerpunkt deiner Arbeit.

▶ **Überarbeiten:** Plane genug Zeit ein, um deinen Text noch einmal zu lesen und dabei fehlerhafte Stellen und ungeschickte Formulierungen zu verbessern.

Vorbereiten

In der Vorbereitung **durchdenkst** du zunächst die **Aufgabenstellung**, danach **sammelst und ordnest** du deine **Ideen**.

Schritt für Schritt

Das Schreiben vorbereiten

Arbeitsschritt 1 Lies die Aufgabe genau durch und überlege, was von dir verlangt wird. Bestimme das **Thema**, die geforderte **Textsorte**, den **Schreiber** und das **Ziel**, das er verfolgt, sowie den **Leser** und dessen mögliche **Erwartungen** an den Text.

Arbeitsschritt 2 **Sammle Ideen** zum Thema. Halte stichwortartig fest, was dir spontan in den Sinn kommt. Notiere es z. B. in einer Tabelle, einem Cluster oder einer Mindmap.

Arbeitsschritt 3 **Ordne** deine Ideen: Kennzeichne Stichpunkte, die **inhaltlich zusammengehören** (z. B. mit gleichen Farben oder Buchstaben) und bringe die Gedanken in eine **sinnvolle Reihenfolge** (z. B. indem du sie nummerierst).

Arbeitsschritt 4 Erstelle nun deinen **Schreibplan**. In der Regel wird dir in der Prüfung ein **Gliederungsraster** vorgegeben, das in Einleitung – Hauptteil – Schluss unterteilt ist. Übertrage deine zuvor gesammelten Ideen in den Abschnitt zum **Hauptteil**. Überlege dann, wie du den Leser in der **Einleitung** geschickt zum Thema hinführen kannst und wie du deine Ausführungen am **Schluss** überzeugend abrundest. Trage jeweils Stichworte in die entsprechenden Abschnitte des Schreibplans ein.

Den Schreibprozess steuern

Eine **Ideensammlung** (Schritt 2) kann wie eines dieser drei Beispiele aussehen:

Beispiel

Vorteile einer Schulcafeteria	Mögliche Einwände dagegen
• Bessere Konzentration nach Frühstück	• Mensa vorhanden!
• Schüler lernen Verantwortung tragen	• Zeitproblem
• Geldeinnahme für die Schule	• Organisation schwierig
• …	• …

Tabelle

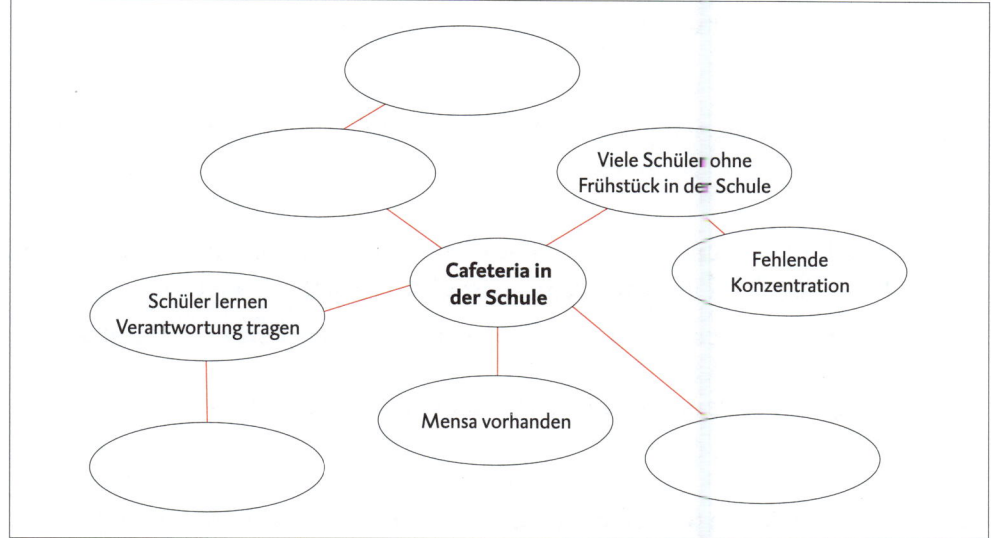

Cluster

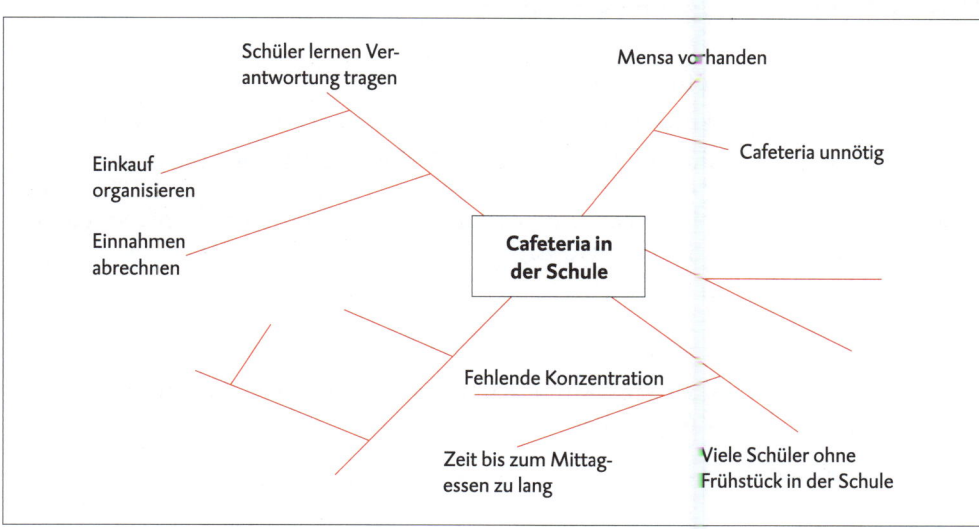

Mindmap

Als Schulsprecher oder Schulsprecherin möchtest du erreichen, dass in eurer Schule eine Cafeteria eingerichtet wird; Schüler und Eltern sollen sie gemeinsam betreiben. Aus diesem Grund schreibst du einen Brief an die Schulleiterin. Dein Ziel ist es, durch gute Argumente ihre Unterstützung zu gewinnen und mögliche Einwände, die sie haben könnte, zu zerstreuen. Bereite das Schreiben dieses Textes vor, indem du die Aufgaben auf der nächsten Seite bearbeitest.

Übung 22

SCHREIBKOMPETENZ

Aufgaben

1. Beantworte die folgenden Fragen. Stichworte genügen.

    a) Um welches Thema geht es?
    _____

    b) Welche Art von Text sollst du schreiben?
    _____

    c) Wer ist der Verfasser des Textes? Was ist sein Anliegen?
    _____

    d) An wen richtet sich der Text? Welche Vorstellungen könnte er/sie haben?
    _____

2. Sammle Einfälle zum Thema (Argumente, Entkräften möglicher Einwände). Die Form, z. B. Tabelle, Mindmap …, ist dir freigestellt. (→ Heft)
   Hinweis: Du kannst auch eines der angefangenen Beispiele (S. 57) nutzen.

3. Ordne deine gesammelten Ideen aus der vorherigen Aufgabe.

Übung 23 Vervollständige diesen Schreibplan zur Schreibaufgabe von S. 57 (Übung 22).
Hinweis: Nutze deine Ergebnisse aus der vorherigen Übung.

Einleitung Hinführung, Anliegen	höfliche Anrede aktuelle Situation: viele Schüler ohne Frühstück im Unterricht, Bitte um Unterstützung für Einrichtung einer Cafeteria
Hauptteil Entkräften von Gegenargumenten, eigene Argumente	• Fragen der Ausstattung und Organisation mit Unterstützung der Eltern lösbar • _____ • bessere Leistungsfähigkeit durch Frühstücksmöglichkeit für alle Schüler • _____ • _____
Schluss Bekräftigung mit Hauptargument/ Zusammenfassung, weiteres Vorgehen	Wiederholung der Bitte um Unterstützung, Hauptbegründung: _____ Vorschlag: Gespräch führen Grußformel und Unterschrift

Den Schreibprozess steuern | 59

Schreiben

Orientiere dich beim Schreiben deines Textes an dem Schreibplan, den du als Vorbereitung erstellt hast.

Eine Schreibaufgabe bearbeiten — Schritt für Schritt

Arbeitsschritt **1**   Am schwierigsten ist oft der Einstieg, also die **Einleitung**. Sie soll den Leser zum Thema hinführen, z. B. durch eine allgemeine Aussage oder ein aktuelles Beispiel. Notiere die Einleitung zuerst probeweise auf einem extra Blatt, ehe du sie ins Reine schreibst. Evtl. brauchst du mehrere Entwürfe. Etwa drei bis vier Sätze genügen.

Arbeitsschritt **2**   Schreibe den **Hauptteil**. Nimm dir alle notierten Stichpunkte vor und formuliere deine Gedanken nacheinander sorgfältig aus. Beginne jeweils einen neuen Absatz, wenn du dich dem nächsten Punkt aus deinem Schreibplan zuwendest. Zähle deine Gedanken nicht nur der Reihe nach auf, sondern leite geschickt zwischen den einzelnen Sätzen und Absätzen über (vgl. S. 128 f.).

Arbeitsschritt **3**   Nach dem letzten Stichpunkt schreibst du den **Schluss**. Im Idealfall rundet er deinen Text stimmig ab, z. B. durch ein Resümee/Fazit, einen Ausblick auf eine zukünftige Entwicklung oder deine persönliche Meinung. Probiere am besten wieder mehrere Ideen auf einem extra Blatt aus. Dann überträgst du den Schluss unter deinen Text. Es genügen wieder drei bis vier Sätze.

In dem folgenden Auszug aus einem Brief an die Schulleiterin sind die Sätze geschickt durch Konjunktionen oder Adverbien miteinander verbunden: — Beispiel

> Immer mehr Schüler kommen ohne Frühstück zur Schule. <u>Das</u> führt dazu, <u>dass</u> sich viele von ihnen spätestens ab der dritten Stunde nicht mehr richtig auf den Unterricht konzentrieren können, <u>weil</u> ihnen der Magen knurrt. <u>Zudem</u> ist zu erwähnen, ...

Schreibe die Einleitung und den Schluss für den Brief an die Schulleiterin (vgl. Schreibaufgabe S. 57). Achte darauf, dass es Verbindungen zwischen den Sätzen gibt. Orientiere dich an den Eintragungen in deinem Schreibplan (Übung 23). — Übung 24

Überarbeiten

Lies deinen Text noch einmal sorgfältig durch. Korrigiere dabei ungeschickte Formulierungen und Fehler.

Schritt für Schritt

Den ausformulierten Text überarbeiten

Arbeitsschritt 1 Versuche, deinen Text **innerlich laut zu lesen**; dann bemerkst du mögliche Schwachstellen am ehesten.

Arbeitsschritt 2 Suche nach Fehlern und ungeschickten Formulierungen:
- **Vermeide** unschöne **Wiederholungen**. Ersetze ein wiederholtes Wort besser durch ein Synonym oder Pronomen. Auch bei Satzanfängen und Satzkonstruktionen solltest du abwechseln, damit der Text nicht eintönig klingt.
- Achte auf **Eindeutigkeit**. Überlege, ob dem Leser immer klar ist, **worauf sich deine Aussagen beziehen**. Das gilt vor allem für „Platzhalter" wie **Pronomen**, z. B. Demonstrativpronomen (*dieses, das*) oder Personalpronomen (*er, es, ihnen*).
- Verzichte auf unübersichtliche **Satzkonstruktionen**. Oft kannst du besonders lange und komplizierte Satzgefüge auf zwei Sätze aufteilen.
- Verwende statt des steif klingenden Nominalstils lieber **ausdrucksstarke Verben**. Schreibe z. B. nicht: *Die Bestellung zur Möblierung der Cafeteria erfolgt über das Ausfüllen eines Formulars.*, sondern besser: *Um Möbel für die Cafeteria zu bestellen, muss man ein Formular ausfüllen.*

Arbeitsschritt 3 **Korrigiere** die Fehler und Schwachstellen, die dir aufgefallen sind:
- Kleinere Korrekturen nimmst du direkt im Text vor: Streiche z. B. ein falsch geschriebenes Wort sauber durch und füge die richtige Schreibweise darüber ein.
- Bei größeren Korrekturen streichst du die ganze Textstelle durch. Versieh sie mit einem Zeichen (z. B. mit * oder a) oder 1) und schreibe die korrigierte Version unter Wiederholung dieses Zeichens auf ein Korrekturblatt, das du deiner Arbeit beifügst.
- Solltest du einmal vergessen haben, bei einem neuen Gedanken einen neuen Absatz zu beginnen, kennzeichnest du diese Stelle mit ⌐.

Beispiel

Wenn die Schüler selbst eine Cafeteria betreiben,

Verantwortung

lernen sie ~~Veranatwortung~~ zu tragen.

Sie müssen ~~dann einkaufen und verkaufen.~~*)

*) sich dann um die Einkäufe kümmern und auch den Verkauf übernehmen.

Tipp

Achte darauf, dass deine **Korrekturen eindeutig** sind. Wenn du mehr als einmal eine größere Textstelle korrigieren musst, nimm jedes Mal ein anderes Zeichen (z. B. *, **, *** oder a), b), c) oder 1, 2, 3). Schreibe die Korrekturen nicht durcheinander auf dein Korrekturblatt, sondern richte dich bei der Reihenfolge nach ihrem Vorkommen im Aufsatztext.

Den Schreibprozess steuern | 61

Der folgende Abschnitt stammt aus einem Schülertext. Es ist ein Ausschnitt aus einem Brief an die Schulleiterin. Überarbeite den Text und notiere die verbesserte Version darunter.

Hinweis: Es geht vor allem um das Vermeiden von Wiederholungen und das Herstellen sinnvoller Verknüpfungen zwischen den Sätzen.

Übung 25

> 1 … Wir haben zwar eine Mensa. Wir bekommen in der Mensa um 13 Uhr ein Mittagessen. Das ist aber für viele Schüler zu spät. Viele Schüler kommen ohne Frühstück zur Schule. Sie haben schon früh am Morgen Hunger. Sie möchten sich
> 5 vorher etwas zu essen und zu trinken kaufen können. Sie können sich sonst im Unterricht nicht konzentrieren. Für sie wäre eine Cafeteria wichtig. …

So organisierst du deinen Schreibprozess richtig	
Lies die Aufgabenstellung genau durch.	Überlege, um welches Thema und um welche Textsorte es geht, wer der Schreiber ist, welches Ziel er verfolgt und an wen der Text gerichtet sein soll.
Sammle Ideen für deinen Text und ordne sie.	Berücksichtige dabei das, was du über das Thema weißt, und das, was du ggf. aus vorliegenden Materialien erfährst. Schreibe deine Ideen zunächst ungeordnet auf; anschließend gruppierst du sie und legst die Reihenfolge fest.
Erstelle einen Schreibplan.	Verwende dafür ein extra Blatt bzw. das vorgegebene Gliederungsraster. Trage deine Stichpunkte, die du zusammengestellt hast, dort ein. Setze deine Ideen für die Einleitung voran und ergänze Überlegungen für den Schluss.
Schreibe deinen Text.	Orientiere dich bei Aufbau und Inhalt an deinem Schreibplan. Wähle eine Sprache, die sowohl zur geforderten Textsorte als auch zum Leser und zum Schreiber passt.
Überarbeite den Text.	Lies alles noch einmal gründlich durch und korrigiere, wenn nötig, Fehler und Ausdrucksschwächen.

Auf einen Blick

7 Schreibaufgaben lösen

Es gibt unterschiedliche Arten von Schreibaufgaben. Sie beziehen sich entweder auf einen **Text** bzw. eine **Materialgrundlage** oder auf dein **Erfahrungswissen**. Grundsätzlich lassen sich Schreibaufgaben in zwei Bereiche unterteilen:

▶ Aufgaben, in denen du dich **sachlich** zu einem Thema äußern sollst

Beispiel *Stellungnahme, Erörterung, Bericht, informierender Text, Textanalyse, Inhaltsangabe, Charakteristik, Leserbrief ...*

▶ Aufgaben, in denen du **kreativ-produktiv** tätig werden sollst

Beispiel *persönlicher Brief, Tagebucheintrag, innerer Monolog, Erzählung, Textfortsetzung ...*

Tipp

> Oft wird eine Schreibaufgabe **in eine fiktive** (= erfundene) **Situation eingebettet**. Das kann dann zu **gemischten Aufgabenformen** führen.
> Beim Brief an die Schulleiterin zum Beispiel (vgl. S. 57, Übung 22) musst du insofern **kreativ** sein, als du dich in die Rolle des Schülersprechers hineinversetzen und an eine ausgedachte Person schreiben sollst. Deine Argumentation im Brief muss dennoch **sachlich** sein.

7.1 Offene Fragen zu einem Text beantworten

Im Gegensatz zu geschlossenen und halboffenen Aufgaben (vgl. S. 6 ff.) wird von dir bei einer offenen Frage **keine bestimmte Lösung** erwartet. Eine offene Frage zu einem Text verlangt in der Regel nach einer **ausführlichen Antwort**, in der du deine eigene Deutung oder deine eigene Meinung zum Ausdruck bringst. Im Unterschied z. B. zu einer Inhaltsangabe (vgl. S. 65) bezieht sich eine solche Frage aber in der Regel nicht auf den ganzen Text, sondern nur auf **einen bestimmten Aspekt**, zu dem du dich äußern sollst. In jedem Fall musst du dich in deiner Antwort **auf den Text beziehen**.

Hinweis: Über den richtigen Umgang mit Textbelegen kannst du dich ausführlich auf S. 98 informieren.

Offene Fragen können auch **indirekt gestellt** sein, d. h. ohne erkennbaren Fragesatz. In dieser Form sind sie **Bestandteil vieler Schreibaufgaben**, z. B. als Teilaufgabe innerhalb einer übergreifenden Aufgabenstellung. Das ist unter anderem der Fall, wenn du im Rahmen einer Textanalyse eine Aussage zum Text bekommst, zu der du Stellung beziehen sollst, oder wenn du eine Erklärung für das Verhalten einer Figur abgeben sollst.

Tipp

> Typische Formulierungen für Aufgaben, bei denen es sich um **indirekt gestellte offene Fragen** handelt, sind z. B.: *Deute ..., Erkläre ..., Begründe ..., Beurteile ..., Nimm Stellung ...*

Eine **halboffene Frage** zum Text „Anekdote" von Heinrich von Kleist (S. 32) könnte z. B. so lauten:

▶ *Warum kommt es zum Kampf zwischen den beiden Boxern? (Inhaltsfrage)*

Hierzu ist die Information im Text vorgegeben. Es wird also eine bestimmte Antwort erwartet, die du in eigenen Worten formulieren musst.

Offene Fragen zum Text „Anekdote" könnten hingegen so lauten:

▶ *Ist das Verhalten der Zuschauer, die bei dem Boxkampf anwesend sind, zu verurteilen? Begründe deine Meinung. (Entscheidungsfrage)*

▶ *Nimm Stellung zu der Frage, inwiefern das Verhalten der Zuschauer, die bei dem Boxkampf anwesend sind, zu verurteilen ist. (Entscheidungsfrage, indirekt ausgedrückt)*

Die Fragen sind offen, da du frei bist zu entscheiden, wie du den jeweiligen Sachverhalt beurteilst. Ein „Ja" oder „Nein" als Antwort genügt hier aber nicht, du musst deine Entscheidung immer auch gut begründen.

Neben **Entscheidungsfragen** gibt es weitere Arten von offenen Fragen, z. B. **Deutungsfragen** oder auch **kreativ-produktive Fragen**:

▶ *Die Boxer gehen beide sehr ehrenhaft miteinander um. Was könnte dieses Verhalten über den Charakter der beiden Kämpfenden aussagen? (Deutungsfrage)*

▶ *Verfasse einen kurzen Text aus der Sicht des Siegers. Welche Gedanken könnten ihm kurz vor seinem Tod durch den Kopf gehen? (kreativ-produktive Frage)*

Eine **Antwort** auf eine offene Frage besteht (außer bei produktiven Fragen) **aus drei Teilen:** Antwortsatz, Textbeleg und Erläuterung der Textstelle. Die Reihenfolge dieser drei Teile ist nicht festgelegt. Du kannst z. B. auch mit einem Zitat beginnen, dieses anschließend erläutern und dann erst die eigentliche Antwort geben. Diese ist dann wie eine Schlussfolgerung, die du aus der Textstelle und deren Erläuterung ziehst.

Offene Fragen beantworten

Arbeitsschritt **1** Durchdenke die Frage. Überlege, worauf sie abzielt.

Arbeitsschritt **2** Suche im Text nach Stellen, aus denen sich die richtige Antwort ableiten lässt. Markiere sie und kommentiere sie am Rand.

Arbeitsschritt **3** Beantworte die Frage. Formuliere deine Antwort klar und prägnant.

Arbeitsschritt **4** Weise nach, dass deine Antwort stimmt. Beziehe dich auf geeignete Textstellen. Es gibt zwei Möglichkeiten, um eine Aussage anhand von Textstellen zu belegen:
- das **wörtliche Zitat:** Dabei gibst du eine Textstelle in deiner Antwort wortwörtlich wieder. Das Zitat setzt du in Anführungszeichen.
- die **Paraphrase** (Umschreibung): Mit ihr beziehst du dich nur sinngemäß auf eine Textstelle: Du „übersetzt" sie in deine Sprache und verwendest eigene Worte. Es kann auch vorkommen, dass eine Textstelle allein als Nachweis für deine Antwort nicht reicht. Ziehe dann mehrere Textstellen als Beleg heran.

Arbeitsschritt **5** Erläutere die Textstelle, die du als Beleg ausgewählt hast. Begründe, warum diese Textstelle geeignet ist, um deine Antwort zu belegen.

SCHREIBKOMPETENZ

Tipp

Formuliere deine Antwort so, dass der Leser sie auch dann versteht, wenn ihm die Frage nicht vorliegt. Vermeide Antworten, die mit den Konjunktionen *weil* oder *dass* beginnen, denn das verführt dazu, unvollständige Sätze zu schreiben.

Beispiel

Die folgenden Tabellen zeigen dir, wie eine vollständige Antwort auf eine offene Frage zum Text „Anekdote" von Heinrich von Kleist (S. 32) im Unterschied zur Beantwortung einer halboffenen Frage lauten könnte:

halboffene Frage	*Warum kommt es zum Kampf zwischen den beiden Boxern?* (Inhaltsfrage)
Antwort	Sie wollen herausfinden, wem die Ehre zukommt, der bessere Boxer zu sein.
Textbeleg (Zitate)	Zur „Entscheidung der Frage, wem von ihnen der Siegerruhm gebühre" (Z. 6–8), vereinbaren sie einen „öffentlichen Wettkampf" (Z. 8 f.).

offene Frage	*Ist das Verhalten der Zuschauer, die bei dem Boxkampf anwesend sind, zu verurteilen?* (Entscheidungsfrage)
Verweis auf Textstelle (Paraphrase)	Es heißt im Text, dass das Volk begeistert aufschreit (vgl. Z. 24), nachdem einer der Kämpfer zu Boden gegangen ist, und es dem anderen anschließend den Siegesruhm zuspricht (vgl. Z. 27 f.).
Erläuterung der Textstelle	Offenbar geht es den Zuschauern nur darum, einer Sensation beizuwohnen. Sie fragen sich nicht, wie gefährlich die Verletzungen sind, die die beiden Boxer in diesem Kampf erleiden. Es kümmert sie nicht einmal, dass der am Boden liegende Boxer kurz darauf tot weggetragen wird. Dagegen versäumen sie es nicht, den anderen Boxer zu feiern und ihm den Siegesruhm zuzuerkennen. Das ist sehr oberflächlich und verantwortungslos.
Schlussfolgerung = Antwort	Deshalb finde ich, dass das Verhalten der Zuschauer in der Tat zu verurteilen ist.

Hinweis: Normalerweise trägt man die einzelnen Schritte solcher ausführlicher Antworten nicht in eine Tabelle ein. Das ist in den Beispielen nur der Fall, damit du die Struktur besser nachvollziehen kannst. Wenn du selbst deine Antworten in dieser Weise vorstrukturierst, kannst du sicher sein, dass du keinen Bestandteil vergisst. Außerdem bekommst du so nach und nach ein Gefühl dafür, wie eine zufriedenstellende Antwort aussieht. In der Prüfung schreibst du deine Lösung aber natürlich als zusammenhängenden Text!

Übung 26

„Die Boxer gehen beide sehr ehrenhaft miteinander um." Hältst du diese Einschätzung für richtig? Begründe deine Meinung. (→ Heft)

Hinweis: Achte darauf, dass deine Lösung alle erforderlichen Bestandteile enthält: Antwort, Textbeleg und Erläuterung.

7.2 Den Inhalt eines Textes zusammenfassen

Eine Textzusammenfassung informiert **knapp und sachlich** über den Inhalt eines Textes. Sie besteht wie die meisten Texte aus drei Teilen: einer **Einleitung**, einem **Hauptteil** und einem **Schluss**.

Die **Inhaltsangabe zu einem literarischen Text** und die **Zusammenfassung eines Sachtextes** unterscheiden sich in einigen Punkten. Die Einzelheiten erfährst du auf den folgenden Seiten. Es gibt aber auch Gemeinsamkeiten:

▶ Nur die **wichtigsten Inhalte** werden wiedergegeben, keine ausschmückenden Details und nichts Nebensächliches.

▶ Die Zeitform ist das **Präsens** (bei Vorzeitigkeit Perfekt).

▶ Die sprachliche Darstellung ist **neutral** und **sachlich**, ohne Wertungen.

▶ Es kommt **nie wörtliche Rede** vor. Äußerungen, die jemand im Text macht, werden in **indirekter Rede** wiedergegeben (also nicht Wort für Wort, sondern **sinngemäß** und im **Konjunktiv**, vgl. S. 122 f.).

Die Inhaltsangabe bei epischen Texten

In einem epischen Text stellt der Verfasser auf kunstvolle Weise ein **fiktionales Geschehen** dar, also eine Handlung, die er sich ausgedacht hat. Der Inhalt, den du wiedergeben sollst, ist die Geschichte, die er erzählt.

Eine Inhaltsangabe zu einem epischen Text schreiben

Arbeitsschritt **1**   Informiere in der **Einleitung** über die **Textsorte**, den **Titel** des Textes, den **Verfasser**, evtl. das **Jahr der Veröffentlichung** und das **Thema**.
Bei einem epischen Text ist das Thema meist der Kern der Handlung bzw. das, was die vordergründige Handlung zeigt oder aussagt. Dabei gehst du aber noch nicht auf Einzelheiten ein, sondern bleibst allgemein, z. B.: *Es geht um einen Konflikt zwischen zwei Brüdern.* Ein bis zwei Sätze genügen.

Arbeitsschritt **2**   Im **Hauptteil** rekonstruierst du die Handlung. Nenne die entscheidenden **Handlungsschritte** und wesentliche **Einzelheiten**. Bringe sie dabei auch in einen Zusammenhang. Frage dich also jeweils: *Wie kommt es dazu?*

Arbeitsschritt **3**   Am **Schluss** stellst du knapp und präzise den **Ausgang des Geschehens** dar.

Schritt für Schritt

Tipp

Bereite das Verfassen einer Inhaltsangabe mithilfe der **W-Fragen** vor:

- In der **Einleitung** beantwortest du diese W-Fragen: *Wer? Wo? Wann? Was?*
- Im **Hauptteil** beantwortest du die *Wie-* und die *Warum-*Frage.
- Und zum **Schluss** gibst du Auskunft über die Frage: *Welche Folgen …?*

SCHREIBKOMPETENZ

Beispiel

Eine Inhaltsangabe zu Heinrich von Kleists „Anekdote" (S. 32) kann so aussehen:

Einleitung Informationen über Textsorte, Titel, Verfasser und Thema	Die „Anekdote" von Heinrich von Kleist, erschienen im Jahr 1803, handelt von zwei berühmten englischen Boxern, die im Kampf gegeneinander antreten, um herauszufinden, wer von ihnen der Bessere ist. Dieser Wettstreit endet für beide tödlich.
Hauptteil Rekonstruktion des Ablaufs: die einzelnen Schritte der Handlung	Die Männer sind sich zuvor nie begegnet, weil sie an unterschiedlichen Orten wohnen. Als sie erstmals in London zusammentreffen, nutzen sie die Gelegenheit, um in der Öffentlichkeit einen Zweikampf auszutragen. Vor den Augen der begeisterten Zuschauer verpassen sie einander so starke Schläge, dass beide dadurch ihr Leben verlieren. Trotzdem geht einer von ihnen als Sieger aus dem Kampf hervor, nämlich derjenige, der nicht sofort tödlich getroffen zu Boden gegangen ist, sondern erst einen Tag später an den Folgen eines Blutsturzes stirbt.
Schluss Ergebnis/Ausgang des Geschehens	Die Boxer haben zwar ihr Ziel erreicht: Einer von ihnen hat den anderen k. o. geschlagen. Mit ihrem Tod haben aber beide einen hohen Preis für ihre Ruhmsucht bezahlt.

Übung 27

Lies noch einmal die Kurzgeschichte „Marathon" (S. 37 f.) und schreibe eine Inhaltsangabe dazu. (→ Heft) Als Vorbereitung füllst du den Schreibplan aus.

Einleitung Textsorte, Titel, Verfasser, Thema	_____ _____ _____
Hauptteil Die einzelnen Handlungsschritte	1. _____ 2. _____ 3. _____ _____ _____ _____ _____ _____ _____ _____
Schluss Ergebnis/Ausgang des Geschehens	_____ _____

Die Inhaltsangabe bei Gedichten

In einem Gedicht stellt ein lyrischer Sprecher kunstvoll verdichtet seine Gedanken und Gefühle dar. Es wird also in der Regel keine Geschichte erzählt, deren Handlungsverlauf man wiedergeben könnte (Ausnahme: Ballade, vgl. S. 41). Deshalb erscheint es auf den ersten Blick ziemlich schwierig, den Inhalt eines Gedichts zusammenzufassen. Bei genauer Betrachtung ist das aber ganz einfach.

Den Inhalt eines Gedichts zusammenfassen *(Schritt für Schritt)*

Arbeitsschritt 1 In der **Einleitung** nennst du auch hier die **Textsorte** (Gedicht), den **Titel**, den **Dichter** und evtl. das **Erscheinungsjahr**. Das **Thema** benennst du, indem du sagst, worüber sich der lyrische Sprecher **Gedanken** macht.
Du kannst dich auch schon zu **wesentlichen Formmerkmalen** äußern (Anzahl der Strophen und der Verse je Strophe).

Arbeitsschritt 2 Im **Hauptteil** rekonstruierst du den Gedankengang des lyrischen Sprechers. Wenn das Gedicht aus mehreren Strophen besteht, nimmst du dir am besten **jede Strophe einzeln** vor. Gehe jeweils kurz auf die Gedanken oder die Zustände ein, die der lyrische Sprecher dort zum Ausdruck bringt.

Arbeitsschritt 3 Zum **Schluss** kannst du dich dazu äußern, wie das Gedicht auf den Leser wirkt, z. B., indem du sagst, welche **Stimmung** darin zum Ausdruck kommt.

Beispiel

Eine Inhaltsangabe zu dem Gedicht „Septemberliches Lied vom Storch" (S. 42) könnte so anfangen:

In dem Gedicht „Septemberliches Lied vom Storch" von Günter Eich beschreibt der lyrische Sprecher eine idyllische Situation in der Natur, die sich am Anfang des Herbstes zeigt: Zwar naht bereits die kalte Jahreszeit, aber da die Sonne noch fast so hell und warm scheint wie im Sommer, entsteht ein trügerischer Eindruck. Das ist auch am Verhalten der Tiere zu erkennen.

Der Storch hat bereits gespürt, dass der Sommer vorbei ist, und den Flug nach Süden angetreten. Die anderen Tiere aber genießen die letzten Sonnenstrahlen. Dank der Abwesenheit des Storches ist dies gefahrlos möglich. ....

> **Tipp**
> Bei mehrstrophigen Gedichten solltest du darauf achten, dass deine Aussagen zu den einzelnen Strophen **nicht alle gleich anfangen:** *In der ersten Strophe … In der zweiten Strophe …* usw. Bringe **Abwechslung** in deine Formulierungen, z. B. so: *In der ersten Strophe äußert der lyrische Sprecher seine Gedanken zu … Anschließend wendet er sich … zu …*

Übung 28
Schreibe eine Inhaltsangabe zu dem Gedicht „Septemberliches Lied vom Storch" (S. 42). (→ Heft) Du kannst die Einleitung aus dem Beispiel oben verwenden.

Die Zusammenfassung von Sachtexten

Auch bei einem Sachtext gibt es keinen Handlungsverlauf, den du in der Inhaltsangabe wiedergeben kannst. Bei der **Inhaltszusammenfassung** von Sachtexten gibt es deshalb einige Besonderheiten.

Schritt für Schritt

Den Inhalt eines Sachtexts zusammenfassen

Arbeitsschritt **1** In der **Einleitung** informierst du über die **Textsorte** (z. B. Bericht, Reportage …), den **Titel** des Textes, den **Verfasser** und die **Quelle** (z. B. den Namen der Zeitung und das Datum der Veröffentlichung) sowie über das **Thema** des Textes.

Arbeitsschritt **2** Im **Hauptteil** stellst du im Einzelnen dar, welche Informationen der Verfasser über das Thema vermittelt. Stelle auch **Zusammenhänge** her *(Handelt es sich um eine allgemeine Aussage, ein Beispiel, eine Begründung, eine Bedingung, eine Folge …?)* und bringe diese durch Konjunktionen oder Adverbien zum Ausdruck.

Arbeitsschritt **3** Am **Schluss** rundest du die Textzusammenfassung ab, indem du noch einmal auf die entscheidenden oder besonders interessanten Informationen verweist.

Tipp

> In der Einleitung deiner Inhaltsangabe kannst du natürlich nur **Informationen** wiedergeben, die dir **bekannt sind**. Wenn du z. B. nicht weißt, wer einen Text geschrieben hat und wo er erschienen ist, belässt du es bei der Nennung des Titels.

Beispiel

So könnte der Anfang einer Inhaltsangabe zu einem Sachtext aussehen:

In der Reportage „Terminator mit menschlichem Antlitz" von Florian Falzeder, erschienen am 21.10.2013 in der Tageszeitung taz, stellt der Verfasser Menschen vor, die sich als sogenannte Cyborgs ansehen. Einige von ihnen treffen sich regelmäßig in Räumen des Berliner Hackervereins „c-base", um sich auszutauschen. Der Verfasser nimmt ein solches Treffen zum Anlass, um sich mit den Teilnehmern über ihre Erfahrungen und Ziele zu unterhalten.
Falzeder erklärt, dass der Begriff „Cyborg" aus der Raumfahrt stammt. Ursprünglich bezog er sich auf Menschen, die nach den Vorstellungen von Wissenschaftlern mithilfe von Technik so umgestaltet werden, dass sie im Weltraum überleben könnten. …

Tipp

> Bedenke, dass es die **Eindrücke und Einschätzungen des Verfassers** sind, die du bei einer Inhaltsangabe zu einem Sachtext zusammenfassend darstellst. Es sind (meist) keine Tatsachen! Deshalb musst du seine Aussagen in **indirekter Rede** wiedergeben (vgl. S. 123), z. B. so: *Falzeder erinnert daran, dass das Thema „Mensch und Maschine" bereits in vielen Science-Fiction-Werken behandelt worden sei.*
>
> Wenn du vermeiden willst, dass du durchgängig den Konjunktiv verwenden musst, kannst du zu einem **Trick** greifen: Weise ausdrücklich darauf hin, dass deine folgenden Sätze Aussagen des Verfassers sind. Dann kannst du die nachfolgenden Inhalte „ganz normal" im Indikativ wiedergeben, z. B.: *Drei solcher Cyborgs stellt der Verfasser vor: den Amerikaner Tim Cannon, der anstrebt, dem Ziel der Unsterblichkeit näher zu kommen.*

Verfasse eine Inhaltsangabe zum Text „Terminator mit menschlichem Antlitz". (→ Heft) Du kannst die Einleitung und den Anfang des Hauptteils aus dem Beispiel (S. 68) übernehmen.

Übung 29

Terminator mit menschlichem Antlitz

Schritt für Schritt bauen sie ihren Körper mit Technik aus. Sogenannte Cyborgs[1] erfreuen sich in Berlin einer kleinen, aber regen Community.

1 „Wer will nicht unsterblich sein?" Tim Cannon raucht abwechselnd Elektro- und Filterzigaretten und denkt über die Zukunft nach. Auf dem Weg zur Unsterblichkeit gilt
5 es, ein Hindernis zu überwinden: „das Fleisch", den menschlichen Körper. „Faulendes Obst wirfst du ja auch nach einem Tag weg!" Soweit ist der Mittdreißiger noch nicht, aber er arbeitet daran. Schritt für
10 Schritt baut er seinen Körper mit Technik aus. Tim Cannon ist ein sogenannter Cyborg.

Der Begriff kommt ursprünglich aus der Raumfahrt und bedeutet „kybernetischer
15 Organismus": In den 1960er-Jahren entwickelten Wissenschaftler die Idee, den Menschen technisch umzubauen, damit er im Weltraum überleben kann.

Tim Cannon bleibt eher auf dem Boden
20 und erweitert seine Sinne – er trägt einen Chip, einen Magneten und ein selbstgebautes Gerät, das seine Temperatur misst und über Bluetooth sendet, in seinem Körper. Der US-Bürger [...] nennt sich Body-
25 Hacker, ist begeisterter Bastler und gerade in Deutschland zu Besuch.

In Berlin stößt er auf Gegenliebe. In der c-base[2] an der Spree treffen sich [...] regelmäßig ein paar Dutzend Menschen. Die
30 Räume gleichen einer Raumstation, die nach den Vorstellungen ihrer Macher durch einen Zeitreiseunfall vor viereinhalb Milliarden Jahren auf der Erde bruchlandete – gelebte Science-Fiction von Hackern.

35 **Geteilte Werte**
Die Ortswahl sei naheliegend, sagt Enno Park, der Initiator der deutschen Cyborg-Treffen. Hacker und Cyborgs teilen viele Werte. Die Technologie müsse offen und
40 frei verfügbar sein, fordern Body- genauso wie Computer-Hacker. Schließlich wandern die Geräte in den Körper. Ein künstliches Herz, an dem Google Patente besitzt – für die Cyborgs ist das ein unvorstellbarer
45 Gedanke. Also bauen sie ihre Teile selbst.

[...] In welche Richtung soll die Verschmelzung von Mensch und Maschine gehen? Dass sie längst Realität ist, darüber sind sich hier alle einig. Es gibt Herz-
50 schrittmacher und Prothesen. Das Smartphone wächst immer näher an den Körper. [...]

Enno Park trägt als einer von 30 000 Menschen in Deutschland ein Cochlea-Im-
55 plantat[3]. Dieses sendet elektronische Signale direkt in seinen Hörnerv. Seit zwei Jahren kann der 40-Jährige mit Hilfe von Technik wieder hören. „Da habe ich gemerkt, ich bin ja jetzt ein Cyborg!" Das
60 Thema ließ ihn nicht mehr los und er rief die Berliner Cyborg-Runde ins Leben.

Magnet in der Fingerkuppe

Rin Räuber folgte seinem Ruf. Die Programmiererin hat wie Tim Cannon einen
65 Magneten in ihrer Fingerspitze. „Damit kann ich elektromagnetische Felder spüren", sagt die 29-Jährige. In der Nähe einer Mikrowelle oder eines Netzteils kribbelt es in ihrem Finger. Am stärksten spürt sie
70 den Diebstahlschutz, der am Ausgang vieler Supermärkte steht. Mit dem Implantat nimmt sie eine sonst unsichtbare Welt wahr.

Dieser Bastler-Reali-
75 tät, dem Spiel mit dem eigenen Körper, steht ein riesiger Science-Fiction-Kosmos gegenüber. Seit Mensch-Maschinen-Ver-
80 schmelzung denkbar ist, wird darüber geschrieben und diskutiert. [...]

In Hollywood-Filmen werde der Cyborg oft als
85 böse, willenlose Kampfmaschine dargestellt, wie der von Arnold Schwarzenegger verkörperte Terminator. Dem will Park eine positive Geschichte gegenüber-
90 stellen, einen Terminator mit menschlichem Antlitz. Er und seine Mitstreiter wollen eine Debatte anregen, sich mit der alltäglichen Technik im menschlichen Körper auseinandersetzen. „Denn viele von
95 uns sind schon Cyborgs, ohne es wirklich zu wissen."

Quelle: Florian Falzeder, taz, 21. 10. 2013; http://www.taz.de/!5056686/

Anmerkungen
1 *Cyborg*: Zusammensetzung aus den Wörtern *cybernetic* (deutsch: kybernetisch) und *organism* (deutsch: Organismus). Mit dem Adjektiv *kybernetisch* beschreibt man ein Gerät, das vom Menschen mithilfe von Technik gezielt gesteuert wird.
2 *c-base*: ein Verein in Berlin, der sich als Zentrum der Berliner Hackerszene versteht
3 *Cochlea-Implantat*: eine Hörprothese für Gehörlose. Mit ihrer Hilfe werden Geräusche an den Hörnerv weitergeleitet. Voraussetzung ist, dass der Hörnerv noch intakt ist.

Auf einen Blick

So gestaltest du deine Inhaltsangabe / Textzusammenfassung richtig

- Drücke dich **sachlich** aus. Verwende keine Umgangssprache. Kommentiere die Inhalte nicht.
- Schreibe im **Präsens**. Bei Vorzeitigkeit verwendest du das **Perfekt**.
- Benutze **eigene Worte**. „Klebe" nicht an den Formulierungen im Text. Solltest du doch einmal eine Formulierung übernehmen, kennzeichnest du sie durch Anführungszeichen als Zitat.
- Achte darauf, dass du die einzelnen Gedanken oder Handlungsschritte nicht einfach nur aufzählst. Zeige durch geeignete Konjunktionen oder Adverbien **Zusammenhänge** auf.
- Verzichte auf direkte Rede. Wenn du Äußerungen oder Gedanken einer Person wiedergibst, überträgst du sie in die **indirekte Rede**. Dabei verwendest du den Konjunktiv I (vgl. S. 122 f.).
- Untergliedere den Text in **Absätze**. Grenze auch immer Einleitung und Schluss vom Hauptteil ab.

7.3 Einen Text analysieren

Man analysiert einen Text, indem man ihn in Bestandteile **zerlegt** und daraus neue **Erkenntnisse gewinnt**. Diese werden im **Präsens** dargestellt. Untersucht werden sowohl die **Inhalte** als auch die **formale** und **sprachliche Gestaltung**.

In einer Textanalyse beantwortest du nacheinander ausführlich diese **drei Fragen**:

- **Was steht im Text?** Erstelle eine (kurze) Inhaltsangabe.

- **Wie ist das, was im Text steht, zu verstehen?** Deute verschiedene Textstellen, die für das Verständnis von Bedeutung sind, und stelle Zusammenhänge zwischen ihnen her.

- **Wie ist das, was im Text steht, dargestellt?** Untersuche den Aufbau und die sprachliche Gestaltung des Textes. Nenne die einzelnen Gestaltungsmerkmale und äußere dich immer auch zu deren Wirkung.

Die Textanalyse bei epischen Texten

In epischen Texten wird die Handlung durch einen vom Autor erfundenen Erzähler dargestellt. Bei der Analyse untersuchst du, welcher **Inhalt** dem Leser vermittelt werden soll und mithilfe welcher **erzählerischer Mittel** das geschieht.

Vorbereiten

Eine gute Textanalyse kannst du nur schreiben, wenn du den Text genau verstanden hast. Lies daher absolut gründlich. Danach erstellst du deinen **Schreibplan**.

Eine Textanalyse vorbereiten

Arbeitsschritt **1**	Lies den Text genau. Markiere dabei wichtige oder **auffällige Textstellen**. Mache dir auch Randnotizen zum Sinn der markierten Textstellen.	Schritt für Schritt
Arbeitsschritt **2**	Auf Grundlage deiner Randkommentare formulierst du **deutende Aussagen** zum Text. Notiere diese auf einem extra Blatt.	
Arbeitsschritt **3**	Lege nun eine **Reihenfolge** fest. Nummeriere die deutenden Aussagen entsprechend. Bemühe dich dabei um einen **steigernden Aufbau:** Beginne mit einer Aussage, die eher offensichtlich ist, und setze die anspruchsvollste an den Schluss. Für eine sinnvolle Abfolge kannst du auch überlegen, welche Aussagen sich aufeinander beziehen, sodass sich gut **Überleitungen** herstellen lassen.	
Arbeitsschritt **4**	Lies den Text noch einmal und markiere **Auffälligkeiten bei Sprache und Form** – am besten in einer neuen Farbe. Vermerke am Rand das jeweilige sprachliche Mittel (z. B. Besonderheiten der Wortwahl, Metaphern, Wiederholungen).	
Arbeitsschritt **5**	Erstelle deinen **Schreibplan** (in Stichworten): Notiere die Informationen für die **Inhaltsangabe** (= Einleitung und Anfang des Hauptteils), die **deutenden Aussagen** in der festgelegten Reihenfolge (= 2. Teil des Hauptteils) und **Besonderheiten der Gestaltung** (= 3. Teil des Hauptteils).	
Arbeitsschritt **6**	Überlege, wie du deine Textanalyse am **Schluss** abrunden kannst, z. B. mit einer zusammenfassenden Gesamtdeutung oder einer Äußerung dazu, wie dir der Text gefällt (mit Begründung). Halte die Ideen für den Schluss in deinem Schreibplan fest.	

SCHREIBKOMPETENZ

Tipp

Beziehe auch die **Überschrift** in deine Überlegungen mit ein. Stelle einen **Zusammenhang** zwischen ihr und dem Text her.

Beispiel

So könnten deine Notizen für erste deutende Aussagen (Schritt 2) aussehen:

Helga M. Novak: Schlittenfahren

1 Das Eigenheim steht in einem Garten. Der Garten ist groß.
Durch den Garten fließt ein Bach. Im Garten stehen zwei Kinder. Das eine der Kinder kann noch nicht spre-
5 chen. Das andere Kind ist größer. Sie sitzen auf einem Schlitten. Das kleinere Kind weint. Das größere sagt, gib den Schlitten her. Das kleinere weint. Es schreit.
Aus dem Haus tritt ein Mann. Er sagt, wer brüllt, kommt rein. Er geht in das Haus zurück. Die Tür fällt
10 hinter ihm zu.
Das kleinere Kind schreit.
Der Mann erscheint wieder in der Haustür. Er sagt, komm rein. Na wird's bald. Du kommst rein. Wer brüllt, kommt rein.
15 Komm rein.
Der Mann geht hinein. Die Tür klappt.
Das kleinere Kind hält die Schnur des Schlittens fest. Es schluchzt.
Der Mann öffnet die Haustür. Er sagt, du darfst Schlit-
20 ten fahren, aber nicht brüllen. Wer brüllt, kommt rein. Ja. Ja. Jaaa. Schluss jetzt.
Das größere Kind sagt, Andreas will immer allein fahren.
Der Mann sagt, wer brüllt, kommt rein. Ob er nun An-
dreas heißt oder sonstwie.
25 Er macht die Tür zu.
Das größere Kind nimmt dem kleineren den Schlitten weg. Das kleinere Kind schluchzt, quietscht, jault, quengelt.
Der Mann tritt aus dem Haus. Das größere Kind gibt
30 dem kleineren den Schlitten zurück. Das kleinere Kind setzt sich auf den Schlitten. Es rodelt.
Der Mann sieht in den Himmel. Der Himmel ist blau. Die Sonne ist groß und rot. Es ist kalt.
Der Mann pfeift laut. Er geht wieder ins Haus zurück.
35 Er macht die Tür hinter sich zu.
Das größere Kind ruft, Vati, Vati, Vati, Andreas gibt den Schlitten nicht mehr her.
Die Haustür geht auf. Der Mann steckt den Kopf her-
aus. Er sagt, wer brüllt, kommt rein. Die Tür geht zu.
40 Das größere Kind ruft, Vati, Vativativati, Vaaatiii, jetzt ist Andreas in den Bach gefallen.
Die Haustür öffnet sich einen Spalt breit. Eine Männer-
stimme ruft, wie oft soll ich das noch sagen, wer brüllt, kommt rein.

Quelle: Helga M. Novak: Schlittenfahren. In: Dies.: Aufenthalt in einem irren Haus. Gesammelte Prosa. Frankfurt a. M.: Schöffling & Co. Verlagsbuchhandlung GmbH 1995, S. 82 f.

---

doppeldeutige Überschrift:
1. Spiel der Kinder, 2. schimpfen
gute Wohnsituation, wohlhabend?

idyllisch oder gefährlich?
nicht mal zwei Jahre alt
nur ein Schlitten
Streit um den Schlitten
wütend, hilflos

Mann = Vater: fragt nicht nach Gründen, macht seine Drohung nicht wahr

Schreibaufgaben lösen | 73

Lies den Text „Schlittenfahren" von Helga M. Novak (S. 72) noch einmal genau und bearbeite dann die Aufgaben.

Übung 30

Aufgaben

a) Formuliere deutende Aussagen zu der Kurzgeschichte „Schlittenfahren" oder bereite sie vor. Markiere dazu weitere Textstellen und notiere am Rand jeweils passende Kommentare.

> **Tipp**
>
> Um **deutende Aussagen** zu formulieren, solltest du dir möglichst oft die **Warum**-Frage stellen. Wenn es in der Kurzgeschichte „Schlittenfahren" z. B. heißt, dass der Vater vor die Tür tritt und seine Kinder ermahnt, ruhig zu sein, dann solltest du dich fragen: *Warum tut er das?* Antworten auf solche Warum-Fragen helfen dir, die **Handlungsmotive** einer Figur zu verstehen (vgl. S. 79). Denn man tut und sagt nichts ohne Grund. Diese Gründe sollst du herausfinden.

b) Suche im Text „Schlittenfahren" nach Besonderheiten der sprachlichen Gestaltung (z. B. Wortwahl, Satzbau). Markiere sie mit einer anderen Farbe und kommentiere sie wieder am Rand.

> **Tipp**
>
> Achte bei der Untersuchung von **Form** und **sprachlicher Gestaltung** besonders auf …
> - den **Aufbau**, d. h. die mögliche Untergliederung des Textes in Sinnabschnitte,
> - die **Wortwahl**, v. a. auf die verwendeten Nomen, Adjektive und Verben (vgl. S. 49 f.),
> - den **Satzbau**, z. B. auf die Verteilung von Satzgefügen oder Satzreihen (vgl. S. 51),
> - besondere **Stilmittel**, z. B. Sprachbilder oder auffällige Wiederholungen (vgl. S. 51 f. und 133 f.),
> - die **Haltung des Erzählers:** Zeigt er Anteilnahme oder verhält er sich eher wie ein kühler Beobachter (vgl. S. 35)?

c) Auf der nächsten Seite findest du einen Schreibplan, der die Analyse der Kurzgeschichte „Schlittenfahren" vorbereitet. Er wurde bereits begonnen. Vervollständige ihn. Nutze dazu deine Ergebnisse aus den Aufgaben a) und b) und notiere auf dieser Grundlage deutende Aussagen.

Hinweis: Du musst keine vollständigen Sätze schreiben.

Einleitung Basisinformationen	Kurzgeschichte „Schlittenfahren" von Helga M. Novak Wann: an einem schönen Wintertag Wo: im eigenen Garten Wer: zwei kleine Kinder, Vater Was: Unfall eines der Kinder beim Schlittenfahren im Garten
Hauptteil, Teil 1 Inhaltsangabe	• Kinder streiten sich um Schlitten • Vater fühlt sich wiederholt durch den Lärm belästigt • tritt mehrmals vors Haus, ermahnt Kinder zur Ruhe, droht („Wer brüllt, kommt rein.", z. B. Z. 20) • geht zurück ins Haus → macht Drohungen nicht wahr • Streit zwischen Kindern hält an • kleineres Kind fällt mit Schlitten in den Bach • Vater bemerkt Gefahr nicht • fühlt sich weiter belästigt; geht ins Haus zurück
Hauptteil, Teil 2 Deutende Aussagen zum Text	• Spielsituation gefährlich für Kinder (Bach!) • ein Kind noch sehr klein (kann noch nicht sprechen)
Zwischenergebnis und Überschrift	
Hauptteil, Teil 3 Besonderheiten der sprachlichen Gestaltung	• Wortwahl: einfach, fast naiv („Haus", „Schlitten", „Garten") • „Eigenheim" passt nicht zur sonstigen Wortwahl
Schluss	

Schreiben

Auf der Grundlage deines Schreibplans beginnst du nun mit dem Schreiben.

Eine Textanalyse verfassen

Arbeitsschritt 1	Schreibe die **Inhaltsangabe**. (Wie das geht, kannst du auf S. 65 f. nachlesen.) Sie bildet die Einleitung und den ersten Teil des Hauptteils (vgl. Kasten auf S. 74).	Schritt für Schritt
Arbeitsschritt 2	Führe deine **deutenden Aussagen** aus. **Belege** sie anhand von Textstellen. (Du kannst dich am Vorgehen bei offenen Fragen orientieren, vgl. S. 62 ff.)	
Arbeitsschritt 3	Formuliere ein **Zwischenergebnis**. Überlege, was die Textaussagen in ihrer Gesamtheit zeigen. Hier bietet sich auch an, Bezug auf die **Überschrift** zu nehmen.	
Arbeitsschritt 4	Gehe auf die **sprachliche Gestaltung** ein. Nenne die Besonderheiten und äußere dich zu ihrer **Wirkung**. Stelle auch einen Bezug zum Textinhalt her. Überlege z. B., ob die sprachliche Gestaltung die Stimmung einer unterstreicht oder nicht.	
Arbeitsschritt 5	Formuliere ein **Ergebnis/Fazit**: Äußere dich zusammenfassend dazu, was der Text zeigt bzw. aussagt. Du kannst an dieser Stelle auch das Verhalten der Figuren bewerten oder dich begründet dazu äußern, wie dir der Text gefällt.	

So könntest du die ersten deutenden Aussagen aus dem Schreibplan zur Kurzgeschichte „Schlittenfahren" (S. 72) ausführen und anhand des Textes belegen:

Die Situation in dem Garten ist gefährlich für die Kinder, denn sie sind noch klein. Das jüngere der beiden dürfte noch nicht einmal zwei Jahre alt sein, da es noch nicht sprechen kann (vgl. Z. 4 f.). Eigentlich müsste der Vater die Jungen bei ihrem Spiel mit dem Schlitten beaufsichtigen. Immerhin fließt ein Bach durch den Garten (vgl. Z. 3). Es könnte also leicht passieren, dass sie beim Rodeln ins Wasser fallen. Trotzdem sind sie ganz allein draußen.

Beispiel

> Sage nicht nur, was im Text steht, sondern erkläre auch, **was es bedeutet**. Das ist der **Sinn**, der dahintersteckt. Achte außerdem darauf, deine Aussagen durch **Überleitungen** zu verbinden.

Tipp

Analysiere die Kurzgeschichte „Schlittenfahren" von Helga M. Novak. (→ Heft)

Übung 31

Worauf du beim Verfassen einer Textanalyse achten solltest

Auf einen Blick

- Die **Vorbereitung** ist das Wichtigste: Du musst den Text zuerst wirklich **gründlich lesen** und untersuchen, sonst weißt du gar nicht, was du in deiner Textanalyse schreiben sollst.
- Gib nicht einfach das wieder, was im Text steht, sondern **deute es** (bei literarischen Texten) oder stelle die entscheidenden **Zusammenhänge** her (bei Sachtexten).
- Fasse **Inhalte, die zueinanderpassen**, als Gruppe zusammen, um dazu deutende Aussagen zu machen. Es kann sein, dass Sinnzusammenhänge erst hergestellt werden können, wenn du dich auf **mehrere Textstellen** beziehst, und die können über den ganzen Text verstreut sein.
- **Belege deine Aussagen** anhand des Textes. Bloße Verweise auf Textstellen reichen aber nicht aus. Erläutere stets deren Sinn.
- Beschreibe **Formmerkmale** und **sprachliche Mittel** und zeige deren **Wirkung** auf.
- Vergiss nicht, die **Überschrift** zu berücksichtigen. Das gilt besonders für literarische Texte, denn hier trägt sie immer zum Gesamtsinn des Textes bei.

Die Gedichtanalyse

Grundsätzlich gehst du bei der Analyse eines Gedichts so vor wie bei der Analyse einer Erzählung. Beachte aber diese **Besonderheiten**:

▶ Erkunde zunächst die **Situation** und die **Haltung des lyrischen Sprechers**:
- Gibt er sich als lyrisches Ich zu erkennen oder bleibt er eher im Hintergrund?
- Zu wem spricht er: zu sich selbst? zu einem Gegenüber? zu den Lesern?
- Welche Situation beschreibt er?

▶ Äußere dich zu den **Gedanken und Gefühlen** des lyrischen Sprechers. Versuche, eine Verbindung zur dargestellten Situation herzustellen.

▶ Berücksichtige die **Formmerkmale**. Dabei geht es vor allem um die Frage, wie regelmäßig das Gedicht gestaltet ist (z. B. Reime, Metrum).

▶ Auch der **Klang der Sprache** spielt eine Rolle: Stimmlose Konsonanten (z. B. t, k oder p) und helle Vokale (e und i) klingen in der Regel eher kühl und hart, stimmhafte Konsonanten (z. B. m, n oder w) und dunkle Vokale (a, o und u) eher harmonisch und warm.

▶ Gerade bei Gedichten spielen **Sprachbilder** und **Stilmittel** eine wichtige Rolle. Überlege, wie diese wirken: harmonisch oder irritierend, fröhlich oder traurig?

Hinweis: Detaillierte Erläuterungen zu den Merkmalen und der Form von Gedichten findest du ab Seite 44 in diesem Buch. Informationen zu Sprachbildern findest du auf S. 51 f., weitere Stilmittel im Merkwissen auf S. 133 f.

> **Tipp**
>
> Wie bei der Analyse eines epischen Textes musst du dich auch hier immer fragen, **wie die Darstellung** (Form und Sprache) **wirkt** und wie sie sich **zum Textinhalt verhält**: Unterstreicht sie die Stimmung des Gedichts? Welche Inhalte werden durch sie hervorgehoben? usw.

Beispiel

Bei dem Gedicht „Septemberliches Lied vom Storch" (S. 42) gibt es im Großen und Ganzen einen Gleichklang zwischen dem Inhalt einerseits und Form und Sprache andererseits. Die Stimmung, die das Gedicht ausstrahlt, ist ruhig und harmonisch: Derjenige, der früher für Gefahr gesorgt hat – der Storch – ist verschwunden. So haben die anderen Tiere ihre Ruhe und können unbesorgt die Sonne genießen. Diese Harmonie spiegelt sich erkennbar in der Form wider: Es gibt ein regelmäßiges Reimschema (Paarreim), und es liegt auch ein regelmäßiges Versmaß vor (vierhebiger Jambus). Die Sprache wirkt ebenfalls harmonisch: Der Dichter reiht seine Aussagen ruhig aneinander. Eine kleine „Störung" gibt es dennoch: in der zweiten und in der letzten Strophe. Die Konjunktionen „aber" (V. 5) und „obgleich" (V. 13) deuten darauf hin, dass die Harmonie trügerisch ist. …

> **Tipp**
>
> **Songtexte** gehören übrigens ebenfalls zu den Gedichttexten, auch sie sind in Strophen und Versen verfasst. Verfahre bei der Analyse eines Liedtextes genauso wie bei einer Gedichtanalyse.

Analysiere den Songtext „Das zweite Gesicht" von Peter Fox. (→ Heft)

Übung 32

Peter Fox: Das zweite Gesicht (2008)

1 Die Stimme bebt und der Blick ist Eis
Gleich geht jemand hier zu weit
Die Zunge ist geladen und bereit
Die Wörter von der Leine zu lassen, sich Feinde zu machen

5 Die Pfeilspitzen voller Gift
Der Feind wackelt, wenn du triffst
Du triumphierst, wenn er kippt
Doch morgen um diese Zeit tut es dir leid

Hahnenkampf um einen Haufen Mist
10 Jemanden opfern für einen lauen Witz
Eine Spinne tot – duschen, wenn du in der Wanne sitzt
Einem Dummen zeigen, dass du schlauer bist

Denn es steckt mit dir unter einer Haut
Und du weißt, es will raus ans Licht
15 Die Käfigtür geht langsam auf und da zeigt es sich:
Das zweite Gesicht

Ein Biest lebt in deinem Haus
Du schließt es ein, es bricht aus
Das gleiche Spiel jeden Tag
20 Vom Laufstall bis ins Grab

Ein Biest lebt in deinem Haus
Du schließt es ein, es bricht aus
Es kommt durch jede Tür
Es wohnt bei dir und bei mir

25 Du willst nach vorn, die anderen wollen zurück
Du hast Visionen, doch sie kommen nicht mit
Jemand steht zwischen dir und deinem Glück
Und es macht dich rasend, du kannst es nicht ertragen

Du guckst dir zu und du hörst dich reden
30 Du bist grad sensationell daneben
Versuchst vom Gas zu gehen, dein Fuß ist grad gelähmt
Du siehst die Wand und fährst dagegen

Du spielst falsch, um nicht zu verlieren
Dann feiern, als wär nix passiert
35 Dein Gewissen ist betrunken
Die Frau deines Freundes kommt mit zu dir

Es steckt mit dir unter einer Haut
Und du weißt, es will raus ans Licht
Die Käfigtür geht langsam auf und da zeigt es sich:
40 Das zweite Gesicht

[Wiederholung des Refrains V. 17–24: „Ein Biest lebt …" bis „… bei dir und bei mir"]

Ein Biest lebt in deinem Haus
Du schließt es ein, es bricht aus

<small>Text von: Pierre Baigorry/David Conen; © Edition Fixx und Foxy Publishing, Soular Music GmbH, Hamburg; Hanseatic Musikverlag GmbH & Co. KG, Hamburg</small>

Die Sachtextanalyse

Ein Sachtext ist in der Regel so formuliert, dass die Aussagen nicht erst interpretiert werden müssen. Deshalb geht es hier nicht so sehr darum, deutende Aussagen zu machen; wichtig ist stattdessen vor allem der **Aufbau des Textes**, also die Frage, wie der Verfasser seine **Aussagen strukturiert** hat. Achte dazu auf die Anordnung der Inhalte und auf die Verteilung von allgemeinen Aussagen und Beispielen. Zeige auf, welche Zusammenhänge im Text dargestellt sind.

Bedenke im Einzelnen Folgendes:

- In der Regel stellt ein Sachtext keine Handlung, sondern einen bestimmten **Sachverhalt** dar. Bestimme deshalb immer zuerst das **Thema**.

- Frage dich, welche **Absicht der Verfasser** verfolgt (vgl. S. 17): Will er ganz sachlich über das Thema informieren? Oder will er den Leser beeinflussen?

- Überlege, was für einen **Leser** der Verfasser im Sinn hat: einen Fachmann oder einen interessierten Laien?

- Berücksichtige, **woher** der Verfasser seine **Kenntnisse** zu dem Thema hat. Äußert er sich aufgrund eigenen Wissens oder eigener Beobachtungen oder hat er seine Informationen aus zweiter Hand, z. B. aus einem anderen Text?

- Unterscheide **allgemeine Aussagen**, **Erläuterungen** und **Beispiele** (vgl. S. 5): Allgemeine Aussagen vermitteln die wichtigsten Informationen. Erläuterungen dienen der Präzisierung und Beispiele veranschaulichen das Gesagte.

- Gehe auch hier auf die **sprachliche Gestaltung** ein (vgl. S. 73). Mit der Sprache verrät der Verfasser, wie seine Darstellung zu verstehen ist: ernsthaft, sachlich – oder spöttisch-ironisch? Anerkennend – oder kritisch?

Beispiel Textauszug aus „Terminator mit menschlichem Antlitz" (S. 69 f.):

Beispiel	Tim Cannon ist ein sogenannter Cyborg.
Erläuterung	Der Begriff kommt ursprünglich aus der Raumfahrt und bedeutet „kybernetischer Organismus":
allgemeine Aussage	In den 1960er-Jahren entwickelten Wissenschaftler die Idee, den Menschen technisch umzubauen, damit er im Weltraum überleben kann.
Beispiel	Tim Cannon bleibt eher auf dem Boden und erweitert seine Sinne […].

Tipp

> Suche im Text zunächst nach **allgemeinen Aussagen**. Sie beziehen sich auf die wesentlichen Sachverhalte, die grundsätzlich gelten oder in den meisten Fällen zutreffen. Hast du die allgemeinen Aussagen identifiziert, musst du noch **Zusammenhänge** zwischen ihnen **herstellen**. Besonders wichtig ist es zwischen Grund und Folge zu unterscheiden.

Übung 33 Analysiere den Text „Terminator mit menschlichem Antlitz" von S. 69 f. (→ Heft)

Hinweis: Du kannst als ersten Teil die Einleitung und die Inhaltsangabe aus Übung 29 (vgl. Seite 68 f.) verwenden.

7.4 Eine literarische Figur charakterisieren

Wenn du aufgefordert wirst, die Persönlichkeit einer literarischen Figur zu beschreiben, geht es um das Verfassen einer **Charakteristik**. Dazu musst du **aus den Verhaltensweisen** einer Figur ihre **Charaktereigenschaften ableiten**. Bei literarischen Texten wird selten direkt gesagt, welche Eigenschaften eine Figur auszeichnen. Das kann man meist nur anhand ihres Verhaltens erkennen.

Eine Charakteristik schreiben — *Schritt für Schritt*

Arbeitsschritt 1 In der **Einleitung stellst du die Figur vor**. Nenne äußere Merkmale wie Name, Geschlecht, Alter, Familienstand, Beruf, Wohnverhältnisse u. Ä., soweit der Text die Informationen liefert. Auch das Aussehen gehört dazu.

Arbeitsschritt 2 Im **Hauptteil** beschreibst du den **Charakter** der Figur. Nenne ihre Charaktereigenschaften (z. B. stolz, neidisch, hilfsbereit) und erkläre, woran du sie erkennst. Belege deine Aussagen durch Textstellen, aus denen sich die Eigenschaften ablesen lassen.

Arbeitsschritt 3 Am **Schluss** rundest du deine Charakteristik ab, indem du die Figur zusammenfassend **bewertest**. Fällt die Bewertung negativ aus, kannst du versuchen, eine Erklärung dafür zu finden (z. B.: Befindet sich die Figur in einer schwierigen Situation?).

Ein Auszug aus einer Charakteristik des Vaters aus der Kurzgeschichte „Schlittenfahren" von Helga M. Novak (S. 72) könnte so lauten: — *Beispiel*

Aussage zu einer Charaktereigenschaft
Textbelege

Erläuterung/ Schlussfolgerung

Der Vater handelt gegenüber seinen Kindern verantwortungslos. Er lässt sie allein im Garten Schlitten fahren, und das, obwohl sie noch sehr klein sind (vgl. Z. 4 f.). Hinzu kommt, dass es dort nicht ungefährlich ist, denn es fließt ein Bach durch den Garten (vgl. Z. 3). Es kann also leicht passieren, dass eines der Kinder beim Schlittenfahren ins eiskalte Wasser fällt.

Tipp

Für die Charakterisierung einer Figur ist es besonders wichtig, nach den Motiven für ihr Handeln zu fragen, also danach, **warum** sie so und nicht anders handelt (vgl. S. 73). Um die **Handlungsmotive** einer Figur herauszufinden, stellst du dir am besten drei Fragen. Du kannst dich an dieser Schema-Zeichnung orientieren:

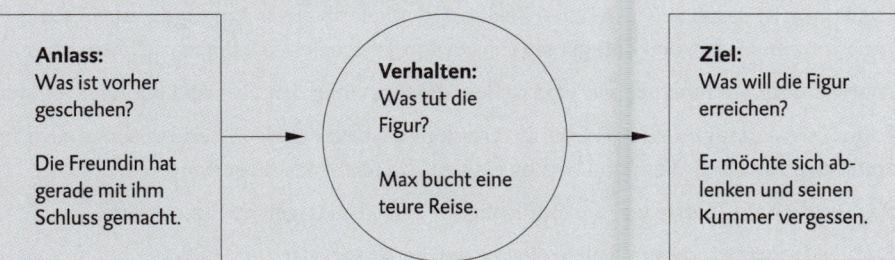

Anlass: Was ist vorher geschehen?
Die Freundin hat gerade mit ihm Schluss gemacht.

Verhalten: Was tut die Figur?
Max bucht eine teure Reise.

Ziel: Was will die Figur erreichen?
Er möchte sich ablenken und seinen Kummer vergessen.

Die Antwort auf die Frage nach dem **Ziel** ist das Handlungsmotiv.

Nutze auch dein **Erfahrungswissen**, um aus dem Verhalten einer Figur Charaktereigenschaften abzuleiten. Frage dich: *Wann verhält man sich so?* Überlege dann, ob dein Erfahrungswissen zum Text passt. Eventuell musst du auch **mehrere Textstellen** berücksichtigen.

Schreibkompetenz

Übung 34

Lies den Textauszug aus der Erzählung „Der Verbrecher aus verlorener Ehre" von Friedrich Schiller (S. 81) und bearbeite danach die folgenden Aufgaben.

Aufgaben

1. Vervollständige die Schema-Zeichnung: Trage Anlass und Ziel in die leeren Felder ein.

2. Warum sieht Christian nur „den Ausweg, **honett zu stehlen**" (Z. 46 f.)? Beantworte diese Frage nach seinem Handlungsmotiv ausführlich. Beziehe dich auf den Text.

_____
_____
_____
_____
_____
_____

3. Schreibe eine Charakteristik über die Figur Christian Wolf. (→ Heft)

Auf einen Blick

Was du beim Schreiben einer Charakteristik beachten solltest
• Das Prinzip ist dasselbe wie bei einer Textanalyse: Du formulierst **Aussagen zum Text** (genauer: zu einer Figur) und **belegst sie** anhand von Textstellen. Die Sprachanalyse entfällt hier.
• **Markiere** zur Vorbereitung alle **Textstellen**, die etwas über den Charakter der Figur verraten.
• Formuliere **Aussagen zu den Charaktereigenschaften** der Figur. Berücksichtige auch ihre **Handlungsmotive**. Diese sind wichtig für eine abschließende Bewertung.
• Beziehe dich auf Textstellen, um die Richtigkeit deiner Aussagen **nachzuweisen**.
• Stelle jede Charaktereigenschaft in einem eigenen **Absatz** dar.
• Verwende das Tempus **Präsens**.

Friedrich Schiller: Der Verbrecher aus verlorener Ehre (Textauszug)

[…] Christian Wolf war der Sohn eines Gastwirts […] und half seiner Mutter, denn der Vater war tot, bis in sein zwanzigstes Jahr die Wirtschaft besorgen. Die Wirtschaft war schlecht, und Wolf hatte müßige[1] Stunden. Schon von der Schule her war er für einen losen Buben[2] bekannt. Erwachsene Mädchen führten Klagen über seine Frechheit, und die Jungen des Städtchens huldigten[3] seinem erfinderischen Kopfe. Die Natur hatte seinen Körper verabsäumt[4]. Eine kleine unscheinbare Figur, krauses Haar von einer unangenehmen Schwärze, eine plattgedrückte Nase und eine geschwollene Oberlippe, welche noch überdies durch den Schlag eines Pferdes aus ihrer Richtung gewichen war, gab seinem Anblick eine Widrigkeit[5], welche alle Weiber von ihm zurückscheuchte und dem Witz seiner Kameraden eine reichliche Nahrung darbot.

Er wollte ertrotzen, was ihm verweigert war; weil er missfiel, setzte er sich vor zu gefallen. Er war sinnlich[6] und beredete sich, dass er liebe. Das Mädchen, das er wählte, misshandelte ihn; er hatte Ursache, zu fürchten, dass seine Nebenbuhler glücklicher wären; doch das Mädchen war arm. Ein Herz, das seinen Beteuerungen verschlossen blieb, öffnete sich vielleicht seinen Geschenken, aber ihn selbst drückte Mangel, und der eitle[7] Versuch, seine Außenseite geltend zu machen, verschlang noch das Wenige, was er durch eine schlechte Wirtschaft erwarb. Zu bequem und zu unwissend, einem zerrütteten Hauswesen durch Spekulation[8] aufzuhelfen, zu stolz, auch zu weichlich, den Herrn, der er bisher gewesen war, mit dem Bauern zu vertauschen und seiner angebeteten Freiheit zu entsagen, sah er nur einen Ausweg vor sich – den Tausende vor ihm und nach ihm mit besserem Glücke ergriffen haben – den Ausweg, *honett*[9] *zu stehlen*. Seine Vaterstadt grenzte an eine landesherrliche Waldung, er wurde Wilddieb, und der Ertrag seines Raubes wanderte treulich in die Hände seiner Geliebten.

Unter den Liebhabern Hannchens war Robert, ein Jägerbursche des Försters. Frühzeitig merkte dieser den Vorteil, den die Freigebigkeit seines Nebenbuhlers über ihn gewonnen hatte, und mit Scheelsucht[10] forschte er nach den Quellen dieser Veränderung. Er zeigte sich fleißiger in der „Sonne" – dies war das Schild zu dem Wirtshaus –, sein laurendes Auge, von Eifersucht und Neide geschärft, entdeckte ihm bald, woher dieses Geld floss. Nicht lange vorher war ein strenges Edikt[11] gegen die Wildschützen erneuert worden, welches den Übertreter zum Zuchthaus verdammte. Robert war unermüdet, die geheimen Gänge seines Feindes zu beschleichen; endlich gelang es ihm auch, den Unbesonnenen über der Tat zu ergreifen. Wolf wurde eingezogen, und nur mit Aufopferung seines ganzen kleinen Vermögens brachte er es mühsam dahin, die zuerkannte Strafe durch eine Geldbuße abzuwenden.

Robert triumphierte. Sein Nebenbuhler war aus dem Felde geschlagen und Hannchens Gunst für den Bettler verloren. Wolf kannte seinen Feind, und dieser Feind war der glückliche Besitzer seiner Johanne. Drückendes Gefühl des Mangels gesellte sich zu beleidigtem Stolze, Not und Eifersucht stürmen vereinigt auf seine Empfindlichkeit ein, der Hunger treibt ihn hinaus in die weite Welt, Rache und Leidenschaft halten ihn fest. Er wird zum zweiten Mal Wilddieb; [..]

Quelle: Friedrich Schiller: Sämtliche Werke in vier Bänden. 4. Band. Augsburg: Weltbild-Verlag 1998. S. 50 f.

Anmerkungen
1 *müßig:* ohne Beschäftigung
2 *für einen losen Buben:* als dreister, frecher Junge
3 *huldigen:* bewundern, verehren
4 *verabsäumen:* nicht richtig machen, nachlässig sein
5 *Widrigkeit:* gemeint: Hässlichkeit
6 *sinnlich:* sensibel, gefühlvoll
7 *eitel:* vergeblich
8 *Spekulation:* Geschäftstüchtigkeit
9 *honett:* eigentlich „ehrenwert"; hier in der Bedeutung von „allgemein üblich und anerkannt"
10 *Scheelsucht:* Neid
11 *Edikt:* Verordnung, Vorschrift (eine Art Gesetz)

Interaktive Aufgaben: Argumentierende Texte vorbereiten

7.5 Einen argumentativen Text schreiben: Erörterung und Stellungnahme

Ziel eines argumentativen Textes ist es, den Leser von der Richtigkeit einer Meinung zu einem Thema zu **überzeugen**. Um das zu erreichen, muss man stichhaltige Argumente anführen. Es gibt **Pro- und Kontra-Argumente:** Mit einem Pro-Argument äußert man Zustimmung, ein Kontra-Argument drückt Ablehnung aus. Manche Aufgaben verlangen von dir, dass du dich beim Verfassen eines argumentativen Textes vor allem auf **dein Erfahrungswissen** beziehst. Es gibt aber auch argumentative Schreibaufgaben auf der **Grundlage eines Textes**. Dann musst du bei der Argumentation die Textinformationen berücksichtigen.

Der Aufbau eines Arguments

Ein vollständiges Argument besteht aus mindestens zwei Teilen:

▸ einer **These** (Behauptung) und

▸ einer ausführlichen **Begründung**.

▸ Oft bietet es sich an, die Begründung durch ein passendes **Beispiel** anzureichern. Es macht das Argument anschaulicher, lebendiger und interessanter.

Die **Reihenfolge** der einzelnen Bestandteile eines Arguments ist **nicht festgelegt**. Man kann mit einer These beginnen und die Begründung (mit Beispiel) folgen lassen. Es ist aber auch möglich, als Erstes ein Beispiel anzuführen, das man anschließend erläutert *(Was zeigt dieses Beispiel?)*. Danach folgt eine Schlussfolgerung; das ist in diesem Fall die These.

Tipp

> Besonders „rund" wirkt ein Argument, wenn es am Anfang und am Ende **von einer These** „**eingerahmt**" wird. Die These am Schluss dient als Bekräftigung der Anfangsthese. Man sollte nur darauf achten, die These am Anfang des Arguments anders auszudrücken als am Schluss.

Beispiel

Sollten Schüler am Nachmittag einen Nebenjob annehmen?

Zu dieser Frage könnte ein **Pro-Argument** so aussehen:

These	<u>Es ist eine gute Idee, wenn Schüler nachmittags einen Nebenjob annehmen.</u>
Begründung Veranschaulichung durch **Beispiele** Weitere Erläuterungen zur Begründung	Denn so verdienen sie ihr eigenes Geld, und wenn sie sich davon hin und wieder etwas Neues kaufen, z. B. ein Kleidungsstück oder ein Videospiel, dann freuen sie sich nicht nur über ihre Einkäufe, sondern sie können auch voller Stolz sagen: „Das habe ich mir selbst erarbeitet!" Jugendliche, die kein eigenes Geld verdienen, kennen dieses Gefühl nicht. <u>Deshalb kann man es jedem Jugendlichen nur empfehlen, einen Nachmittagsjob anzunehmen.</u>
Schlussfolgerung (= Bekräftigung der These)	

Hinweis: In der Prüfung wird dir in der Regel ein Gliederungsraster vorgelegt, in dem auch der Aufbau der Argumente vorgegeben ist. Halte dich in der Prüfung unbedingt an diesen festgelegten Aufbau.

Schreibaufgaben lösen | 83

Formuliere zu der Frage, ob Schüler am Nachmittag einen Nebenjob ausüben sollten, ein **Kontra-Argument**. Achte darauf, dass dein Argument vollständig ist. Benenne die einzelnen Bestandteile in der linken Spalte (vgl. Beispiel S. 82).

Übung 35

Bestandteile	Kontra-Argument

> Wenn dir kein **wahres Beispiel** einfällt, um die Begründung in einem Argument zu veranschaulichen, kannst du dir auch eines **ausdenken**. Es sollte aber **glaubwürdig** sein.
> Vielleicht gehst du einfach von dir selbst aus, z. B.:
> *Ich würde mir gern durch einen Nebenjob ein wenig Geld hinzuverdienen. Das könnte ich sparen, um mir davon später meinen Führerschein zu finanzieren.*

Tipp

Arten von argumentativen Texten

Unterscheide bei den argumentativen Texten **Stellungnahme** und **Erörterung**:
- ▶ Mit einer **Stellungnahme** äußerst du ausführlich und begründet deine Meinung zu einem Thema. Du beziehst dabei **von vornherein eine bestimmte Position** und gibst diese gleich zu Anfang bekannt. Anschließend führst du zwei bis drei Argumente aus, um deine Haltung zu begründen. Am Schluss formulierst du ein Ergebnis, in dem du deine Meinung noch einmal bekräftigst.

Unterschiede von Stellungnahme und Erörterung

- Bei der **Erörterung** gelangst du erst am Ende zu einem Ergebnis. Man unterscheidet zwei Formen: die **lineare** und die **kontroverse** Erörterung.

  - Bei einer **linearen Erörterung** behandelst du eine Fragestellung aus **nur einer Blickrichtung**. Dementsprechend besteht der Hauptteil in der Regel nur aus einem Abschnitt (**eingliedrige** Erörterung).
  So kann es z. B. sein, dass du nach den Vorteilen einer Entwicklung gefragt wirst (**nur** nach den Vorteilen!). Oder du sollst für ein bestimmtes Problem eine Erklärung oder Lösungsmöglichkeiten suchen. Du stellst dann mehrere passende Überlegungen an (Vorteile, Erklärungsansätze, Lösungsvorschläge). Das sind deine Argumente (Thesen und zugehörige Begründungen). Ordne sie so an, dass eine **Steigerung nach Wichtigkeit** zu erkennen ist. Zum Schluss kommst du zu einem Ergebnis.

  - Bei einer **kontroversen Erörterung** betrachtest du ein Thema von **zwei Seiten:** Du wägst Für und Wider ab und gelangst so am Schluss zu deiner Meinung. Eine solche Erörterung ist meist **zweigliedrig**, d.h., der Hauptteil besteht aus zwei Abschnitten: einem **Pro- und** einem **Kontra-Teil**.
  Im Hauptteil trägst du nacheinander mehrere Argumente für jede Seite vor. Ordne die Argumenten-Blöcke (Pro, Kontra) so an, dass du am Ende vom Hauptteil **nahtlos zu der Position** überleiten kannst, **die du selbst einnimmst:** Wenn du die Pro-Meinung vertrittst, beginnst du die Erörterung mit den Kontra-Argumenten; bist du für die Kontra-Seite, beginnst du mit dem Pro-Teil.

Tipp

> Auch bei einer Stellungnahme ist es sinnvoll, zunächst ein bis zwei **Argumente der Gegenseite** anzuführen und sie zu entkräften. Bei einem Gegenargument solltest du immer schnell deutlich machen, dass es schwach ist. Lege das Argument so an, dass der Leser geradezu auf das „erlösende Aber" wartet, z. B.: Zwar ist es richtig, dass … Aber man darf nicht vergessen, …

Beispiel

So könnten Aufgaben zur Stellungnahme und zur Erörterung lauten:

▶ **Stellungnahme:** *Einige Politiker fordern, dass Eltern von Schülern, die regelmäßig die Schule schwänzen, das Kindergeld entzogen wird. Nimm begründet Stellung zu dieser Forderung.*

▶ **Lineare (eingliedrige) Erörterung:** *Es gibt immer wieder Schüler, die anfangen, regelmäßig die Schule zu schwänzen. Welche Gründe kann es dafür geben? Erörtere diese Frage.*

▶ **Kontroverse (zweigliedrige) Erörterung:** *Erörtere die folgende Fragestellung: Sollte Eltern, deren Kinder regelmäßig die Schule schwänzen, das Kindergeld entzogen werden?*

Tipp

> Oft wird dir bei Aufgaben zum Argumentieren eine bestimmte **Schreibsituation vorgegeben**, z. B. sollst du jemanden durch einen Brief von etwas überzeugen. Dann baust du den argumentativen Teil deines Textes genauso auf wie bei einer Stellungnahme oder einer Erörterung. Zusätzlich musst du aber noch die **Merkmale der** jeweiligen **Textsorte** berücksichtigen (z. B. Datum, Anrede, Grußformel, Ansprache des Adressaten usw.).

Schreibaufgaben lösen | 85

Verfasse eine Stellungnahme zur ersten Aufgabe aus den Beispielen auf S. 84. (→ Heft) Verfahre so:

Übung 36

▶ Entscheide dich für die Position, die du einnehmen willst: Sollte Eltern, deren Kinder regelmäßig die Schule schwänzen, das Kindergeld entzogen werden – ja oder nein?

▶ Wähle aus der (ungeordneten) Ideenliste drei Stichpunkte aus, die du zu vollständigen Argumenten ausformulieren willst. Lege ihre Reihenfolge fest, indem du sie nummerierst.

▶ Schreibe einen Einleitungssatz, in dem du deine Position schon klar zum Ausdruck bringst.

▶ Entkräfte danach ein mögliches Argument der Gegenseite.

▶ Führe anschließend deine drei Argumente aus.

▶ Formuliere zum Schluss ein Ergebnis, in dem du deine anfangs geäußerte Position nochmals bekräftigst.

Ideenliste

1. Eltern evtl. machtlos, Bestrafung der Falschen
2. Geld als Druckmittel effektiv
3. wichtiger: Gründe für das Schulschwänzen herausfinden
4. besserer Kontakt zwischen Schule und Elternhaus nötig
5. Einsparungen bei sozialen Leistungen können an die Schulen fließen
6. Erziehung der Eltern zur Erfüllung ihrer Fürsorgepflicht
7. rechtliche Durchsetzbarkeit fraglich
8. Unterstützung für Kinder wichtiger als Strafe
9. Verantwortung liegt bei Eltern, Staat kann nur hier aktiv werden
10. Schule attraktiver machen durch Verbesserung des Unterrichts

Auf einen Blick

Was du beim Schreiben eines argumentativen Textes beachten solltest	
Nicht zu viele Argumente anführen	Auf die reine Anzahl der Argumente kommt es nicht an. Vier überzeugende Argumente sind besser als sechs schwache!
Nach ansteigender Wichtigkeit argumentieren	Ordne deine Argumente nach ansteigender Wichtigkeit an: Beginne mit dem schwächsten und steigere dich dann. Am Schluss steht das überzeugendste Argument. Bei Argumenten der Gegenseite verfährst du genau umgekehrt (das stärkste zuerst).
Abwechslungsreich gestalten	Wechsle beim Aufbau der Argumente ab. Ordne These, Begründung und Beispiel nicht immer in der gleichen Reihenfolge an.
Verknüpfungen herstellen	Zähle deine Argumente nicht nur auf, sondern stelle Überleitungen zwischen ihnen her. Gehören zwei aufeinanderfolgende Argumente zur selben Seite (z. B. Pro), wählst du eine reihende Überleitung, z. B.: *Hinzu kommt … Außerdem … Überdies …* Passen zwei aufeinanderfolgende Argumente nicht zusammen (z. B. Pro und Kontra), verwendest du eine Überleitung, die einen Gegensatz ausdrückt, z. B.: *Aber … Andererseits … Allerdings …*
Durch Absätze strukturieren	Stelle jedes Argument in einem eigenen Absatz dar. Beginne also mit jedem neuen Argument einen neuen Absatz.

7.6 Einen informierenden Text verfassen

Mit einem informierenden Text vermittelt der Schreiber seinen Lesern **Wissen über ein bestimmtes Thema**. Du bekommst in diesem Fall zur Vorbereitung eine **Materialsammlung** rund um ein Thema, z. B. verschiedene Texte, ein Diagramm usw. Für deinen Text musst du dann die entscheidenden **Informationen** sinnvoll **auswählen**, sie geschickt **anordnen** und verständlich **darstellen**.

Tipp

> Es wird *nicht* von dir erwartet, dass du alle Informationen verwendest, die die Materialien enthalten. Im Gegenteil: Du sollst zeigen, dass du in der Lage bist, **genau die Informationen auszuwählen** und strukturiert wiederzugeben, die für die Aufgabe wesentlich sind.

Beachte im Hinblick auf die Darstellung dies:

- Schreibe **sachlich** und **neutral** – ohne persönliche Kommentare. (Ausnahme: Am Schluss kannst du kurz deine eigene Meinung äußern.)
- Die Zeitform ist das **Präsens**.
- Berücksichtige die **Schreibsituation**: Schreibst du zu einem bestimmten **Anlass** (z. B. Schulaufführung, Jahrestag), nimmst du darauf Bezug. Ist dir eine **Textsorte** vorgegeben, musst du deren Merkmale beachten (z. B. Datum und Anrede bei Briefen). Sprich deine **Leser** direkt an, wenn die Situation das nahelegt, und richte deine Sprache an ihnen aus (z. B. mehr oder weniger förmlich).
- Verwende unbedingt **eigene Worte**! Schreibe nicht aus den Materialien ab.

Schritt für Schritt

Einen informierenden Text schreiben

Arbeitsschritt 1 — **Informationen auswählen:** Lies alle Materialien sorgfältig durch. Markiere Textstellen, die du für bedeutsam hältst, und notiere am rechten Rand Stichpunkte zu den Inhalten. So behältst du die Übersicht, wo du welche Information findest.

Arbeitsschritt 2 — **Inhalte zuordnen:** Sieh dir deine Randkommentare noch einmal an und überlege, welche Informationen inhaltlich zusammengehören. Diese kennzeichnest du mit gleichen Buchstaben oder Zeichen.

Arbeitsschritt 3 — **Zusammenhänge feststellen:** Finde Oberbegriffe/Zwischenüberschriften für die zuvor gekennzeichneten „Informationsgruppen", z. B. *Problem*, *Ursachen* etc.

Arbeitsschritt 4 — **Die Reihenfolge bestimmen:** Lege fest, wo in deinem Text die jeweiligen Informationen vorkommen sollen – eher am Anfang, in der Mitte oder am Ende. Im Zweifelsfall folgst du dem Prinzip: vom Allgemeinen zum Besonderen/Detail. Nummeriere die Textstellen und Oberbegriffe entsprechend.

Arbeitsschritt 5 — **Den Schreibplan erstellen:** Übertrage deine Zwischenüberschriften und Notizen stichwortartig in einen Schreibplan. Sie gehören in den Hauptteil. Notiere immer auch die Quellen. Dann ergänzt du Ideen für die Einleitung und den Schluss.

Arbeitsschritt 6 — **Den Text schreiben:** Wecke in der **Einleitung** das Interesse des Lesers und führe zum Thema hin (z. B. durch ein anschauliches Beispiel, einen aktuellen Bezug). Im **Hauptteil** formulierst du die Notizen aus deinem Schreibplan aus. Zähle aber nicht bloß Fakten auf, sondern stelle Zusammenhänge her.
Am **Schluss** kann ein Fazit oder ein Appell an die Leser den Text abrunden. Oder du äußerst einen weiterführenden Gedanken oder deine Meinung zum Thema.

Ein Schreibplan zum Thema „Kinderarbeit" könnte so beginnen:

Beispiel

Einleitung Hinführung (Beispiel, Definition)	Kinderarbeit heute, z. B. Schuhputzer in Indien • Arbeit von Kindern unter 15 Jahren • regelmäßiges Arbeiten für Geld	M 3, M 1
Hauptteil (1) Verbreitung und Häufigkeit	• überwiegend in Entwicklungsländern, vor allem in Lateinamerika und Afrika, im Nahen Osten sowie in Asien • …	M 4
Hauptteil (2) Ursachen	• …	
…	• …	

> Geeignete **Zwischenüberschriften** bzw. **Oberbegriffe** findest du z. B., indem du dir bestimmte Fragen stellst. Zum Thema „Kinderarbeit" könnten es diese Fragen sein:
>
> • **Was** ist Kinderarbeit? (→ Definition/Erläuterung)
> • **Wo** gab oder gibt es Kinderarbeit? (→ Regionen, in denen Kinderarbeit üblich ist)
> • **In welchem Ausmaß** gibt es Kinderarbeit? (→ Häufigkeit/Umfang von Kinderarbeit)
> • **Warum** gibt es Kinderarbeit? (→ Ursachen von Kinderarbeit)
> • **Wie** wirkt sich Kinderarbeit aus? (→ Folgen von Kinderarbeit)
> • **Was** kann man **gegen** Kinderarbeit tun? (→ Lösungsmöglichkeiten/Gegenmaßnahmen)

Tipp

Ihr habt euch im Ethikunterricht mit dem Thema Kinderarbeit beschäftigt. Gemeinsam mit eurem Lehrer bereitet ihr nun eine Ausstellung zu diesem Thema vor. Bei der Eröffnung der Ausstellung wirst du ein Referat halten, in dem du die Besucher – Schülerinnen und Schüler, Eltern und Lehrkräfte – über wichtige Aspekte von Kinderarbeit informierst. Der Text dieses Referats soll auch in einer Broschüre für die Besucher abgedruckt werden.

Übung 37

Verfasse hierfür auf Grundlage der Materialien 1 bis 6 (S. 88–90) einen informierenden Text zum Thema „Kinderarbeit". (→ Heft)

Gehe so vor:

▸ Führe in der **Einleitung** zum Problem hin. Definiere, was Kinderarbeit ist, und informiere in Kürze über Kinderarbeit heute.

▸ Im **Hauptteil** vermittelst du die wesentlichen Informationen über Kinderarbeit, d. h. über ihre Verbreitung, Ursachen und Folgen sowie über mögliche Maßnahmen dagegen.

▸ Am **Schluss** sprichst du einen Appell aus: Fordere die Zuhörer auf, künftig möglichst keine Produkte mehr zu kaufen, die aus Kinderhand stammen.

Hinweis: Bereite das Schreiben deines Textes durch einen Schreibplan vor. Du kannst dafür den bereits begonnenen Plan von oben als Muster verwenden. Vergiss nicht zu notieren, welchem Material du die Informationen entnimmst.

M 1 Kinderarbeit heute

Man spricht von Kinderarbeit, wenn Kinder regelmäßig zum Zweck des Gelderwerbs arbeiten gehen. Als Kinder gelten in diesem Zusammenhang Personen, die jünger als 15 Jahre sind. Diese Altersgrenze hat die ILO[1] so festgelegt.

Ein Kind, das seiner Mutter gelegentlich im Haushalt hilft, verrichtet demnach keine Kinderarbeit, denn es erledigt nur hin und wieder einige Arbeiten. Diese übernimmt es auch nicht, um Geld zu verdienen. Weder bekommt es für seine Dienste einen Stundenlohn, noch stellt es Dinge her, die anschließend auf dem Weltmarkt mit Gewinnabsicht verkauft werden.

Es sind also drei Kriterien, die erfüllt sein müssen, damit man von Kinderarbeit sprechen kann: das Alter der Kinder (unter 15), die Regelmäßigkeit des Arbeitens und der Zweck der Arbeit (das Geldverdienen).[2]

Anmerkungen
1 *ILO*: Internationale Arbeitsorganisation, eine Unterorganisation der Vereinten Nationen
2 Jugendliche ab 13 Jahren dürfen aber durch leichte Tätigkeiten, z. B. Babysitten, ihr Taschengeld aufbessern.

M 2 Kinderarbeit weltweit

[…] Millionen Mädchen und Jungen müssen Tag für Tag unter gefährlichen und ausbeuterischen Bedingungen schuften. Sie ruinieren ihre Gesundheit und können nicht zur Schule gehen. Einige dieser Kinderarbeiter stellen Waren her, die in die ganze Welt exportiert werden: T-Shirts, Kaffee, Kakao, Tee, Orangensaft, Natursteine, Kosmetik und glitzernde Strass-Steine. Mittlerweile gibt es eine Vielzahl von Initiativen, die sich gegen die Ausbeutung von Kindern engagieren: *terre des hommes*[1]-Projektpartner eröffnen Schulen, helfen Schuldknechten[2] in die Freiheit, leisten Rechtshilfe, werben für die Einschulung und stärken Kinderarbeiter in ihren Rechten.

Quelle: Barbara Küppers, Terre des Hommes Deutschland e. V. (aus didaktischen Gründen gekürzt)

Anmerkungen
1 *terre des hommes*: französisch für „Erde der Menschen"; eine Kinderschutzorganisation
2 *Schuldknecht*: Jemand, der wie ein Sklave arbeiten muss, um seine Schulden zu tilgen. Kinderarbeiter sind manchmal wie Schuldknechte, weil ihre Eltern bei jemandem Schulden haben (vgl. auch M 5).

M 3 Schuhe putzen für ein paar Rupies

Täglich machen Raj und Lal ihre Runde durch Karol Bagh, vorbei am Bazar, an den kleinen Läden, die bunte Stoffe, Lederwaren, Schuhe oder Heiligenstatuen feilbieten. In dem bunten Viertel mitten im Herzen von Delhi[1] haben sich zahlreiche billige Hotels angesiedelt. Rucksacktouristen aus dem Westen bevölkern die Straßen. Auf sie haben es Raj und Lal abgesehen. Die beiden Zwölfjährigen arbeiten als Schuhputzer. Für zehn Rupien, umgerechnet nicht einmal 20 Cent, putzen und polieren die beiden Jungen die Schuhe der Touristen. Sieben Tage die Woche, von morgens bis abends. Ihre Körper sind klein, die Haare verfilzt, die Hände verhornt und schmutzig. Raj und Lal sind zwei von schätzungsweise 13 Millionen Kinderarbeitern im Alter zwischen fünf und 14 Jahren in Indien. Die Zahl ist eine vorsichtige Schätzung der Regierung. Der indische Journalist und Buchautor M. V. Kamath vermutet, dass die Zahl deutlich höher liegt. „Es gibt mindestens 70 bis 80 Millionen Kinder in Indien, die nicht die Schule besuchen. Was machen diese Kinder? Man muss davon ausgehen, dass sie alle arbeiten." […]

Raj und Lal gehen an diesem Tag jedenfalls nicht zur Schule. Sie arbeiten. Bei stickigen 43 Grad schleppen sie ihre schweren Holzkoffer durch die engen, staubigen Gassen, balancieren sie über die Straßengräben, in denen Abwasser und Küchenabfälle versickern. Mehrere Kilo wiegt das Arbeitsgerät. Verschiedene Schuhcremes, Bürsten, Schuheinlagen und auch Werkzeuge haben die Kinder dabei. „Mam, shoe clean? Mam, please, shoe clean?", rufen sie und zerren an einer Europäerin, die schwarze Halbschuhe trägt.

Eigentlich möchte die Holländerin die Dienste der Jungen nicht in Anspruch nehmen. [...] „Mam, 10 Rupies! Mam!", insistieren[2] die Kinder. Raj und Lal haben gelernt, energisch zu sein. Dann gucken sie die Frau mit großen, traurigen Augen an, greifen nach ihrer Hand. Die Touristin zieht ihre Hand erst erschrocken zurück, dann lässt sie es geschehen. [...] Die beiden kleinen Schuhputzer tun ihr leid. [...]

Quelle: Tina Groll, ZEIT online vom 27. 4. 2010; http://www.zeit.de/wirtschaft/2010-04/indien-kinderarbeit?page=all (aus didaktischen Gründen stellenweise gekürzt und leicht geändert)

Anmerkungen
1 *Delhi*: eine Großstadt im Nordosten Indiens
2 *insistieren*: mit Nachdruck auf etwas bestehen, beharren

M 4 Wo Kinder arbeiten müssen

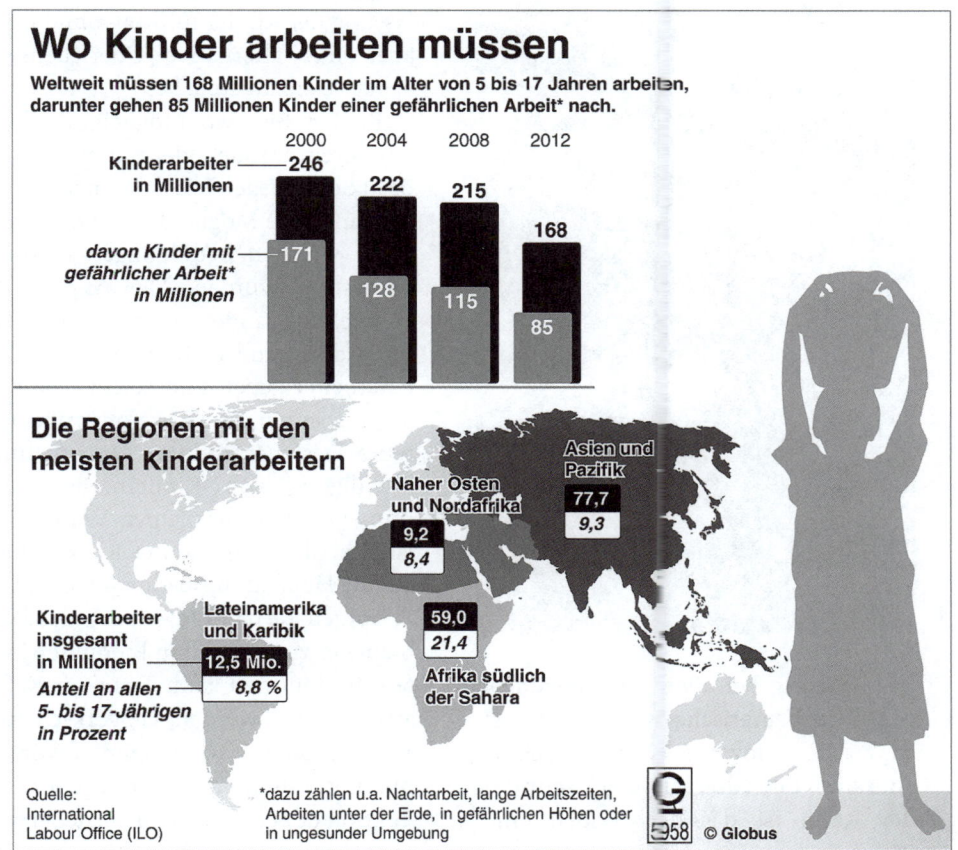

M 5 Ursachen von Kinderarbeit

Die Ursachen von Kinderarbeit liegen im wirtschaftlichen Ungleichgewicht dieser Welt und in einem Teufelskreis von mangelhaften Sozialsystemen, fehlender Bildung, Armut und Ausbeutung. [...] In den Entwicklungsländern können sich viele Eltern einen Schulbesuch der Kinder nicht leisten oder sehen zum Teil auch gar keine Notwendigkeit. In manchen Kulturen gilt es als selbstverständlich, dass Kinder als Zeichen ihrer Dankbarkeit mitarbeiten müssen, um die Familie zu ernähren. Diese Tradition kann allerdings von kleinen Jobs und etwas Mithilfe bis hin zu brutaler Ausbeutung reichen. Nicht selten bedeutet das: Die Kinder müssen Geld heimbringen, egal wie.

Oft geht es auch darum, die Schulden der Eltern abzuarbeiten. Besonders in Südasien gibt es die sogenannte Schuldknechtschaft. Arbeitgeber leihen ihren Angestellten zu Wucherzinsen Geld und lassen sie nicht mehr gehen, bevor alles zurückbezahlt ist. Wegen der Hungerlöhne hat kaum ein Arbeiter die Chance, das Geld mitsamt den Zinszahlungen aufzubringen. Die Schulden werden weitergegeben an die nächste Generation und alle Familienmitglieder, auch die Kinder, werden zu Sklaven des Unternehmers.

Besonders in Afrika führen Bürgerkriege und die Verbreitung von Aids auch dazu, dass viele Kinder zu Waisen werden und sich dann alleine durchschlagen müssen.

Quelle: http://kinderarbeit.wordpress.com/ursachen-von-kinderarbeit/

M 6 Was Verbraucher tun können

[...] Wichtig bei allen Anstrengungen gegen ausbeuterische Kinderarbeit ist, dass jedes einzelne Kind tatsächlich eine sinnvolle Alternative bekommt: In der Regel ist das der Besuch einer Schule oder eine Ausbildung. Allein mit Aufrufen zum Boykott von Firmen und Produkten ist es nicht getan. Beispiele aus der Vergangenheit haben gezeigt, dass solche Aufrufe nur zur Entlassung der Kinder führten, ohne ihnen aber eine alternative Überlebensperspektive anzubieten. [...]

Kaufen Sie, wo möglich, Produkte aus fairem Handel oder mit einem seriösen Sozialsiegel. Diese Kennzeichnungen sind eine Möglichkeit zu erkennen, unter welchen Bedingungen Produkte hergestellt wurden. Die Angabe des Herstellungslandes sagt wenig aus, denn dort kann es Betriebe ohne Kinderarbeiter geben und solche, die Kinder ausbeuten. Auch Markenartikel und teure Designerprodukte können unter Beteiligung von Kindern hergestellt sein. Der Endpreis einer Ware allein lässt in der Regel keine Rückschlüsse auf die Herstellungsbedingungen zu.

Sorgen Sie dafür, dass auch Großverbraucher zu gesiegelten Produkten greifen: In Kantinen kann TransFair-Kaffee ausgeschenkt werden, Gewerkschaften, Vereine oder Pfarrgemeinden können nur noch Blumen aus gesiegelter Produktion oder heimischen Betrieben verschenken. Sportvereine können Bälle aus fairem Handel anschaffen. [...]

Quelle: Barbara Küppers, Terre des Hommes Deutschland e.V., http://www.tdh.de/content/themen/schwerpunkte/kinderarbeit/was_verbraucher_tun_koennen.htm

7.7 Produktiv-kreative Texte schreiben

Aufgaben, die produktiv-kreativ angelegt sind, beziehen sich meist auf einen **literarischen Text**. Eine solche Schreibaufgabe verlangt von dir, dass du auf der Grundlage des Originaltextes einen neuen Text schreibst. Zum Beispiel sollst du

- den Text **umgestalten** (z. B. Teile einer Kurzgeschichte in ein Gedicht oder einen Dialog umwandeln),
- eine **Fortsetzung** zu einem Text schreiben,
- die **Perspektive einer der beteiligten Figuren** einnehmen und dich aus ihrer Sicht schriftlich äußern,
- die **Perspektive eines unbeteiligten Beobachters** einnehmen und einer Figur aus dem Text schriftlich deine Meinung mitteilen, ihr einen Rat geben o. Ä.

Die **Informationen**, die du dem **Originaltext** entnehmen kannst, bilden die Grundlage für dein Schreiben. Du musst ihn deshalb gut verstanden haben. Hinsichtlich Form und Sprache musst du dich an der **Textsorte** und an der **Schreibsituation** orientieren, die dir in der Aufgabenstellung vorgegeben sind.

Am häufigsten kommen diese Textsorten vor:

- Tagebucheintrag
- innerer Monolog
- persönlicher Brief
- Rede
- Leserbrief
- formaler Brief, z. B. Bitte, Beschwerde

Als Erstes musst du die Aufgabenstellung genau durchdenken. Frage dich:

- Welche **Art von Text** (**Textsorte**) soll ich schreiben?
  Welche besonderen Merkmale zeichnen einen solchen Text aus? Welche Form und welche Sprache ist passend für diese Textsorte?

- Aus wessen **Sicht** soll ich den Text schreiben (**Schreiber**)?
  Um wen handelt es sich bei dem Schreiber: Was für eine Person ist es? Was will diese Person erreichen? Was weiß sie, was weiß sie nicht? In welcher Situation befindet sich die Person? Welche Sprache wird sie verwenden?

- Wer ist der **Adressat**?
  An wen richtet sich der Text? In welcher Beziehung steht die Person zum Schreiber? Welche Meinung vertritt diese Person zu dem Thema? Welche Kenntnisse hat sie, welche nicht? Welche Erwartungen hat diese Person an Sprache und Form eines solchen Textes?

- Um welches **Thema** geht es?
  Welche Informationen vermittelt der Text dazu? Welches Erfahrungswissen hast du zu diesem Thema?

Wähle eine **Sprache** und **Form**, die zur Textsorte, zum Schreiber und zum Leser passen und die auch dem Thema gerecht werden.

Tipp

> Bei produktiv-kreativen Schreibaufgaben solltest du dich unbedingt **am Text orientieren**, denn deine Darstellung muss stimmig sein und **genau dazu passen**. Das gilt sowohl für die **Sprache** als auch für den **Inhalt**. Schreibe nichts, was dem Text widerspricht! Erfinde z. B. kein Happy-End, wenn der Originaltext das nicht nahelegt.
>
> Trotzdem musst du auch deine **Fantasie** spielen lassen und deinen Text durch dein **Erfahrungswissen** anreichern. Überlege, was sich über den Schreiber oder den Leser glaubhaft hinzufinden lässt. Denke dir passende Einzelheiten aus.

Textsorten beim kreativ-produktiven Schreiben

Die wichtigsten **Textsorten** im Bereich produktiv-kreatives Schreiben sind:

Tagebucheintrag

Textsorte: *Ziel:* Erinnerungen festhalten, Erlebnisse verarbeiten
Aufbau: Beginn in der Regel mit der Erinnerung an ein Erlebnis, das an diesem Tag stattgefunden hat; Ende evtl. mit Gedanken über die Zukunft
Form und Sprache: Der Text wirkt spontan. Er ist so geschrieben, wie es dem Schreiber in den Sinn kommt, stellenweise ist Umgangssprache möglich (nicht zu viel). Der Schreiber äußert vor allem Gefühle und Gedanken.
Tempus: Perfekt oder Präteritum (für die Darstellung des Erlebten), Präsens und Futur (für die Gedanken über das Erlebte)

Schreiber: in der Regel eine Figur aus einem literarischen Text (meist die Hauptfigur); evtl. auch eine Figur, die man sich als Beobachter des Geschehens vorstellen soll

Adressat: der Schreiber selbst; evtl. spricht er auch das Tagebuch direkt an *(Liebes Tagebuch …)*

Thema: ein Erlebnis des Tages, das den Schreiber bewegt hat (z. B. eine Konfliktsituation)

Innerer Monolog

Textsorte: *Ziel:* Gedanken und Gefühle verarbeiten
Aufbau: meist unmittelbarer Einstieg ohne Einleitung, oft mit der Erinnerung an ein Erlebnis oder der aktuellen Empfindung einer ungeklärten Situation; offenes, oft in die Zukunft gerichtetes Ende
Form und Sprache: Der innere Monolog ist eine Art Gespräch einer Person mit sich selbst. Gedanken und Gefühle werden so wiedergegeben, wie sie der Person in den Sinn kommen: spontan und teilweise ungeordnet. Unvollständige Sätze, Fragen und Umgangssprache sind erlaubt. Auslassungspunkte oder Gedankenstriche kennzeichnen Gedankensprünge. Es werden keine Anführungszeichen gesetzt.
Tempus: Präsens und Perfekt

Schreiber: in der Regel eine Figur aus einem literarischen Text, in die man sich hineinversetzen muss; evtl. auch eine Person, die das Geschehen des Originaltextes beobachtet

Adressat: der Schreiber selbst, also derjenige, der sich Gedanken macht

Thema: ein Erlebnis, das Emotionen auslöst, eine ungeklärte Situation

Persönlicher Brief

Textsorte: *Ziel:* schriftlicher Austausch oder Kontaktaufnahme mit einer vertrauten Person
Aufbau: Beginn mit Briefkopf (nur Ort und Datum, darunter die Anrede: *Liebe/r ...* oder: *Sehr geehrte/r ...*); im eigentlichen Brieftext oft zuerst Hinwendung an den Adressaten, dann Bezugnahme auf den Anlass des Schreibens bzw. Nennen des Anliegens, danach genauere Ausführungen zum Thema, abschließend nochmaliges Herausstellen des Anliegens und ggf. Aussagen zum künftigen Verbleib; Ende mit Grußformel und Unterschrift
Form und Sprache: Die Kommunikationssituation wird erkennbar (z. B. durch gelegentliche direkte Ansprache des Empfängers). Die Darstellung ist einfühlsam, die Sprache an den Erwartungen des Empfängers ausgerichtet, aber auch zum Schreiber passend.
Tempus: überwiegend Präsens, ggf. auch Perfekt oder Futur

Schreiber: in der Regel eine Figur aus einem literarischen Text, in die man sich hineinversetzen muss; evtl. auch eine Person, die das Geschehen des Originaltextes beobachtet

Adressat: eine andere Figur aus dem Text oder eine außenstehende Person, in die man sich hineinversetzen soll

Thema: entsprechend dem Anliegen des Schreibers: z. B. Entschuldigung, Appell, Bitte, Grüße, Genesungswünsche etc.

Rede

Textsorte: *Ziel:* öffentlicher Vortrag zu einem bestimmten Anlass/Thema, um zu informieren (Referat), Gefühle zum Ausdruck zu bringen (Festrede) oder zu etwas aufzufordern (Aufruf)
Aufbau: Beginn mit Begrüßung und angemessener Anrede der Zuhörer *(Liebe Gäste ..., Verehrte Zuhörer ..., Guten Morgen, 10 b ...)*; kurze Bezugnahme auf den Anlass, gefolgt von einem Gedanken, der die Aufmerksamkeit der Zuhörer weckt (auch in umgekehrter Abfolge möglich), dann genauere Ausführungen zum Thema; abschließend – je nach Art der Rede – Zusammenfassung, Appell oder Rückbezug auf den Einstieg bzw. Anlass
Form und Sprache: Die Kommunikationssituation wird erkennbar, (z. B. durch direkte Ansprache der Zuhörer). Ausdrucksweise und Wortwahl passen zum Publikum, zum Redner und zum Thema.
Tempus: überwiegend Präsens, ggf. Perfekt (bei Darstellung im Rückblick) oder Futur (z. B. bei Darstellung von Erwartungen)

Redner: eine Person, in die man sich hineinversetzen soll (z. B. eine Figur aus einem Text oder eine beliebige andere Person wie ein Schüler der Abschlussklasse)

Adressat: eine Personengruppe, die aus einem bestimmten Anlass zusammengekommen ist und die man sich vorstellen soll

Thema: entsprechend dem Anliegen des Redners, z. B. Information, Würdigung, Warnung oder Appell

Formaler Brief

Textsorte: *Ziel:* Vorbringen eines Anliegens (z. B. einer Bitte, Beschwerde o. Ä.)
Aufbau: Beginn mit vollständigem Briefkopf (Name und Anschrift des Schreibers, Datum, darunter Name und Anschrift des Empfängers), darunter Nennen des Anliegens (Betreffzeile), dann höfliche Anrede des Empfängers *(Sehr geehrte/r ...)*;
im eigentlichen Brieftext zunächst Bezugnahme auf den Anlass des Schreibens, danach Vortragen des Anliegens und Begründung desselben, abschließend Ausdruck einer Erwartungshaltung;
Ende mit Grußformel und Unterschrift
Form und Sprache: Standardsprache, höflich, klar und sachlich.
Tempus: Präsens (zur Darstellung des Anliegens), Futur (zum Ausdruck von Erwartungen), Perfekt (bei Rückblicken)

Schreiber: eine Person, die sich mit einem Anliegen an eine öffentliche Stelle wendet, z. B. an eine Behörde, Institution oder ein Unternehmen

Adressat: Mitarbeiter einer Behörde, einer Institution oder eines Unternehmens

Thema: ein Anliegen, das man gegenüber der Behörde, der Institution oder dem Unternehmen vertritt, z. B. zur Lösung eines Problems, oder Reaktion auf ein offizielles Schreiben; Grundlage kann ein Sachverhalt aus einem (literarischen oder sachlichen) Text sein

Leserbrief

Textsorte: *Ziel:* Meinungsäußerung, in der Regel als Reaktion auf einen Pressetext
Aufbau: Beginn mit Bezugnahme auf den Zeitungsartikel, der kommentiert werden soll (Titel des Artikels, Name der Zeitung, Erscheinungsdatum) – auch als Betreffzeile möglich;
im Brieftext Nennen des Ereignisses oder der Entwicklung, über die berichtet wurde, danach Äußern der eigenen Meinung und Begründung der eigenen Position; am Ende eine Art Fazit
Form und Sprache: In deutlicher Sprache formuliert, um die eigene Position klar zum Ausdruck zu bringen; überwiegend sachlich, gelegentlich auch zugespitzt oder provozierend. Stellenweise ist Umgangssprache möglich (nicht zu viel).
Tempus: Präsens (für die Darstellung der eigenen Gedanken), Perfekt (für Dinge, die sich ereignet haben und auf die man sich bezieht), Futur (für Entwicklungen)

Schreiber: der Leser einer Zeitung oder Zeitschrift

Adressat: zunächst die Redaktion, hauptsächlich aber die anderen Leser der Zeitung/Zeitschrift

Thema: ein aktuelles Ereignis oder eine Entwicklung, die in der Diskussion stehen

Eine produktive Schreibaufgabe zur Kurzgeschichte „Schlittenfahren" von Helga M. Novak (S. 72) könnte darin bestehen, einen **Tagebucheintrag** zu verfassen. Die Aufgabenstellung und der Anfang einer Lösung könnten dann so aussehen:

Eine Nachbarin der Familie hat den Vorfall im Garten zufällig beobachtet. Durch ihr rasches und tatkräftiges Eingreifen hat sie den kleinen Jungen gerade noch aus dem eiskalten Bach retten können. Sie kann es nicht fassen, dass der Vater der beiden Kinder seine Aufsichtspflicht so grob vernachlässigt hat. Die Beinahe-Katastrophe geht ihr nicht mehr aus dem Kopf. Am Abend versucht sie, ihre Gedanken zu ordnen, indem sie in ihr Tagebuch schreibt.
Verfasse diesen Tagebucheintrag aus Sicht der Nachbarin

Beispiel

> Heute habe ich etwas geradezu Unglaubliches erlebt, das mir gar nicht aus dem Sinn geht – und das in unmittelbarer Nachbarschaft! Der kleine Sohn unserer neuen Nachbarn ist beim Schlittenfahren in den eiskalten Bach gefallen. Beinahe wäre er ertrunken. Zum Glück kam ich zufällig gerade vom Einkaufen zurück und sah das Unglück. Ohne mich zu besinnen, riss ich die Pforte auf, stürzte hinunter zum Bach und zog den Kleinen heraus. Die Kinder hatten schon eine ganze Weile im Garten gespielt – allein! Es lag ja Schnee, und das Wetter war herrlich. Da kann man ja verstehen, dass sie ihren neuen Schlitten ausprobieren wollten. Aber dass der Vater sich überhaupt nicht um seine Kinder gekümmert hat, ist mir unbegreiflich. Der jüngste Sohn dürfte erst knapp zwei Jahre alt sein, er kann ja noch nicht einmal sprechen. Da hätte man die beiden doch nicht unbeaufsichtigt Schlitten fahren lassen dürfen! Ich bin fassungslos! – Wo war eigentlich die Mutter? Mir scheint, viele Eltern sind heutzutage mit der Erziehung ihrer Kinder heillos überfordert ...

Lies noch einmal die Erzählung „Marathon" von Reinhold Ziegler (S. 37 f.). Bearbeite dann die beiden produktiv-kreativen Schreibaufgaben. (→ Heft)

Übung 38

1. Das Erlebnis des Marathonlaufs mit seinem Sohn geht dem Vater nicht aus dem Kopf. Um sich über seine Gedanken und Gefühle klar zu werden, schreibt er am Abend einen Eintrag in sein Tagebuch.

    Hinweis: Denke dir für den Sohn einen Namen aus. Falls du willst, dass der Vater auch auf seine Frau zu sprechen kommt, überlegst du dir auch für sie einen Namen.

2. Am Tag nach dem Marathonlauf mit seinem Vater verlässt der Sohn seine Eltern und fährt wieder zu sich nach Hause. Während der Fahrt mit der Bahn denkt er noch einmal über das Erlebnis des Vortages nach. Er ist froh darüber, dass er seinem Vater zum ersten Mal ehrlich seine Meinung gesagt hat. Kurzentschlossen nutzt er die Zeit in der Bahn, um seinem Vater einen Brief zu schreiben.

8 Einen Text überzeugend gestalten

Interaktive Aufgaben: Ausdruck und Stil verbessern

8.1 Geschickt formulieren

Von einem guten Text erwartet man diese Qualitäten der Darstellung:

▶ **Verständlichkeit:** Der Text enthält keine unübersichtlichen, endlos langen „Bandwurmsätze". Die einzelnen Sätze werden auch nicht nur aneinandergereiht, sondern die Zusammenhänge zwischen ihnen sind deutlich zu erkennen.

▶ **Interessantheit:** Der Text ist sprachlich abwechslungsreich und verzichtet auf unnötige Wiederholungen. Es werden treffende und ausdrucksstarke Wörter verwendet. Grundlegende allgemeine Aussagen werden nach Möglichkeit durch Beispiele veranschaulicht.

▶ **Prägnanz:** Die wesentlichen Informationen sind an herausragender Stelle positioniert (z. B. am Anfang oder Ende eines Absatzes). Sie gehen nicht in einer Fülle von Erläuterungen unter. Außerdem sind sie klar und prägnant formuliert, am besten in Form von Hauptsätzen.

Tipp

Ein guter Text macht **auch äußerlich einen ansprechenden Eindruck.** Achte darauf,
- dass deine **Schrift** sauber und gut zu lesen ist,
- dass du Aussagen, die inhaltlich zusammengehören, in **Absätzen** zusammenfasst und
- dass du rund um den Text einen ausreichenden **Rand** (zwei bis drei Zentimeter) lässt.

Beispiel

Im folgenden Text sind die wesentlichen Aussagen unterstrichen. Wörter, die **Zusammenhänge** herstellen, sind fettgedruckt. Treffende, ausdrucksstarke Begriffe sind grau markiert.

Der Größere ist meistens schuld

1 Größere Männer scheinen gegenüber kleineren häufig im Vorteil zu sein. **Seit Langem** ist bekannt, dass sie mehr Geld verdienen, und oft haben sie auch die
5 schöneren Frauen.
Im Fußball scheint es **aber** so etwas wie eine ausgleichende Gerechtigkeit zu ge-
10 ben. Bei Fouls treffen die Schiedsrichter **nämlich** oft eine Entscheidung zugunsten kleinerer Spieler.
15 Diese Entdeckung haben Forscher der Universität Rotterdam gemacht. Sie analysierten über 100 000 Fouls aus der Bundesliga, der Champions League und WM-Spielen,
20 **und dabei** fanden **sie** etwas Interessantes heraus: Unfaires Verhalten wurde in den meisten Fällen den größeren Spielern angelastet.

Ganz so unparteiisch,
25 **wie** man meint, sind Schiedsrichter **also** vielleicht gar nicht. Anscheinend denken sie, dass größere
30 Spieler kräftiger und aggressiver sind, und neigen **deshalb** im Zweifel dazu, ihnen die Schuld zuzuschie-
35 ben. **Das** wäre eine mögliche Erklärung für das Phänomen, dass kleinere Männer im Stadion überraschend häufig bevorzugt behandelt werden.

Hier hat eine Schülerin eine Fortsetzung der Kurzgeschichte „Marathon" (S. 37 f.) verfasst. Ihr Lehrer hat zu ihrem Text sowohl positive als auch negative Kommentare an den Rand geschrieben. Überarbeite die Textstellen, die er kritisiert.

Übung 39

Von da an hat sich die Beziehung zu meinem Vater vollkommen geändert. Das heißt nicht, dass wir nicht mehr zusammen gelaufen sind. Natürlich sind wir weiter zusammen gelaufen, denn daran waren wir gewöhnt, solange ich zurückdenken kann. Das Problem war nur, dass wir sonst fast nichts zusammen gemacht haben. Vor allem haben wir nie richtig miteinander geredet, jedenfalls nicht über Zeug, das uns bewegt hat. Ich erinnere mich eigentlich nur an das ewige „Auf, auf!", mit dem mein Vater mich immer antrieb, und daran, dass er mir immer einzureden versuchte, eine Olympiahoffnung zu sein. Jetzt erst verstehe ich, dass mein Vater im Grunde gar keine Probleme mit mir hatte, dadurch dass ich nicht die Erfolge erzielte, die er sich gewünscht hätte, sondern er hatte Probleme mit sich selbst. Irgendwann hatte er schlagartig begriffen, dass er keinen Sinn in seinem Leben sah, ...

guter Einstieg!
doppelte Verneinung unschön
Tempus: Warum Perfekt?
Wiederholung („zusammen gelaufen")

Ausdruck: besser treffendere Wortwahl
Ausdruck: Umgangssprache
Tempus: Warum Perfekt?

Hier besser neuen Satz anfangen, sonst zu lang.
Unübersichtliche Satzkonstruktion, bitte auf zwei Sätze aufteilen.

Wiederholung („Probleme")
gute Formulierung

Auf einen Blick

Wie du deinen Text gut formulierst	
Treffende Wörter verwenden	Schreibe z. B. nicht: *Sie machte das Fenster auf.* Besser ist: *Sie öffnete das Fenster.*
Unübersichtliche Satzkonstruktionen vermeiden	Am besten schreibst du Satzgefüge aus nur einem Hauptsatz und höchstens zwei Nebensätzen. Vermeide „Schachtelsätze", v. a. solche, in denen zwei Konjunktionen direkt aufeinanderfolgen wie z. B. hier: *Viele Schüler denken, dass, wenn sie keine Markenkleidung tragen, sie gemobbt werden.* Besser: *Viele Schüler denken, dass sie gemobbt werden, wenn sie keine Markenkleidung tragen.*
Wichtige Informationen richtig platzieren	Schreibe Hauptsätze, um deine wichtigen Aussagen prägnant zum Ausdruck zu bringen. Verlagere Zusatzinformationen, die eher als beiläufig anzusehen sind, in Nebensätze.
Satzanfänge unterschiedlich gestalten	Beginne nicht immer mit dem Subjekt. Stelle auch einmal eine adverbiale Bestimmung oder ein Objekt an den Satzanfang. Das macht deinen Text abwechslungsreicher und interessanter.
Sätze sinnvoll verbinden	Wähle zum Verknüpfen von Sätzen passende Konjunktionen und Adverbien. Verwende z. B. *weil* oder *denn* für einen Grund, *wenn* oder *falls* für eine Bedingung und *aber* oder *doch* für einen Gegensatz.
Eine angemessene Sprache wählen	Vermeide umgangssprachliche Ausdrücke in Textsorten, die Standardsprache erfordern. Das gilt auch für umgangssprachlich verkürzte Wörter wie z. B. *rein* (statt *herein*), *mal* (statt *einmal*) usw.
Wiederholungen vermeiden	Achte darauf, bestimmte Wörter nicht unnötig zu wiederholen. Ersetze z. B. Nomen durch passende Pronomen oder Synonyme, z. B. so: *Große Männer* sind erfolgreicher. *Sie* verdienen mehr Geld.

8.2 Zitate gezielt einsetzen

Bei der Arbeit mit Texten musst du deine Aussagen immer wieder anhand von Zitaten belegen. Dabei geht es nicht darum, möglichst viele Zitate anzuführen. Entscheidend ist vielmehr, dass du deine Aussagen mit **besonders aussagekräftigen Textstellen** untermauerst.

Auf einen Blick

> **Wie zitiert man richtig?**
>
> - Schreibe **wortwörtlich** auf, was im Text steht. Verfälsche nichts!
>   Du musst nicht immer ganze Sätze zitieren. Manchmal genügen auch einzelne Wörter.
>   Du kannst Sätze auch durch Auslassungspunkte verkürzen: „Gestern [...] war er auf der Halfpipe."
>
> - Setze wörtlich zitierte Textstellen in **Anführungszeichen**.
>
> - Ergänze nach dem Zitat die **Zeilennummer** (bei Gedichten: Versnummer).
>   Setze die Zeilenangabe in Klammern: „xxx." (Z. ...)
>
> - **Verknüpfe** die Zitate gut mit deinem eigenen Text.
>   Füge nicht einfach das Zitat ein, sondern führe **mit eigenen Worten** dazu hin, z. B. durch eine deutende Aussage zum Text:
>   *Dass die junge Frau in Wirklichkeit gar nicht so selbstsicher ist, wie es den Anschein hat, wird an ihrem Verhalten deutlich. So heißt es: „xxx ..." (Z. ...).*
>
> - **Erläutere** jeweils auch den **Sinn** des Zitats.
>   Es genügt nicht, eine Textstelle nur zu zitieren oder gar nur eine Zeilenangabe zu machen.
>   Mit der Erläuterung machst du deutlich,
>   – **warum** die zitierte Textstelle **eine Aussage**, die du zum Text gemacht hast, **unterstützt**
>   oder
>   – **was** man an der Textstelle hinsichtlich der Handlung oder einer Figur **erkennen** kann.
>   Die Erläuterung kann dem Zitat vorangestellt sein oder ihm nachfolgen.

Beispiel

So könntest du in einem Aufsatz zum Text „Schlittenfahren" (S. 72) zitieren:

▶ *Das kleinere Kind dürfte kaum zwei Jahre alt sein. Es heißt nämlich: „Das eine der Kinder kann noch nicht sprechen." (Z. 4 f.)*

▶ *„Wer brüllt, kommt rein." (Z. 8 f., 13 f., 20, 23, 39, 43 f.). Diese Worte wiederholt der Mann immer wieder. Das zeigt, dass es ihn gar nicht interessiert, weshalb die Kinder streiten oder schreien. Sie scheinen ihm gleichgültig zu sein.*

▶ *Am Schluss öffnet er die Tür nur noch „einen Spalt" (Z. 42). Der Vater macht sich also nicht einmal mehr die Mühe, die Tür ganz zu öffnen. Das Geschrei der Kinder ist ihm offenbar nur lästig.*

Tipp

> Zitiere nur Textstellen, **deren Sinn** dem Leser **nicht auf den ersten Blick klar** ist.
> Einen Satz wie: *Das kleine Kind setzt sich auf den Schlitten.* solltest du also nicht zitieren.
> Greife Textstellen heraus, die mehr sagen, als der Leser vielleicht spontan denkt.
>
> Deine Erläuterungen kannst du beispielsweise mit diesen Worten beginnen:
> - *Das zeigt, dass ...*
> - *Daran kann man erkennen, dass ...*
> - *Hier wird deutlich, dass ...*
> - *Wenn ..., dann ...*
> - *Also/Folglich ...*

Einen Text überzeugend gestalten | 99

Lies noch einmal die Erzählung „Marathon" von Reinhold Ziegler (S. 37 f.) und bearbeite dazu die folgenden Aufgaben. (→ Heft)

Übung 40

Aufgaben

1. Was kann man an den folgenden Textstellen erkennen? Erkläre ihren Sinn.

    a) „Später standen wir beieinander, alle die, denen Laufen Spaß machen musste." (Z. 77 f.)

    b) „Von nun an war ich, wie die Zeitungen schrieben, abonniert auf Sieg, das große deutsche Talent, unsere Olympiahoffnung und vieles andere mehr [...]." (Z. 91–94)

    c) „Wie fremd saß ich dort an dem vertrauten Esstisch, trank Kaffee mit meinen Eltern wie früher und fand doch keine Worte, um das Versagen auszulöschen oder an die kleinen Siege meiner Vergangenheit anzuknüpfen." (Z. 122–127)

2. Suche im Text nach Belegen für die folgenden Aussagen und erkläre, warum sie als Belege geeignet sind. (Manchmal gibt es mehrere Möglichkeiten.)

    a) Hass ist das vorherrschende Gefühl, das der Ich-Erzähler empfindet, wenn er an seinen Vater denkt.

    b) Im Rückblick hat der Ich-Erzähler den Eindruck, dass sein Vater für ihn von Anfang an eine Karriere als Läufer im Sinn gehabt hat.

    c) Der Vater hat seinen Sohn nie danach gefragt, ob er überhaupt eine Karriere als Läufer machen will.

    d) Der Sohn will sich an seinem Vater rächen.

    e) Der Ich-Erzähler hat nicht wirklich das Ziel, seinen Vater umzubringen.

3. Wähle aus dem letzten Abschnitt (Z. 183–201) eine Textstelle aus, von der du meinst, dass sie etwas Wichtiges über die Entwicklung der Beziehung zwischen Vater und Sohn aussagt.

    Schreibe einen kompletten Absatz, der aus drei Teilen besteht:
    ▶ einer Aussage zum Text,
    ▶ einem Zitat, das diese Aussage belegt, und
    ▶ einer Erklärung, die zeigt, dass das Zitat als Beleg für die Aussage geeignet ist.

    Hinweis: Die Reihenfolge der drei Teile ist nicht festgelegt.

SCHREIBKOMPETENZ

Interaktive Aufgaben: Texte überarbeiten

Interaktive Aufgaben: Rechtschreibung üben

Die wichtigsten Rechtschreibregeln und -strategien

*Über den QR-Code kannst du **Lernvideos** zu wichtigen Rechtschreibregeln abrufen.*

9 Richtig schreiben

9.1 Rechtschreibung

In einem Teil der Prüfung geht es ausschließlich darum, deine Kompetenz im Bereich „Richtig schreiben" zu testen. Meist wird dir ein fehlerhafter Text vorgelegt, den du korrigieren sollst.
Aber auch in deinem Aufsatz, den du in der Regel im letzten Teil der Prüfung verfassen musst, werden Rechtschreibung und Zeichensetzung bewertet.

Im Folgenden findest du die wichtigsten **Regeln zur Rechtschreibung** sowie **Rechtschreibstrategien**, mit denen du die richtige Schreibweise eines Wortes erschließen kannst.

Auslautverhärtung

Wenn du unsicher bist, ob du ein Wort am Ende mit **b** oder **p**, **d** oder **t**, **g** oder **k** schreiben musst, **verlängerst** du es zur Probe:

Bei **Adjektiven** bildest du die **Steigerungsform** oder eine **Wortgruppe**, in der das Adjektiv die **Funktion eines Attributs** einnimmt (**Attribuierung**).

Bei **Nomen** bildest du die **Mehrzahl**.

Bei **Verben** bildest du die **Grundform**.

> lieb – lieber, plump – plumper
> ein lieber Mensch,
> ein plumper Versuch
>
> Wald – Wälder,
> Welt – Welten
>
> er mag – mögen,
> sie trank – trinken

Gleichklingende Laute (e/ä, eu/äu)

Wenn du unsicher bist, ob du ein Wort mit **e** oder **ä**, beziehungsweise **eu** oder **äu** schreiben musst, bildest du zur Probe die Grundform:

Bei **Adjektiven** bildest du die **nicht gesteigerte** Form.

Bei **Nomen** bildest du die **Einzahl**.

Bei Verben bildest du die **Grundform**.

> älter – alt, fester – fest, feuchter – feucht
>
> Äste – Ast, Felle – Fell, Mäuse – Maus, Freunde – Freund
>
> fährt – fahren, kehrt – kehren, lässt – lassen

Tipp

> Bei Unsicherheiten kann dir das **Stammprinzip** weiterhelfen. Es besagt, dass alle Wörter derselben Wortfamilie ihre typischen Schreibweisen in allen Wortformen beibehalten. Suche daher immer nach einer Form des Wortes, bei der du die **richtige Schreibweise hören** kannst, z. B. indem du es verlängerst oder die Grundform bildest.
>
> Manchmal ist es nicht möglich ein Wort zu verlängern oder die Grundform zu bilden. Suche dann nach einem anderen Wort **aus derselben Wortfamilie**, das du kennst, z. B.:
> *lästig – Last – belästigen; essen – (er) isst – Esstisch; fahren – (er) fährt – gefährlich – Fährte*

Doppelkonsonanten

Ob du einen **einfachen** oder einen **doppelten Konsonanten** setzen musst, kannst du daraus ableiten, ob du einen **langen** oder **kurzen Vokal** hörst.

Wenn ein betonter **Vokal lang** gesprochen wird, folgt in der Regel nur **ein einzelner Konsonant**.	Ha_se_, Fe_d_er, bela_d_en
Auch **Diphthonge** (Zweilaute) werden lang gesprochen.	kraulen, Säule
Auf einen betonten, **kurzen Vokal** folgen immer mindestens zwei Konsonanten: entweder zwei **gleiche** oder zwei **verschiedene**.	So_nn_e, Mu_tt_er, do_pp_elt Wi_nt_er, Pe_rl_e, fa_lt_ig, de_nk_en
Hörst du **zwei verschiedene** Konsonanten nach kurzem Vokal, schreibst du **keinen** Doppelkonsonanten – außer der Doppelkonsonant gehört zum Wortstamm.	Veransta_lt_ung (nicht: Veransta_ll_tung) beste_llt_ (wegen: beste_ll_en)
Hörst du nach einem betonten, kurz gesprochenen Vokal nur **einen Konsonanten**, musst du ihn verdoppeln.	Wa_ss_er, schwi_mm_en, We_ll_e

> Wenn es dir schwerfällt, zu hören, ob ein Vokal lang oder kurz ist, dann kann es dir helfen, **das Wort nach Silben zu trennen**. Gehört der Konsonant sowohl **zum Ende** der vorangehenden Silbe als auch **zum Anfang** der nächsten Silbe (= Silbengelenk), schreibt man einen **Doppelkonsonanten**, z. B.: Don-ner, Wet-ter, wis-sen.

Tipp

tz und ck

Die Konsonanten **k** und **z** werden **nicht verdoppelt**. Nach einem kurzen, betonten Vokal schreibst du nicht kk und zz, sondern **ck** oder **tz**.	Zi_ck_e, Ka_tz_e
Ausnahme: Wörter, die ursprünglich aus einer anderen Sprache stammen.	Pi_zz_a, Sa_kk_o
Zu **ck** gibt es eine weitere Besonderheit: Anders als „normale" Doppelkonsonanten wird ck nicht getrennt. Es rückt bei der Silbentrennung als Buchstabenpaar vereint an den **Anfang der nächsten Silbe**.	Ti-cket, zu-cken

s-Laute

Es gibt zwei Arten von s-Lauten:

Für den **stimmhaften**, **weich** bzw. summend gesprochenen s-Laut schreibt man immer ein einfaches **s**.	Sahne, Esel, Bluse, tosen
Für den **stimmlosen**, **scharf** bzw. zischend gesprochenen s-Laut schreibt man entweder **ss** oder **ß**: • Nach **kurzem Vokal** schreibt man ss. • Nach **langem Vokal** und **Diphthong** schreibt man ß.	Ku_ss_, Wa_ss_er, vermi_ss_en Spaß, Gruß, fleißig, außen

Dehnungs-h und silbentrennendes h

Vor **l**, **m**, **n** oder **r** folgt nach einem langen Vokal oft ein **Dehnungs-h**.

*St**uh**l, z**ah**m, g**äh**nen, L**eh**rer*

Dies gilt aber nicht in allen Fällen. Beachte deshalb besonders bei Wörtern mit langem Vokal das Stammprinzip.

*Aber: Sch**u**le, T**a**l, sch**o**nen, W**a**re*

Das **silbentrennende h** markiert den Anfang einer neuen Silbe, wenn direkt auf einen langen Vokal ein kurzer Vokal zu hören ist. Um zu erkennen, ob du ein silbentrennendes h einfügen musst, solltest du das Wort **nach Silben trennen**.

ge-hen, Mü-he, Tru-he, na-he

Das silbentrennende h bleibt bei Wörtern aus derselben **Wortfamilie** erhalten. Bei einsilbigen Wörtern kannst du das Wort **verlängern** oder nach einem **verwandten zweisilbigen Wort** suchen, um das silbentrennende h zu erkennen.

*Kuh – Kü-he
roh – ro-her
geht – gehen
mühsam – Mü-he*

Auf einen **Diphthong** folgt **kein** silbentrennendes h.

Bau-er, freu-en, Fei-er

Lang gesprochener i-Laut

In der Regel schreibt man den langen **i**-Laut als **ie**.

*T**ie**r, Fl**ie**ge, l**ie**ben*

In wenigen Wörtern schreibt man das lange i als **einfaches i**. Viele dieser Wörter enden auf **-ine**.

*Kr**i**se, B**i**bel, l**i**la, Masch**i**ne, Apfels**i**ne*

Das **Dehnungs-h** zur Kennzeichnung des langen i-Lauts gibt es nur in einigen Pronomen.

*i**h**m, i**h**r, i**h**nen*

Zusammen- und Getrenntschreibung

Zusammen schreibt man zwei (oder mehr) benachbarte Wörter, wenn sie nur **eine einzige Sache bezeichnen**. (Fachbegriff: **Kompositum**; vgl. S. 109)

fortsetzen, Wäschekorb (= Korb für die Wäsche, nicht Wäsche und Korb)

Wörter mit einem Fugenbuchstaben (meist s/es, e oder n/en) schreibt man **zusammen**.

*Gericht**s**urteil, Eignung**s**test, Hund**e**leine, Klass**en**fahrt*

Achte bei benachbarten Wörtern auch auf die Aussprache:
- Hat das **erste** Wort die **Hauptbetonung**, schreibt man **zusammen**.
- Haben **beide** eine eigene **Hauptbetonung**, schreibt man **getrennt**.

*Éselsohr, férnsehen, fléischfressend
fröhlich spíelen, Brót bácken, schrécklich dúmm*

Getrennt schreibt man meistens bei Kombinationen mit Verben: Verb + Verb, Nomen + Verb, Adjektiv + Verb.

schwimmen gehen, Milch trinken, laut singen

Zusammenschreiben musst du aber, wenn
- Verb + Verb oder Nomen + Verb **zusammen als Nomen** verwendet werden.
- Adjektiv + Verb zusammen eine übertragene Bedeutung haben.

*beim Spazierengehen, das Fußballspielen
schwarzarbeiten, krankschreiben*

Groß- und Kleinschreibung

Satzanfänge und **Überschriften** beginnen **groß**.

Nomen schreibt man **groß**. Erkennen kann man sie an
- bestimmten **Endungen**, z. B. *-heit, -keit, -nis, -ung, -schaft, -ion, -tum, -ling*;
- bestimmten **Begleitern**, z. B. Artikel, Pronomen, unbestimmte Zahlen- und Mengenangaben und Adjektive. Aber **nicht jedes Nomen** hat einen typischen **Begleiter**.

Auch Wörter anderer Wortarten können im Satz **als Nomen verwendet** werden. Solche **Nominalisierungen** musst du wie andere Nomen **großschreiben**. Erkennungszeichen sind auch hier Nomenbegleiter.

Komposita schreibt man **groß**, wenn ihr letzter Bestandteil ein Nomen ist. In allen anderen Fällen schreibt man sie **klein** – auch wenn sie mit einem Nomen beginnen.

Großgeschrieben werden auch die **Höflichkeitsformen** der **Anrede**.

Es ist kalt. Schneller ans Ziel

Sturheit, Übelkeit, Zeugnis, Sendung, Gesellschaft, Lehrling, Brauchtum, Stadion,

der, die, ein; mein, deine, dieser; wenig, einige, etwas, nichts

das Weinen, dein Lachen, beim (= bei dem) Lesen, etwas Neues, nichts Besonderes, ewiges Hin und Her

Besen|stiel, Wetter|karte

fahnen|flüchtig, glas|klar

Ich grüße Sie. Wie geht es Ihnen? Und Ihrem Sohn?

> **Tipp**
>
> Wenn du nicht weißt, ob es sich bei einem Wort um ein Nomen handelt, weil du **keinen typischen Begleiter** entdeckst, kannst du **zur Probe** einen Begleiter, z. B. einen Artikel oder eine unbestimmte Zahlen- oder Mengenangabe, einfügen.
> Beispielsweise so: *Wir brauchen noch Käse.* → *Wir brauchen noch etwas Käse.*
> Wichtig: Du darfst sonst nichts an dem Satz verändern!

Übung 41

1. Begründe die Schreibweise der fettgedruckten Stellen, indem du eine andere Wortform oder ein anderes Wort aus derselben Wortfamilie nennst.

lächeln	_____	Behälter	_____
Hem**d**	_____	Fä**h**re	_____
kräftig	_____	Gestan**k**	_____
Lo**b**	_____	Dan**k**	_____
verständlich	_____	Gestal**t**	_____
belie**b**t	_____	Länge	_____
Mu**t**	_____	Stärke	_____
Stau**b**	_____	Lei**d**	_____
Kränkung	_____	Bar**t**	_____
Tra**b**	_____	bestre**b**t	_____

104 SCHREIBKOMPETENZ

2. Streiche die falsch geschriebenen Wörter durch und nenne jeweils eine Rechtschreibstrategie, mit der du überprüfen kannst, welche Schreibweise die richtige ist.

		Rechtschreibstrategie
a)	Marote – Marotte	
b)	bunt – bund	
c)	blüen – blühen	
d)	Gehäuse – Geheuse	
e)	Mücke – Mükke – Müke	
f)	Raup – Raub	

Übung 42 Erkläre, warum die unterstrichenen Wörter in dem Text falsch geschrieben sind. Korrigiere die Schreibweise und nenne die Regel. Stichworte genügen.

Einfache Mittel verbessern den „Durchfluss"

[…] Fussgänger zeigen ein viel komplexeres verhalten als Autofahrer. Das entstehen spontaner Staus auf dicht befarenen Autobahnen kann man inzwischen sehr gut erkleren: Ein einziger unaufmerksamer Fahrer, der plözlich stark bremmst, genügt. Fußgänger sind im vergleich dazu deutlich schwiriger zu modellieren.

Menschen laufen nicht in fessten Spuren, bleiben auch gern mal Stehen, wechseln spontan die richtung und versuchen, großem Gedrenge aus dem Weg zu gehen.

Je genauer Wissenschaftler Pasanten simulieren können, umso besser lassen sich Gebeude, Kreuzfahrt Schiffe oder Bahnhöfe planen. Unnötiges Gedrenge oder gar Panik werden so vermiden. Modellrechnungen haben Beispielsweise gezeigt, dass einfache Mittel den „Durchfluss" an Not Ausgengen verbessern können. Ein Pfeiler genükt, denn er spalltet die schibende Menschenmasse. So singt der Druck auf die Tür, durch die sich alle so schnell wie möglich zwengen wollen.

Aber nicht immer ist der einzelne Spielball der wogenden Maße. Bei entsprechend viel Platz kann sich ein Fußgänger nähmlich auch entscheiden, nach rechts oder lings auszuweichen, stehenzubleiben oder umzukehren.

Korrektur/ Regel

Quelle: Holger Dambeck, Spiegel online vom 07.06.2010, http://www.spiegel.de/wissenschaft/mensch/0,1518,699080,00.html

9.2 Zeichensetzung – Die wichtigsten Kommaregeln

Zeichen dienen dazu, einen Text **optisch** so **zu untergliedern**, dass der Leser keine Mühe hat, die Sinnzusammenhänge zu verstehen. Neben den Satzschlusszeichen (. ? !) und den Anführungszeichen sind die Kommas die wichtigsten Zeichen zur Untergliederung.

Interaktive Aufgaben: Zeichensetzung üben

Das Komma trennt die **Glieder einer Aufzählung** – es sei denn, sie sind durch eine nebenordnende Konjunktion wie *und, sowie* oder *oder* verbunden. Die Glieder einer Aufzählung können kurz oder lang sein.	Anja, Kris und Selim lachten. Sie kam nach Hause, duschte, aß etwas und legte sich hin.
Das Komma trennt **Gegensätze**: Es steht z. B. vor Konjunktionen und Adverbien wie *aber, (je-)doch, sondern*.	Der Mann ist nicht schön, aber reich.
Das Komma trennt **Sätze** voneinander. Das gilt für • **Hauptsätze**, die eine **Satzreihe** bilden, und • **Satzgefüge** aus **Haupt- und Nebensatz** (vgl. S. 126 f.). Ein Nebensatz, der in einen Hauptsatz **eingeschoben** ist, wird vorne und hinten durch Komma vom Hauptsatz abgetrennt.	Das Smartphone ist günstig, ich kaufe es. Wenn es regnet, bleibt sie hier. Der Vulkan, der auf Island ausgebrochen war, behinderte tagelang den Flugverkehr.
Das Komma trennt **Appositionen** (Beisätze zu Nomen) sowie **nachgestellte Erläuterungen** ab. Letztere beginnen häufig mit *und zwar, nämlich, z. B.* oder *insbesondere*.	Mein Freund, ein echter Chaot, verliert ständig etwas. Ich habe schon Mathe gelernt, und zwar gestern.
Das Komma trennt eine **Partizipgruppe** ab, wenn • ein Wort oder eine Wortgruppe darauf hinweist, • ein Wort oder eine Wortgruppe sie wieder aufgreift, • sie ein Nomen oder Pronomen näher erläutert.	So, immer lächelnd, kannten wir sie./Immer lächelnd, so kannten wir sie. Ben, mit beiden Armen winkend, stieg aus dem Bus.
Das Komma trennt eine **Infinitivgruppe** ab, wenn • sie mit *als, (an-)statt, außer, ohne, um* eingeleitet wird, • im vorangehenden Hauptsatz auf die Infinitivgruppe hingewiesen wird, z. B. durch Wörter wie *es, darum, daran, darauf*. • der Infinitiv von einem Nomen abhängt.	Sie fuhr in die Stadt, um einzukaufen. Es war ihr Wunsch, mit uns in die Stadt zu fahren. Mir gefiel die Idee, einen Spaziergang zu machen.

Die wichtigsten Kommaregeln

*Über den QR-Code kannst du **Lernvideos** zu wichtigen Kommaregeln abrufen.*

> Man **kann** bei allen Partizip- und Infinitivkonstruktionen ein Komma setzen. Es empfiehlt sich daher, diese grundsätzlich mit Komma abzutrennen, damit man kein Pflichtkomma vergisst.

Tipp

Bei **wörtlicher Rede** wird der Begleitsatz durch Komma abgetrennt. Ausnahme: Ist der Begleitsatz der wörtlichen Rede vorangestellt, steht ein **Doppelpunkt**. Enthält die wörtliche Rede einen Punkt am Ende des letzten Satzes, so entfällt dieser wenn ein Begleitsatz folgt. Frage- und Ausrufezeichen bleiben erhalten.	„Ich gehe mit", sagte er, „egal wie." Er sagte: „Ich gehe mit." „Ich gehe mit", sagte er. „Ich gehe mit!", sagte er.

Übung 43

Setze im Text die fehlenden Kommas und begründe sie: Nenne je kurz die Regel.

Schotten leben gefährlich

In Schottland lebt einer neuen Studie zufolge fast jeder Erwachsene mit einem bedeutenden Gesundheitsrisiko mehr als die Hälfte haben sogar drei oder mehr Risikofaktoren. Die Forscher der Universität Glasgow untersuchten die fünf lebensgefährlichen Angewohnheiten Rauchen Trinken Bewegungsmangel schlechte Ernährung und Übergewicht und fanden heraus dass niemand es den Schotten bei deren Anhäufung gleichtut. „Schotten leben gefährlich" sagte David Conway Leiter der jetzt veröffentlichten Studie. „Nur 2,5 Prozent der Bevölkerung tragen überhaupt keine Risikofaktoren" sagte Conway in einem Interview.

Die im Wissenschaftsjournal „BMC Public Health" veröffentlichte Forschungsarbeit befasst sich mit einem neuen wissenschaftlichen Ansatz bei dem nicht nur einzelne Risikofaktoren sondern auch deren Anhäufung untersucht wird. „Ungesunde Verhaltensweisen bündeln sich die Kombination ist dabei synergetisch[1] dadurch steigt das allgemeine Risiko unverhältnismäßig an" bedauert Conway. [...]

Grundlage der Studie war eine staatliche Gesundheitsumfrage aus dem Jahr 2003 Daten lagen für 6574 Männer und Frauen vor. Als gefährdet stuften die Wissenschaftler beispielsweise Menschen ein die zum Zeitpunkt der Befragung rauchten Männer die mehr als 24 Gramm und Frauen die mehr als 16 Gramm Alkohol pro Tag zu sich nahmen. Als fettleibig galten Menschen mit einem Body-Mass-Index (BMI) von über 30. [...]

Obwohl Conway mit einem wenig ermutigenden Ergebnis rechnete wurde er vom Ernst der Lage doch überrascht. Mehr als 85 Prozent der Erwachsenen hatten mindestens zwei Risikofaktoren 55 Prozent hatten sogar drei und fast ein Fünftel brachte es sogar auf alle fünf. Die am weitesten verbreitete Angewohnheit war es, sich schlecht zu ernähren [...]. Zehn Prozent der Befragten waren sowohl Raucher als auch starke Trinker von diesen zehn Prozent hatten sich drei Viertel noch zwei oder drei weitere Risikofaktoren zugelegt.

Als mögliche Ursachen werden soziale und wirtschaftliche Faktoren vermutet – Menschen aus den ärmsten Gegenden mit dem schlechtesten Bildungsstand lebten am ungesündesten. [...]

Quelle: AFP; www.n-tv.de/wissen/Schotten-leben-gefaehrlich-article917387.html

Anmerkung: 1 *synergetisch*: zusammenwirkend

Korrektur/Regel

Kompetenz Sprachwissen und Sprachbewusstsein

Was muss man können? Was wird geprüft?

Der Kompetenzbereich „**Sprachwissen und Sprachbewusstsein**" umfasst zum einen das, was man früher als „Grammatikkenntnisse" bezeichnete. In der Prüfung wird vorausgesetzt,

▶ dass du über die **Grammatik** der deutschen Sprache gut **Bescheid weißt**, z. B. über Wortarten, Satzglieder oder die Zeitformen des Verbs, und

▶ dass du diese Grammatikkenntnisse auch **anwenden kannst**. Beispielsweise genügt es nicht zu wissen, welche Wörter Konjunktionen sind, sondern du musst diese auch gezielt einsetzen können, um Sinnzusammenhänge zwischen Sätzen deutlich zu machen.

Zum anderen geht es um eine **bewusste** Verwendung der Sprache. Das heißt, es wird von dir erwartet, dass du dich gewählt und **präzise ausdrücken** und das **Niveau** einer sprachlichen Äußerung beurteilen kannst. Du solltest auch in der Lage sein, Fragen nach **Wortbedeutungen** zu beantworten, **Stilmittel** und **Sprachbilder** zu erkennen sowie **Bedeutungsunterschiede** zu erklären, die z. B. durch die Verwendung unterschiedlicher grammatischer Formen entstehen.

Hinweis: Weitere Informationen und Übungen zu diesen Aspekten findest du auch in den folgenden Kapiteln des Buchs: „Die sprachliche Gestaltung beurteilen" (S. 48 ff.), „Geschickt formulieren" (S. 96 f.) und „Stilmittel" (S. 133 f.).

In der **Prüfung** werden deine Fähigkeiten im Bereich „Sprache" **anhand von Texten** geprüft, und zwar in der Regel auf zweierlei Weise:

▶ Du erhältst Aufgaben zu einer **Textgrundlage**. In der Regel sind das dieselben beiden Texte, zu denen dir auch die Aufgaben zum Leseverstehen gestellt werden (meist ein literarischer Text und ein Sachtext). Du sollst z. B. ein Synonym zu einem Begriff aus dem Text finden oder eine grammatische Form berichtigen.

▶ Du musst, meist im letzten Teil der Prüfung, **selbst einen Text schreiben**. Hier sollst du zeigen, dass du sprachlich abwechslungsreich und frei von Grammatikfehlern einen vollständigen Aufsatz formulieren kannst.

Interaktive Aufgaben: Ausdruck und Stil verbessern

10 Wortbedeutungen erklären und zuordnen

Das sichere Verständnis von Texten hängt auch davon ab, ob du die Bedeutung der verwendeten Wörter kennst. Dazu gehören nicht nur **Fachbegriffe** und **Fremdwörter**, sondern auch Wörter mit **übertragener Bedeutung**.

In der Prüfung werden dir häufig Aufgaben begegnen, in denen du z. B.

- für ein Wort ein **Synonym** (d. h. ein Wort mit gleicher Bedeutung) finden sollst,
- die Bedeutung einer **Redewendung** erklären musst,
- **Fremdwörter** oder **Fachbegriffe** erkennen und ihrer deutschen Bedeutung zuordnen musst,
- **Sprachbilder** mit den korrekten Fachbegriffen benennen und ihre „eigentliche" Bedeutung erklären sollst (vgl. S. 51 f.).

Tipp

> Untersuche immer, in welchem **Textzusammenhang** (Kontext) ein Wort verwendet wird. Oft kannst du dadurch seine Bedeutung erschließen. Falls du die Bedeutung nicht aus dem Zusammenhang erschließen kannst, nimm das Wörterbuch zu Hilfe.

Übung 44 Lies noch einmal den Text „Einfache Mittel verbessern den Durchfluss" auf S. 104 und bearbeite dann die folgenden Aufgaben:

Aufgaben

1. Im Text heißt es:

    […] die Tür, durch die sich alle so schnell wie möglich zwängen wollen.

    Ersetze das Verb „zwängen" durch ein passendes Synonym.

    _____

2. Finde zu den folgenden Fremdwörtern eine passende deutsche Bezeichnung.

Fremdwort	deutsche Bezeichnung
a) komplex	
b) spontan	
c) Passant	
d) simulieren	

3. Im Text heißt es:

    Aber nicht immer ist der Einzelne Spielball der wogenden Masse.

    Erkläre, was mit der Redewendung „jemandes Spielball sein" gemeint ist.

    _____
    _____
    _____

11 Formen der Wortbildung kennen

Interaktive Aufgaben:
Grammatikwissen
festigen

Im Deutschen gibt es zwei Möglichkeiten, ein Wort zu bilden: als **Ableitung** oder als **Kompositum**.

Ableitung

▶ Ein Wort wird gebildet, indem an den Wortstamm eine Vorsilbe (Präfix) und/oder eine bestimmte Endung (Suffix) angehängt wird. Diese Form der Wortbildung nennt man **Ableitung.**

Be|	rühr|	ung
Präfix (Vorsilbe)	**Wortstamm**	**Suffix** (Endung)

Beispiel

▶ **Präfixe** werden dem Wortstamm vorangestellt. Typische Präfixe sind z. B.: an-, auf-, ab-, ge-, ver-, zer-, zu-

ankommen (Verb), Angelegenheit (Nomen), anständig (Adjektiv)

Beispiel

▶ **Suffixe** sind Wortendungen. Sie bestimmen in vielen Fällen die Wortart.
Typische **Nomen-Suffixe**: -heit, -keit, -nis, -ung, -ling, -mus, -schaft, -tum
Typische **Adjektiv-Suffixe**: -ig, -lich, -isch, -bar, -los, -haft, -sam, -end

krank (Wortstamm), Krank-heit (Nomen), kränk-lich (Adjektiv)

Beispiel

Kompositum (Plural: Komposita)

▶ Wird ein Wort aus zwei oder mehr selbstständigen Wörtern zusammengesetzt, so nennt man das so gebildete neue Wort **Kompositum**.

▶ Komposita können aus fast allen Wortarten gebildet werden, z. B.:
*Regen-bogen (Nomen + Nomen), kopf-stehen (Nomen + Verb),
laut-stark (Adjektiv + Adjektiv), kick-boxen (Verb + Verb).*

▶ An der Nahtgrenze eines Kompositums können Fugenbuchstaben stehen, z. B.: *Maus**e**falle, Einkauf**s**korb, Schokolade**n**eis.*

> Um herauszufinden, ob ein Wort ein **Kompositum** oder eine **Ableitung** ist, zerlege es in seine Wortbausteine. Wenn alle Bestandteile (außer den Fugenbuchstaben) sinnvolle Wörter sind, die für sich alleine stehen können, dann handelt es sich um ein Kompositum.

Tipp

Kompositum oder Ableitung? Kreuze jeweils die richtige Antwort an.

Übung 45

		Ableitung	Kompositum
a)	Waschmaschine	☐	☐
b)	Verkauf	☐	☐
c)	dunkelblau	☐	☐
d)	Gewohnheit	☐	☐
e)	begreifen	☐	☐

Interaktive Aufgaben: Grammatikwissen festigen

12 Wortarten unterscheiden

In der Fülle der Wörter, die es in der deutschen Sprache gibt, kann man eine Ordnung erkennen: Wörter, die Ähnliches bezeichnen, lassen sich zu einer Gruppe zusammenstellen; sie gehören derselben Wortart an.

Beispiel

fliegen, erst, Haus, später, wann, weil, *kommen*, Auto, *schreiben*, …
Die Wörter *fliegen*, *kommen* und *schreiben* bezeichnen Ähnliches, nämlich eine Tätigkeit. Sie gehören zur Gruppe der **Verben**.

Tipp

> Es gibt Wörter, die sich unterschiedlichen Wortarten zuordnen lassen, z. B. *das*, *auch* und *aber*. Welcher Wortart ein Wort angehört, lässt sich immer am sichersten aus seiner **Verwendung im Satz** erkennen.

Übung 46

Gib für alle fett gedruckten Wörter des Textes die richtige Wortart an. Schreibe sie auf die Linie darunter. Die Übersicht und der Tipp auf den nächsten Seiten können dir in Zweifelsfällen weiterhelfen.

Die **Digitalisierung** schreitet stetig voran. **Deutlich** wird das **überall**, auch in

_____

manchen Haushalten. In *Smart Homes* **können** die Bewohner **ihr** Leben in vielen

_____

Bereichen per Knopfdruck regeln. **In diesen** Häusern stehen **schon intelligente**

_____

Kühlschränke, **die** den Besitzern Bescheid geben, **wenn ein bestimmtes**

_____

Lebensmittel fehlt. **Vieles** kann man **sogar** allein **mit** seiner Stimme regeln, z. B.

_____

das **Einschalten** von Licht **oder das** Abspielen von Musik. Dafür **sorgen** Sprach-

_____

assistenten wie **Alexa**. Allerdings sollte man das **Gerät lieber** ausschalten, falls

_____

man **es** nicht nutzen **will**. **Sonst** kann es passieren, **dass** das, was man sagt,

_____

außerhalb der eigenen **vier** Wände mitgehört **wird**. Das will **wohl** niemand.

_____

Wortarten unterscheiden — 111

Auf einen Blick

Digitales Glossar: Fachbegriffe nachschlagen

Die wichtigsten Wortarten

Fachbegriff und Funktion	Beispiele
VERÄNDERBARE WORTARTEN	
NOMEN bezeichnen Lebewesen und Dinge. Man unterscheidet:	
• Nomen, die etwas **Reales** bezeichnen (Konkreta)	Haus, Ball, Auto, Junge
• Nomen, die etwas **Gedachtes** bezeichnen (Abstrakta)	Frieden, Angst, Freiheit
EIGENNAMEN geben Lebewesen oder Dingen persönliche Namen.	Samira: Name eines Mädchens Paris: Name einer Stadt
VERBEN bezeichnen eine **Handlung/Tätigkeit**. Man unterscheidet:	
• **Vollverben**	gehen, essen, liegen
• **Hilfsverben**	haben, sein, werden
• **Modalverben**	können, wollen, sollen, müssen, dürfen
ADJEKTIVE bezeichnen **Eigenschaften**. Auch Zahlen (Zahladjektive) gehören dazu.	gelb, fröhlich, leicht, still drei, zehn, hundert
ARTIKEL sind **Begleiter** von **Nomen**. Es gibt:	
• **bestimmte** Artikel	der, die, das
• **unbestimmte** Artikel	ein, eine
PRONOMEN sind **Begleiter** oder **Stellvertreter** von Nomen. Die wichtigsten sind:	
• Personalpronomen	ich, du, er/sie/es, wir, ihr, sie
• Possessivpronomen	mein, dein, sein/ihr/sein, unser, euer, ihr
• Reflexivpronomen	mich, dich, sich, uns, euch, sich
• Demonstrativpronomen	diese, -r, -s; jene, -r, -s; der/die/das (da)
• Indefinitpronomen	etwas, nichts, wenig, kein, alle/s, einige
• Relativpronomen	der, die, das; welcher, welche, welches
• Fragepronomen	wer? wo? was? wann? wie? warum?
UNVERÄNDERBARE WORTARTEN	
ADVERBIEN bezeichnen die genaueren **Umstände** einer Handlung, zum Beispiel:	
• den Ort (wo? woher? wohin?) → **Lokaladverbien**	dort, hier, oben, überall
• die Zeit (wann? seit wann? bis wann? wie lange? wie oft?) → **Temporaladverbien**	gestern, jetzt, morgens, nachts, selten, schon, oft, manchmal
• Art und Weise oder Ausmaß (wie? wie sehr?), Erweiterungen oder Einschränkungen → **Modaladverbien**	gern, lieber, irgendwie, anders; sehr, äußerst, kaum; auch, sonst; allerdings, nur
• den Grund (warum?) → **Kausaladverbien**	deshalb, daher, somit, also, folglich
PRÄPOSITIONEN bezeichnen das **Verhältnis**, in dem Personen oder Dinge zueinander stehen.	an, bei, mit, vor, zwischen, neben, über, unter, innerhalb, gegen
KONJUNKTIONEN verbinden Wörter, Wortgruppen oder Sätze miteinander. Man unterscheidet:	
• **nebenordnende** Konjunktionen, die Gleichrangiges verbinden (z. B. Hauptsätze)	und, oder, denn, aber, doch
• **unterordnende** Konjunktionen, die Nicht-Gleichrangiges verbinden (z. B. Haupt- und Nebensätze)	als, weil, obwohl, nachdem, wenn, dass
PARTIKELN können Aussagen präzisieren, indem sie sie z. B. kommentieren, verstärken oder abschwächen.	ja, bloß, sehr, wohl, besonders, fast, total, eben, kaum, sogar, vielleicht

Tipp

> Weißt du nicht, ob es sich bei einem Wort um eine **Partikel** handelt oder z. B. um eine Konjunktion oder ein Adverb, kann die **Umstellprobe** helfen. Denn Partikeln können in der Regel **nicht am Satzanfang** stehen. Prüfe deshalb, ob die Umstellung des fraglichen Wortes an den Satzanfang problemlos möglich ist oder ob sich dadurch der Sinn des Satzes ändert.
> *Ich bleibe vielleicht noch. / Vielleicht bleibe ich noch.* – Sinn unverändert → Adverb
> *Sie sieht vielleicht gut aus. / Vielleicht sieht sie gut aus.* – Sinn verändert → Partikel

*MindCards:
Wichtiges wiederholen*

12.1 Nomen

Nomen zeichnen sich durch folgende Eigenschaften aus:

▶ Sie haben ein **grammatisches Geschlecht** (**Genus**). Weil sich das Genus im Deutschen nicht von der „Natur" der jeweiligen Sache ableiten lässt, spricht man vom **grammatischen** Geschlecht: z. B. *der Mond, die Gurke, das Mädchen*.

▶ Nomen haben einen **Numerus**, d. h., sie können im **Singular** (Einzahl) und im **Plural** (Mehrzahl) stehen. Es gibt verschiedene Arten der Pluralbildung:
- Anfügen einer **Endung**: z. B. *Auto → Autos, Schule → Schulen, Wal → Wale*
- Umwandlung des Stammvokals (a, o, u) in einen **Umlaut**:
  z. B. *Laden → Läden, Mutter → Mütter*
- **beides**: z. B. *Hut → Hüte, Fass → Fässer, Sohn → Söhne*
- **keine Kennzeichnung**: z. B. *das Segel → die Segel, der Lehrer → die Lehrer*

Manche Nomen haben **nur** eine **Singularform**, z. B. *das Mehl, der Sand, der Regen*, andere werden **nur** im **Plural** verwendet, z. B.: *die Leute, die Eltern*.

▶ Man kann Nomen **deklinieren**. Je nach ihrer Verwendung im Satz setzt man sie in den entsprechenden Fall (**Kasus**): **Nominativ**, **Genitiv**, **Dativ** oder **Akkusativ**. Als Subjekt (oder Teil eines Subjekts) steht ein Nomen immer im Nominativ; als Objekt (oder Teil eines Objekts) oder Teil einer adverbialen Bestimmung kann es im Genitiv (selten), Dativ oder Akkusativ stehen.

Auf einen Blick

Deklination: Singular			
Kasus (Fall)	**Maskulinum**	**Femininum**	**Neutrum**
Nominativ (wer? was?)	**der** Tisch	**die** Lampe	**das** Bild
Genitiv (wessen?)	**des** Tisches	**der** Lampe	**des** Bildes
Dativ (wem?)	**dem** Tisch	**der** Lampe	**dem** Bild
Akkusativ (wen? was?)	**den** Tisch	**die** Lampe	**das** Bild

Deklination: Plural			
Kasus (Fall)	**Maskulinum**	**Femininum**	**Neutrum**
Nominativ (wer? was?)	**die** Tische	**die** Lampen	**die** Bilder
Genitiv (wessen?)	**der** Tische	**der** Lampen	**der** Bilder
Dativ (wem?)	**den** Tischen	**den** Lampen	**den** Bildern
Akkusativ (wen? was?)	**die** Tische	**die** Lampen	**die** Bilder

Woher weiß man, welcher Kasus vorliegt?

Um den Kasus eines Nomens zuverlässig zu bestimmen, musst du immer den **Satzzusammenhang** berücksichtigen. Das gilt besonders fürs Femininum, wo viele Formen identisch sind. Wenn du z. B. den Kasus eines Nomens wie *Lampe* bestimmen willst, reicht der Blick auf die Endung oder den begleitenden Artikel nicht aus. Erst die **Verwendung in einem Satz** verschafft Klarheit. Stelle deshalb immer die entsprechenden Fragen: *Wer …? Wessen …? Wem …? Wen …?*

Der Schein der Lampe war hell.
Wessen Schein war hell? *der (Schein) der Lampe* → Genitiv

Der Lampe fehlt eine Glühbirne.
Wem fehlt eine Glühbirne? *der Lampe* → Dativ

Beispiel

> Wenn ein Nomen eine Sache bezeichnet, solltest du die **Was-Frage** immer mit der **Wer-Frage** bzw. der **Wen-Frage** kombinieren, um den Kasus zu bestimmen. Die Was-Frage ist nämlich nicht eindeutig und kann sowohl auf Nominativ als auch auf Akkusativ hinweisen.

Tipp

Welche Kasus kommen bei den folgenden Beispielen infrage? Trage jeweils alle Fälle ein, die vorliegen könnten. Orientiere dich an der tabellarischen Übersicht.

Übung 47

a)	die Geschenke	
b)	den Löwen	
c)	der Frage	

Woher weiß man, welchen Kasus man verwenden muss?

Welcher Kasus in einem Satz erforderlich ist, hängt vom zugehörigen **Verb** ab. Falls sich zwischen ein Verb und das zugehörige Nomen eine **Präposition** gedrängt hat, entscheidet diese über den Kasus. Man sagt auch, dass Verben oder Präpositionen den Kasus „regieren".

- **Genitiv-Verben:** (jemandes/etwas) gedenken, erinnern (z. B. *der Toten gedenken, sich eines Vorfalls erinnern*), (sich) erfreuen, annehmen (z. B. *sich des Lebens erfreuen, sich einer Sache annehmen*)
- **Dativ-Verben:** (jemandem) danken, helfen, vertrauen, gefallen, verzeihen (z. B. *dem Freund danken, helfen, vertrauen, …*)
- **Akkusativ-Verben:** (jemanden/etwas) lieben, hassen, kennen, kaufen, mögen, bauen, haben (z. B. *eine Frau lieben, hassen, kennen …*)
- **Genitiv-Präpositionen:** trotz, wegen, statt, anstelle (z. B. *trotz des schlechten Wetters, wegen der guten Noten, statt/anstelle einer Belohnung*)
- **Dativ-Präpositionen:** mit, von, bei (z. B. *mit dem Freund, von einem Fest, bei dem Gewitter*)
- **Akkusativ-Präpositionen:** für, ohne, gegen (z. B. *für den Besuch, ohne den Hund, gegen den Wind*)

Beispiel

Tipp

In manchen Sätzen werden Nomen **ohne** begleitenden **Artikel** verwendet. Um den Kasus solcher Nomen sicher zu bestimmen, kannst du **probeweise** einen Artikel oder ein Pronomen **voranstellen**, z. B. so:
Auf Reisen kann man viel entdecken. → *Auf (den/einigen) Reisen kann man viel entdecken.*
Achte aber darauf, dass du in dem Satz **keine weiteren Veränderungen** vornimmst!

Übung 48   Bestimme den Kasus der unterstrichenen Nomen. Schreibe zusätzlich das Wort heraus, das für den Kasus „verantwortlich" ist (das zugehörige Verb oder die zugehörige Präposition).

Krähen sind extrem clevere Werkzeugnutzer

Krähen können komplizierte Aufgaben[1] mit Hilfe von Werkzeugen lösen [...]. Wissenschaftler in Neuseeland haben mit einem Experiment[2] gezeigt, dass die Tiere ihre Hilfsmittel höchst strategisch zum Einsatz[3] bringen. Der Versuchsaufbau erinnert an ein Geschicklichkeitsspiel[4]: Um an die Belohnung[5] heranzukommen, muss man eine Kiste mit einem Loch[6] öffnen. Dafür braucht man einen langen Stock. Doch der liegt in einer Gitterbox[7]. Und nur mit Hilfe[8] eines zweiten, kleineren Stocks[9] lässt er sich dort herausmanövrieren. Dumm nur, dass dieses so dringend benötigte Hölzchen an einer Schnur von der Decke[10] hängt...
Um an Fleisch[11] zu kommen, können Geradschnabelkrähen [...] diese Aufgaben[12] jedoch durchaus bewältigen, wie Forscher [...] gezeigt haben.

Quelle: Christoph Seidler/ddp, SPIEGEL Online 21. 4. 2010;
http://www.spiegel.de/wissenschaft/natur/kognitive-faehigkeiten-kraehen-sind-extrem-clevere-werkzeug (gekürzt)

12.2 Adjektive

Adjektive kann man **steigern**. Neben ihrer Grundform (**Positiv**) gibt es zwei Steigerungsformen: **Komparativ** und **Superlativ**. Gebildet werden die Steigerungsformen mit den Endungen **-er** und **-(e)st**: z. B. *lieb – lieber – (am) liebsten*.

Man unterscheidet **drei Verwendungsweisen** von Adjektiven:

▶ Als **Attribut** bezieht sich ein Adjektiv auf ein **Nomen**; es passt sich dem Nomen im Kasus an: *der freche Junge, das schüchterne Kind*

▶ Als **Adverb** bezieht es sich auf ein **Verb**; dabei verändert es seine Form nicht: *Der Junge antwortet frech. Das Kind reagierte schüchtern.*

▶ Als Teil des **Prädikats** (z. B. mit *sein, werden*) bezieht es sich auf ein **Nomen** und bleibt ebenfalls unverändert: *Der Junge wird frech. Das Kind ist schüchtern.*

> **Tipp**
>
> Adjektive können in einem Satz **zu Nomen werden**. Sie sind dann oft erkennbar an einem typischen „Nomen-Begleiter", z. B. Indefinitpronomen wie *etwas, nichts, viel*.
> Beispiele: *schlecht → etwas Schlechtes; neu → nichts Neues; gut → viel Gutes*.
> Auch nach manchen Präpositionen wird ein Adjektiv in einem Satz zum Nomen. Dann steht das ursprüngliche Adjektiv – meist Farben – in der Grundform:
> Beispiele: *Er geht bei Grün. Mir gefällt das Auto in Rot. Sie steht auf Pink.*

Übung 49

Unterstreiche im folgenden Text alle Adjektive und bestimme ihre Verwendungsweise: Attribut oder Adverb?

Auch Haie haben Angst

Weiße Haie gelten als die Könige der Weltmeere. Doch Forscher haben nun erstaunt festgestellt, dass sich der große Meeresräuber wohl vor einem anderen Tier gehörig fürchtet: dem Orca.
Indem sie die Haie mit GPS-Sendern ausstatteten, überwachten die amerikanischen Wissenschaftler die Tiere ganz genau. Vor der Küste von San Francisco, wo die gefräßigen Raubfische häufig See-Elefanten jagen, konnten sie wichtige Erkenntnisse gewinnen. Orcas kommen hier nur ab und zu auf ihren weiten Wanderungen vorbei. Tauchten die Schwertwale jedoch auf, verließen die Haie schlagartig die Gewässer und flüchteten eilig hinaus aufs offene Meer. Die weißen Haie haben solche Angst vor den Orcas, dass sie auch nicht so schnell wieder zurückkehren: Oft trauten sie sich ein Jahr lang nicht mehr zurück in ihr altes Jagdrevier – und das, obwohl die Orcas meist schon nach einer Stunde wieder weiterzogen.
Für die jungen See-Elefanten ist das Zusammentreffen der beiden Raubfischarten in ihrem Lebensraum ein Segen. Statt 40 Jungtieren erbeuteten die Haie in Jahren, in denen sich Orcas zeigten, nur noch magere 25 % davon.

Verwendung

12.3 Pronomen

Pronomen nehmen Bezug auf **Nomen:** entweder als deren (vorangestellte) **Begleiter** – oder als deren **Stellvertreter**. Einige Pronomen können beides sein: Begleiter und Stellvertreter eines Nomens; es gibt auch Pronomen, die nur Stellvertreter sein können.

Einen **Sonderfall** bildet das Demonstrativpronomen *das*: Es kann auch Stellvertreter für eine ganze Aussage sein. Dann bezieht es sich rückblickend auf den vorangehenden Satz. (Beispiel: *Heute ist bei uns schulfrei. Das finde ich super.*)

Pronomen als Stellvertreter	Beispiele
Personalpronomen	*Der Junge kam nach Hause. Er war müde.* (er = der Junge)
Relativpronomen	*Die Hose, die du dir gekauft hast, sitzt gut.* (die = die Hose)
Reflexivpronomen	*Die Frau wundert sich.* (sich = die Frau selbst)
Fragepronomen	*Wann fängt das Fußballspiel an?* (wann? = die Uhrzeit)

Pronomen als Stellvertreter <u>oder</u> Begleiter	Beispiele
Demonstrativpronomen	*Diese Musik macht richtig gute Laune.* (*diese* = Begleiter von *Musik*) *Jene gefällt mir gar nicht.* (*jene* = Stellvertreter für *die andere Musik*)
Possessivpronomen	*Meine Wohnung ist mir zu klein.* (*meine* = Begleiter von *Wohnung*) *Eure ist viel größer.* (*eure* = Stellvertreter für *Wohnung*)
Indefinitpronomen	*Kann ich noch etwas Kuchen bekommen?* (*etwas* = Begleiter von *Kuchen*) *Es ist keiner mehr da.* (*keiner* = Stellvertreter für *Kuchen*)

Tipp

> Mithilfe von Pronomen, die sich als **Stellvertreter** verwenden lassen, kannst du ungeschickte **Wortwiederholungen** in einem Text **vermeiden**.
> Achte aber unbedingt darauf, dass die **Bezüge** klar sind und der Leser weiß, wovon du sprichst. Du musst also das Nomen, auf das ein Stellvertreter-Pronomen sich bezieht, bereits genannt haben – und zwar möglichst im Satz davor.

Übung 50 Unterstreiche im Text auf der nächsten Seite die Pronomen. Trage den Fachbegriff für die Art des jeweiligen Pronomens in die rechte Spalte ein. Das Pronomen „es" brauchst du nicht zu berücksichtigen.

Hinweis: Einen Überblick über die verschiedenen Arten von Pronomen findest du auf S. 111.

Vom Startloch zum Startblock

Heute wäre es schwierig, Startlöcher in die modernen Kunststoff-Laufbahnen zu graben. Als die Leichtathleten noch auf Asche liefen, war das allerdings durchaus üblich, jedenfalls auf den Kurzstrecken. Für die erfand der amerikanische Trainer Mike Murphy 1887 den Tiefstart aus der Hocke.

Bei diesem Start bringt der Sprinter mehr Kraft auf die Bahn. Er erreicht daher eine höhere Beschleunigung, allerdings besteht auch die Gefahr, dass ihm dabei die Füße wegrutschen. Deshalb war es üblich, dass die Sportler kleine Schäufelchen mit zum Rennen brachten und sich ihre individuellen Startlöcher gruben.

Das war nicht nur den Platzwarten ein Dorn im Auge, die anschließend die Bahn wieder glätten mussten, die Sportler konnten sich auch verletzen, wenn ihr Fuß am Rand des Startlochs hängen blieb. Es war wieder ein amerikanischer Trainer, George Bresnahan, der im Jahr 1927 den Startblock zum Patent anmeldete – eine genial einfache Erfindung, die sich bis heute nur unwesentlich verändert hat.

Aber die Mühlen der Sportbürokratie mahlen langsam. Während sich die Startblöcke in den USA schnell verbreiteten, betrachtete der internationale Leichtathletikverband IAAF die Entwicklung mit Argwohn.

Zeitweise wurden zwei Weltrekorde geführt, mit und ohne Blöcke. Bei den Olympischen Spielen in Berlin 1936 war schließlich Jesse Owens der letzte Sprint-Olympiasieger, der mit Schäufelchen zum Rennen ging und seine eigenen Startlöcher buddelte. Erst 1937 akzeptierte die IAAF die neue Starthilfe.

Quelle: Christoph Drössler; http://www.zeit.de/2010/20/Stimmts-Sprinter

Art des Pronomens

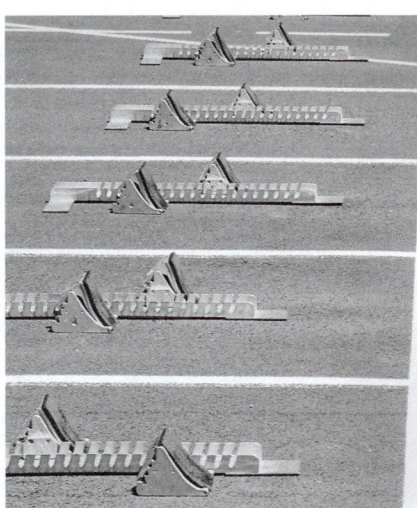

12.4 Verben

Verben können viele Formen haben. Diese erhalten sie durch die **Konjugation**. Man konjugiert ein Verb, indem man dem **Stamm** eine **Endung** hinzufügt. Das konjugierte Verb nennt man auch **finites Verb**. Es gibt Auskunft darüber, …

- auf **wen** sich eine Aussage bezieht: Spricht der Sprecher jemanden direkt an? Oder spricht er über andere (eine Person oder mehrere) oder über sich selbst?
  → **Grammatische Person:** erste, zweite oder dritte Person

- **wie viele** Personen (oder Sachen) es sind, die handeln.
  → **Numerus:** Singular oder Plural

	1., 2., 3. Person
Singular	**ich** gehe, **du** gehst, **er/sie/es** geht
Plural	**wir** gehen, **ihr** geht, **sie** gehen

- **wann** eine Handlung erfolgt: in der Gegenwart, in der Vergangenheit oder in der Zukunft.
  → **Tempus:** siehe S. 119 f.

- ob sich der Blick auf **den Handelnden** oder auf **das Geschehen** richtet.
  → **Genus verbi:** Aktiv oder Passiv, siehe S. 121 f.

- ob eine Aussage als **Feststellung einer Tatsache**, als **Aufforderung**, als **Wiedergabe von Worten** eines anderen oder als **Äußerung einer Vorstellung** oder eines Wunsches zu verstehen ist.
  → **Modus:** Indikativ, Imperativ, Konjunktiv, siehe S. 122 f.

Beispiel

sieg|ten: mehrere Personen; ihre Handlung ist bereits in der Vergangenheit erfolgt (Präteritum), und der Sprecher äußert sich über die Handelnden.

komm|st: eine Person; die Handlung geschieht jetzt oder regelmäßig (Präsens), und der Sprecher spricht die handelnde Person direkt an.

Übung 51

Kreuze alle Informationen an, die in den folgenden Verbformen enthalten sind.

	Singular	Plural	über sich	über andere	zu jemandem
kommt					
frage					
folgst					
erscheinen					
sieht					
wissen					
vergesst					
bleibt					

> **Tipp**
>
> Es gibt auch **trennbare Verben**, die sich im Satz in ihre Bestandteile aufteilen können. Dann rutscht der erste Bestandteil des Verbs ans Satzende, während der Hauptbestandteil auf seiner Position bleibt.
> Beispiele: *auf|stehen – er steht auf, teil|nehmen – sie nimmt teil, davon|laufen – wir laufen davon*
>
> Sollst du in einem Satz das Verb nennen, musst du beide Bestandteile berücksichtigen bzw. sie wieder zusammenfügen.

Die Tempora des Verbs

▶ Die Grundform des Verbs ist der **Infinitiv.** Er setzt sich zusammen aus dem Wortstamm und der Endung *-en*, z. B. *lauf-en, sing-en, lach-en*.

▶ Die grundlegenden Tempora (Zeitformen) sind das **Präsens** und das **Präteritum**. Sie bestehen nur aus einer einzigen Verbform (z. B. *geht; fragte*).

▶ Alle übrigen Tempora bestehen aus mindestens zwei Verbformen: Außer dem eigentlichen Verb, dem **Vollverb**, benötigen sie noch eines der **Hilfsverben** *haben, sein* oder *werden*.

▶ **Unregelmäßige Verben** verändern in einigen Formen ihren Stammvokal, z. B. k*o*mmen – k*a*m – gek*o*mmen, s*i*ngen – s*a*ng – ges*u*ngen.

▶ Eine Sonderform des Verbs ist das **Partizip Präsens.** Es endet immer auf *-end*, z. B. *lachend, weinend, rennend, hüpfend*.

Auf einen Blick

Die Tempora des Verbs		
Präsens	Stamm des Vollverbs + Personalendung	Er sagt. Sie hüpft.
Präteritum	Stamm des Vollverbs + t(e) + Personalendung	Er sagte. Sie hüpfte.
Perfekt	Präsensform von *haben* oder *sein* + Partizip Perfekt des Vollverbs	Er hat gesagt. Sie ist gehüpft.
Plusquamperfekt	Präteritumform von *haben* oder *sein* + Partizip Perfekt des Vollverbs	Er hatte gesagt. Sie war gehüpft.
Futur I	Präsensform von *werden* + Infinitiv des Vollverbs	Er wird sagen. Sie wird hüpfen.
Futur II	Präsensform von *werden* + Partizip Perfekt des Vollverbs + Infinitiv von *haben* oder *sein*	Er wird gesagt haben. Sie wird gehüpft sein.

> **Tipp**
>
> Die Tempora **Perfekt** und **Plusquamperfekt** unterscheiden sich nur in der **Form des Hilfsverbs**: Beim Perfekt stehen *haben* oder *sein* im Präsens, beim Plusquamperfekt im Präteritum. Das passt zu ihrer Verwendungsweise:
>
> - das Perfekt drückt **Vorzeitigkeit** in Bezug auf das **Präsens** aus, z. B.:
>   Ich <u>gehe</u> früh nach Hause. Das <u>habe</u> ich dir ja gestern schon <u>gesagt</u>. (Vorzeitigkeit zum Präsens)
>
> - das Plusquamperfekt drückt **Vorzeitigkeit** in Bezug auf das **Präteritum** aus, z. B.:
>   Der Lehrer <u>bewertete</u> Rolands Leistungen im Fach Deutsch mit einer Eins. Darauf <u>hatte</u> Roland schon lange <u>gehofft</u>. (Vorzeitigkeit zum Präteritum)

Übung 52 Unterstreiche im folgenden Text alle Verbformen und bestimme die Tempora.

Die Broken-Windows[1]-Theorie

Die Verwahrlosung eines Stadtviertels beginnt mit einer zerbrochenen Fensterscheibe, die niemand repariert. Das besagt die sogenannte „Broken-Windows-Theorie", die Stadtplaner vor Jahren in den USA entwickelt haben. Auch Müll, der auf dem Bürgersteig gelandet ist und einfach dort liegen bleibt, trägt dazu bei, dass eine Gegend verkommt. Eine Person, die durch eine solche Straße geht, sagt sich vielleicht: „Ich werde doch nicht den Dreck wegmachen, den andere verursacht haben!" Oder sie fügt den schon entstandenen Schäden oder Verunreinigungen noch weitere hinzu.

Wahrscheinlich glaubt sie: „Auf mich kommt es ja nicht an. Andere haben ja auch schon ihren Unrat hinterlassen." So wird sie ihre leere Cola-Dose einfach fallen lassen. Und nach einiger Zeit wird das ganze Viertel heruntergekommen sein. Das Nachsehen haben die Bürger, die dort wohnen. Sie hatten sich ihr Leben dort bestimmt anders vorgestellt.

Anmerkung: 1 *Broken Windows:* engl.: zerbrochene Fenster

Tempus

Aktiv und Passiv

Wer tut was? Diese Frage beantwortet man mit dem **Aktiv**.
Die Person oder Sache, die aktiv tätig ist, steht dabei im Mittelpunkt und ist das Subjekt im Satz. Das Aktiv ist in der Alltagssprache der Regelfall.

Was wird getan? Auf diese Frage antwortet man mit dem **Passiv**.
Das Hauptaugenmerk liegt auf dem Geschehen und auf demjenigen, mit dem etwas getan wird. Das „Opfer" der Handlung wird deshalb hier zum Subjekt.

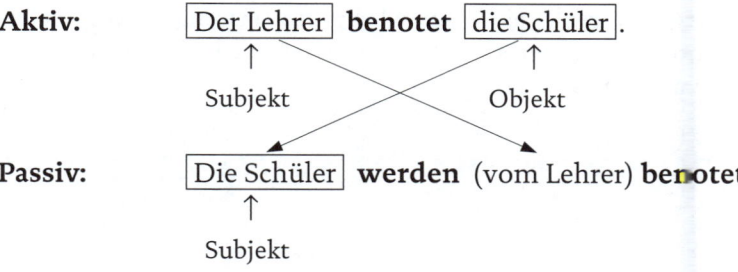

Um das Passiv zu bilden, benötigt man das Hilfsverb *werden* und das Partizip Perfekt. Auch im Passiv können alle **Tempora** des Verbs vorkommen.

Das Passiv in den verschiedenen Tempora					
Präsens	Präteritum	Perfekt	Plusquam-perfekt	Futur I	Futur II
wird benotet	wurde benotet	ist benotet worden	war benotet worden	wird benotet werden	wird benotet worden sein

Den „**Täter**" kann man im Passiv-Satz **verschweigen**, z. B.: *Die Schüler werden benotet.* Es gibt zwei Gründe dafür, den „Täter" nicht zu erwähnen:

▶ Man weiß nicht, wer eine Handlung ausgeführt hat, z. B.:
Ein Auto wurde in Brand gesetzt. (Wer das getan hat, ist nicht bekannt.)

▶ Man hält es für unnötig, den Handelnden zu nennen, z. B.:
Der Einbrecher wurde festgenommen. (Dass es Polizisten gewesen sein müssen, ist ohnehin klar und muss nicht extra gesagt werden.)

1. Wandle die folgenden Aktiv-Sätze in Passiv-Sätze um.

   a) Die Weltraumforschung hat rasante Fortschritte gemacht.

   _____

   b) Inzwischen schicken die Forscher schon Roboter zum Mars.

   _____

   c) Die Roboter sollen wichtige Informationen sammeln.

   _____

   d) Eines Tages werden die ersten Astronauten den Mars anfliegen.

   _____

122 SPRACHKOMPETENZ

2. Der folgende Text steht ausschließlich im Passiv. Wandle die unterstrichenen Sätze ins Aktiv um. Schreibe die überarbeiteten Sätze unten auf.

Big Brother auf dem Mars

¹ <u>Von der russischen Weltraumagentur Roskosmos und der europäischen ESA (European Space Agency) ist ein Experiment organisiert worden</u>: Sechs Männer werden für einen Zeitraum von 520 Tagen in einen Container eingesperrt. <u>Während dieser langen Zeit wird jeder ihrer Schritte von Kameras verfolgt.</u> Die Aufzeichnungen werden ¹⁰ zu Forschungszwecken genutzt. Auf diese Weise wird erprobt, <u>welche Belastungen von den Crewmitgliedern während einer Expedition zum Mars ertragen werden müssen.</u> <u>Die Bedingungen im All wurden von den Forschern möglichst real inszeniert.</u> Nur auf die Schwerelosigkeit wird verzichtet.

Tipp

> **Zu oft** sollte man das **Passiv nicht** verwenden. Zum einen klingt es „unlebendig" (eben nicht „aktiv"), zum anderen kommt es dann zu unschönen Wiederholungen des Hilfsverbs *werden*.

Die Modi: Indikativ, Imperativ und Konjunktiv

Der Begriff „Modus" bedeutet „Art und Weise". Der Modus zeigt an, **wie eine Aussage verstanden** werden soll. Es gibt drei Möglichkeiten:

▶ Der **Indikativ** ist die **Wirklichkeitsform**. Man verwendet ihn, wenn eine Aussage als Tatsache verstanden werden soll – nach dem Motto: So ist es!
Der Indikativ wird im Alltag am häufigsten verwendet, deshalb braucht man seine Formen nicht eigens zu lernen.

Beispiel
Es <u>regnet</u>. Die Hunde <u>bellen</u> schon wieder. Die Sieger <u>wurden</u> gefeiert.

▶ Der **Imperativ** ist die **Befehlsform**. Er wird verwendet, um eine Aufforderung oder einen Befehl auszusprechen – nach dem Motto: So soll es sein!
Bei einigen Verben mit dem Stammvokal e **verändert sich** im Imperativ dieser **Stammvokal**, z. B.: *nehmen → nimm, geben → gib, lesen → lies*.

Beispiel
<u>Mach</u> schneller! <u>Hilf</u> mir bitte beim Tragen. <u>Passt</u> doch <u>auf</u>! <u>Hört</u> euch das <u>an</u>!

▶ Der **Konjunktiv** ist die **Möglichkeitsform**. Mit ihm zeigt man an, dass man **nicht von Tatsachen** spricht – nach dem Motto: So denkt man es sich (nur).
Der Kunstexperte behauptet, dieses Bild <u>sei</u> eine Fälschung.
(keine Tatsache, sondern Wiedergabe einer Meinungsäußerung eines anderen)
Mit einem echten Picasso <u>könnte</u> man einen hohen Preis <u>erzielen</u>.
(keine Tatsache, sondern Äußerung einer Vorstellung)

Beispiel

- Den **Konjunktiv I** verwendet man in der **indirekten Rede**. Damit drückt man aus, dass man nur wiedergibt, was man gehört oder gelesen hat.
  Man bildet den Konjunktiv I, indem man nach dem Stamm ein **e** einfügt (z. B.: *du hab|e|st, er lieg|e;* unregelmäßige Formen bei *sein: er sei, sie seien*). Beim Umwandeln von direkter Rede in indirekte Rede muss man eventuell auch Pronomen verändern: Aus *ich* wird z. B. *er* oder *sie*.
  Leo sagte: „Ich habe keine Zeit." → Leo sagte, <u>er habe</u> keine Zeit.
  Jil meinte: „Ich kann nicht kommen." → Jil meinte, <u>sie könne</u> nicht kommen.

Beispiel

- Den **Konjunktiv II** verwendet man, um etwas zu sagen, das man sich nur vorstellen kann; man weiß genau, dass es **nicht der Realität entspricht**.
  Man bildet den Konjunktiv II aus der Präteritum-Form; dabei werden die Vokale a, o und u oft zu den Umlauten ä, ö und ü *(sehen: sah → sähe; fliegen: flog → flöge; tragen: trug → trüge)*
  Ich <u>wäre</u> gern berühmt. Dann <u>hätte</u> ich viele Fans.

Beispiel

Tipp

> Es kann vorkommen, dass eine **Konjunktiv-Form identisch** ist mit der des **Indikativs**. Dann kannst du **ersatzweise** zu einer anderen Form greifen, und zwar so:
> - unklare Form des Konjunktivs I → Konjunktiv II
>   Beispiel: *Sie sagten, sie <u>kommen</u> später. → Sie sagten, sie <u>kämen</u> später.*
> - unklare Form des Konjunktivs II → Umschreibung mit *würde*
>   Beispiel: *Sie sagten, sie <u>reisten</u> nach Spanien. → Sie sagten, sie <u>würden</u> nach Spanien <u>reisen</u>.*
>
> Die Ersatzform mit *würde* kannst du auch verwenden, wenn die Konjunktiv-Form veraltet klingt:
> *Sie sagten, sie <u>verlören</u> noch den Verstand. → Sie sagten, sie <u>würden</u> noch den Verstand <u>verlieren</u>.*

1. Gib die folgende Meinungsäußerung des Schülers Tom in Form von indirekter Rede wieder. Verwende durchgängig den Konjunktiv I. (→ Heft)
   Hinweis: Beginne mit dem folgenden Begleitsatz (einen weiteren brauchst du nicht hinzuzufügen): *Schüler Tom sagt, manchmal . . .*

Übung 54

„Manchmal ist es im Unterricht so langweilig, dass ich ständig gähnen muss. Ich weiß nicht, weshalb. Aber ich kann das einfach nicht unterdrücken. Es überkommt mich einfach. Komischerweise scheint Gähnen ansteckend zu sein. Denn kaum habe ich damit angefangen, da machen meine Mitschüler es mir nach. Das finde ich seltsam."

2. Die Schülerin Britta hat für ihre Zukunft viele Wünsche und Vorstellungen. Formuliere zu jedem Wunsch einen vollständigen Satz.

Verwende nach Möglichkeit den echten Konjunktiv II. Nur wenn die Form des Konjunktivs nicht von der Form des Indikativs zu unterscheiden ist, verwendest du die Umschreibung mit *würde*.

Das erste Beispiel ist schon gelöst.

Brittas Wünsche:
- a) einen guten Schulabschluss machen
- b) einen interessanten Beruf erlernen
- c) viel Geld verdienen
- d) ein Cabrio fahren
- e) Reitunterricht nehmen
- f) einen netten Mann kennenlernen
- g) eine Traumhochzeit feiern
- h) eine Familie gründen
- i) nach Neuseeland fliegen
- j) genügend Freizeit haben

a) Britta würde gern einen guten Schulabschluss machen.

13 Satzglieder und Satzbau beherrschen

Interaktive Aufgaben:
Grammatikwissen
festigen

13.1 Sätze untergliedern

Jeder Satz ist wie eine Kette von Satzgliedern. Es gibt diese **vier Satzglieder:**

- **Subjekt:** zu erfragen mit: *Wer oder was ...?*
- **Prädikat:** zu erfragen mit: *Was tut ...?*
- **Objekt:** zu erfragen mit: *Wem ...? Wen ...?*
- **adverbiale Bestimmung:** auch „(das) Adverbiale" genannt, zu erfragen mit:
  Wo ...? Wohin ...? Woher ...? → lokal
  Wann ...? Seit wann ...? Bis wann ...? Wie lange ...? → temporal
  Wie ...? → modal
  Warum ...? → kausal

Ein Satz besteht aus **mindestens zwei Satzgliedern:** einem **Subjekt** und einem **Prädikat**. Ob darüber hinaus weitere Satzglieder erforderlich sind, hängt vom Verb ab – und davon, welche Zusatzinformationen man vermitteln will.

> Sätze, bei denen entweder das Subjekt oder das Prädikat fehlt – oder beide –, sind **unvollständig**. Man spricht dann von einer **Ellipse** (oder elliptisch verkürzten Sätzen).

Tipp

Satzglieder können **unterschiedlich lang** sein. Das gilt auch für das Prädikat: Es gibt einstellige, zweistellige und sogar dreistellige Prädikate. Die **Reihenfolge** der Satzglieder ist **nicht festgelegt**. Ein Satz muss also nicht mit dem Subjekt beginnen. Auch ein Adverbiale oder ein Objekt können einen Satz eröffnen.

Beispiel

| Der Wind | weht |.
  ↑   ↑
 Subjekt Prädikat

| Die Blätter | fallen | von den Bäumen |.
  ↑   ↑   ↑
 Subjekt   Prädikat   Adverbiale

| Im Winter | tragen | die Menschen | warme Jacken |.
  ↑   ↑   ↑   ↑
 Adverbiale Prädikat   Subjekt   Objekt

> Um zu ermitteln, welche Wörter zu einem Satzglied gehören, kannst du die **Umstellprobe** machen: Vertausche die Reihenfolge der Satzglieder. Alle Wörter, die zum selben Satzglied gehören, bleiben immer zusammen – egal, welche Position sie im Satz einnehmen.
> Beispiel: *Mein bester Freund hatte gestern Abend einen schlimmen Unfall.*
> Umgestellt: |Gestern Abend| |hatte| |mein bester Freund| |einen schlimmen Unfall|.
> Oder: |Einen schlimmen Unfall| |hatte| |mein bester Freund| |gestern Abend|.

Tipp

Übung 55 Bestimme die Satzglieder in den folgenden Sätzen. Kennzeichne sie wie in den Beispielsätzen auf S. 125.

a) Lachen ist gesund.

b) Diese Erkenntnis haben Forscher schon vor langer Zeit gewonnen.

c) Lachen lockert die Muskeln und setzt Glückshormone frei.

d) Kinder beherrschen diese Gefühlsäußerung am besten.

e) Laut wissenschaftlichen Untersuchungen lachen Kinder rund 400 Mal am Tag.

13.2 Hauptsätze und Nebensätze unterscheiden

Hauptsätze erkennst du an der **Position des finiten Verbs** (also des Verbs mit der Personalendung). Im Hauptsatz steht das finite Verb immer auf der Position des zweiten Satzglieds, im **Nebensatz** rückt es dagegen in der Regel ganz ans Ende des Satzes.
Aufeinanderfolgende Hauptsätze bilden eine **Satzreihe** (auch: Satzverbindung). Die Verbindung eines Hauptsatzes mit einem Nebensatz (oder mit mehreren) bildet ein **Satzgefüge**.
Die Reihenfolge ist dabei nicht festgelegt: Der Nebensatz kann im Satzgefüge vor oder nach dem Hauptsatz stehen oder auch in ihn eingeschoben sein.

Beispiel

Satzreihe Hauptsatz + Hauptsatz	*Kinder können sich an vielen Dingen erfreuen,* (Hauptsatz) *deshalb lachen sie viel öfter als Erwachsene.* (Hauptsatz)
Satzgefüge Hauptsatz + Nebensatz	*Das Lachen vergeht ihnen aber manchmal,* (Hauptsatz) *wenn sie älter werden.* (Nebensatz)

Tipp

An der **Position des finiten Verbs** kannst du **am sichersten** erkennen, ob es sich bei einem Satz um einen Hauptsatz oder um einen Nebensatz handelt.
Zwar weist oft auch eine **einleitende Konjunktion** auf einen Nebensatz hin. Aber dieses Erkennungsmerkmal ist **unsicher:** Zum einen gibt es auch Nebensätze, die **nicht** mit einer Konjunktion beginnen (z. B. Relativsätze, vgl. S. 130); zum anderen können auch Hauptsätze mit einer (nebenordnenden) Konjunktion beginnen (z. B. *denn, und, aber*).

Übung 56

1. Markiere im folgenden Text die finiten Verben. Unterstreiche dann alle Nebensätze.

   Hinweis: Erweiterte Infinitivkonstruktionen mit „zu" sind verkürzte Nebensätze. (Beispiel: *Ich bitte dich, zu mir zu kommen.* → Kurz für: *Ich bitte dich, dass du zu mir kommst.*) Du brauchst sie nicht zu berücksichtigen.

   Flugstaffel Walsrode

   1 [...] Trotz des Regens sind die Bänke an der Bühne fast voll besetzt. Eine Schulklasse ist in den Vogelpark Walsrode gekommen, und ein paar Familien mit
   5 Kindern sind da. Gespannt starren sie alle auf einen großen Baum. Dann plötzlich schießt ein schwarz gefiederter Vogel unter den tief hängenden Ästen hervor. Er segelt ein Stück über den
   10 Rasen und landet elegant auf dem Unterarm seines Trainers German Alonso. Der Truthahngeier Sherlock ist bereit für seine Mission: Er soll ein Leichentuch aufspüren,
   15 das Alonso kurz zuvor in einem Rasenloch versteckt hat. Sherlock springt auf den Rasen und schreitet auf und ab. Nur wenige Augenblicke später zupft er mit seinem Schnabel die Beute hervor.
   20 Er hat seinen Auftrag ausgeführt. Das Leichentuch hat eine Medizinische Hochschule geliefert, die nicht genannt werden will. Zu makaber könnte das Spektakel wirken, wenn man nicht den
   25 tieferen Sinn kennt: Alonso soll seinem Geier beibringen, Leichen aufzuspüren. Der Auftrag dazu kam vor drei Jahren von höchster Stelle [...].
   Bisher helfen speziell ausgebil-
   30 dete Spürhunde bei der Leichensuche. Hunde verfügen über 300 Millionen Riechzellen in der Nase, denen auch viele Jahre alte Spu-
   35 ren nicht entgehen. Das Problem besteht darin: Nur mit geschlossener Schnauze können Hunde alle Duftspuren orten, nach fünfzehn Minuten Ein-
   40 satz brauchen sie eine Pause. Ein Leichenspürhund kann deshalb nur maximal 100 Quadratmeter am Tag absuchen. Falls er auf unwegsamem Terrain eingesetzt wird, schafft er sogar noch weni-
   45 ger. [...]

   Quelle: Nadine Querfurth, in: Zeit Wissen 1/2010; http://www.zeit.de/zeit-wissen/2010/01/Geier-im-Polizeidienst

2. Satzreihe oder Satzgefüge? Kreuze entsprechend an.

		Satzreihe	Satzgefüge
a)	Man weiß nicht, wie erfolgreich das Training von Truthahngeiern sein wird.	☐	☐
b)	Es gibt nämlich nur wenige dieser Geier, denn sie werden nur selten gezüchtet.	☐	☐
c)	Ob Truthahngeier zwischen dem Geruch toter Tiere und toter Menschen unterscheiden können, ist auch noch unklar.	☐	☐
d)	Es kann sein, dass sie im Ernstfall statt eines toten Menschen nur tote Mäuse finden.	☐	☐
e)	Die Treffsicherheit der Vögel muss erst genau geprüft werden, und das kann noch einige Zeit dauern.	☐	☐

13.3 Sätze verbinden

Interaktive Aufgaben: Texte überarbeiten

In einem guten Text werden Sätze nicht einfach nur aneinandergereiht, denn sie hängen inhaltlich zusammen. Du solltest möglichst oft versuchen, den logischen **Zusammenhang** zwischen aufeinanderfolgenden Sätzen **zu verdeutlichen**. Am besten verwendest du dafür **Konjunktionen** oder **Adverbien** (s. unten) oder auch **adverbiale Bestimmungen** („kurze Zeit später", „trotz des Regens").

Beispiel In diesem Textauszug werden die Sätze praktisch nur aufgezählt:

> Mehrere Jugendliche haben sich bei einer Autowerkstatt um einen Ausbildungsplatz beworben. Nur einige von ihnen sind zu einem Gespräch eingeladen worden. Die Vorstellungsrunde beginnt. Die Bewerber sollen über ihre Interessen an dieser Ausbildung sprechen. Der 16-jährige Nils ist an der Reihe. Er weiß nichts zu sagen.

Hier werden durch Konjunktionen oder Adverbien Zusammenhänge aufgezeigt:

> Mehrere Jugendliche haben sich bei einer Autowerkstatt um einen Ausbildungsplatz beworben, <u>aber</u> nur einige von ihnen sind zu einem Gespräch eingeladen worden. <u>Als</u> die Vorstellungsrunde beginnt, sollen die Bewerber <u>zuerst</u> über ihre Interessen an dieser Ausbildung sprechen. <u>Zu Beginn</u> ist der 16-jährige Nils ist an der Reihe; <u>allerdings</u> weiß er nichts zu sagen.

Auf einen Blick

Sätze verbinden mit Konjunktionen und Adverbien			
Zusammenhang	**Fachbegriff**	**Konjunktionen**	**Adverbien**
Aufzählung	additiv	und, (so)wie, sowohl – als auch; Verneinung: weder – noch	außerdem, auch, zusätzlich
Auswahl	alternativ	oder, entweder – oder, bzw.	–
Grund	kausal	denn, weil, da	darum, daher, vorsichtshalber
Gegengrund	konzessiv	obwohl, obgleich	trotzdem, allerdings
Gegensatz	adversativ	aber, (je)doch, während, sondern	(je)doch, dagegen
Zeit	temporal	als, bevor, nachdem, während, seit(dem), (dann) wenn, bis, solange	dann, anschließend, oft, währenddessen, immer, damals, zuerst, zunächst
Ort	lokal	–	hier, da, dort, dorthin
Bedingung	konditional	(nur) wenn, falls, sofern	ansonsten, sonst, andernfalls
Art und Weise	modal	indem, dadurch dass	dadurch, so, derart
Zweck	final	damit, dass, auf dass	dafür, deshalb
Folge	konsekutiv	so …, dass; sodass	folglich, also

Satzglieder und Satzbau beherrschen

Tipp

Adverbien leiten immer **Hauptsätze** ein. Das erkennst du daran, dass nach einem Adverb, das am Satzanfang steht, immer sofort **das finite Verb folgt**. Nach einer nebenordnenden Konjunktion, die einen Hauptsatz einleitet, ist das dagegen nicht der Fall; auf die Konjunktion folgt z. B. das Subjekt (oder ein anderes Satzglied).

Beispiel: *Die Abschlussprüfung rückt immer näher. Einige Schüler bereiten sich nicht darauf vor.*

- mit **Adverb** am Anfang des zweiten Hauptsatzes:
  *Die Abschlussprüfung rückt immer näher, **trotzdem** bereiten sich einige Schüler nicht darauf vor.* → Reihenfolge der Satzglieder verändert: dem Adverb folgt unmittelbar das finite Verb

- mit **Konjunktion** am Anfang des zweiten Hauptsatzes:
  *Die Abschlussprüfung rückt immer näher, **aber** einige Schüler bereiten sich nicht darauf vor.*
  → Reihenfolge der Satzglieder unverändert: der Konjunktion folgt das Subjekt

Übung 57

Verbinde die folgenden Satzpaare durch passende Konjunktionen oder Adverbien. Du kannst die Reihenfolge der Sätze ändern. Denke an das Komma!

Hinweis: In der tabellarischen Übersicht (S. 128) findest du Anregungen für die Auswahl von Konjunktionen und Adverbien.

a) Es stehen nicht mehr genügend Bewerber für Lehrstellen zur Verfügung. Die Betriebe klagen zunehmend darüber.

b) Die Anzahl der Abiturienten ist gestiegen. Es gibt einen Rückgang bei den Schulabgängern an Haupt- und Realschulen.

c) Die Abiturienten möchten lieber an einer Universität studieren. Die Lehrstellen in einem Betrieb haben an Attraktivität verloren.

d) Bei der Firma Siemens ist die Zahl der Bewerber deutlich gesunken. Sogar große Betriebe werben inzwischen um Auszubildende.

e) Man sollte sich auf ein Bewerbungsgespräch vorbereiten. Es gibt nicht mehr so viele Konkurrenten um einen Ausbildungsplatz.

f) Der erste Eindruck ist oft entscheidend. Man sollte angemessen gekleidet sein.

13.4 Relativsätze geschickt nutzen

Relativsätze sind eine besondere Art von Nebensätzen: Sie **beziehen sich** auf etwas oder jemanden **zurück**, von dem gerade die Rede gewesen ist. Der Zusammenhang zwischen dem Relativsatz und dem zugehörigen Hauptsatz wird durch **Relativpronomen** *(der/die/das; welcher/welche/welches)* hergestellt. Ein Relativsatz steht entweder nach dem Hauptsatz oder er ist in ihn eingeschoben.

Beispiel

Das Internet speichert dauerhaft Einträge, die uns später einmal peinlich sein können. (Nachfolgender Relativsatz)
Peinliche Fotos, die wir aus einer Laune heraus ins Netz gestellt haben, lassen sich nicht so einfach wieder löschen. (Eingeschobener Relativsatz)

Tipp

> Mithilfe von Relativsätzen kannst du Sätze mit sehr langen Attributen **übersichtlicher** machen.
> Beispiel: *Allzu sorglos ins Internet gestellte Daten können den User später einmal in Schwierigkeiten bringen.* (Attribut) → *Daten, die allzu sorglos ins Internet gestellt wurden, können den User später einmal in Schwierigkeiten bringen.* (Relativsatz)

Übung 58

Wandle jeweils den zweiten Satz in einen Relativsatz um. Füge ihn entweder in den vorangestellten Hauptsatz ein oder lass ihn dem Hauptsatz folgen.

a) Bei jedem Surfen im Internet hinterlassen wir Spuren. Die Spuren lassen sich nicht so leicht löschen.

b) Es handelt sich stets nur um ein paar Daten. Unser Computer speichert die Daten und kann sie preisgeben.

c) Manchmal sind es nur einzelne Wörter. Wir haben die Wörter in Suchmaschinen eingegeben.

d) Bewerber können in einem Vorstellungsgespräch einen schlechten Eindruck machen. Sie haben allzu private Daten im Internet hinterlassen.

e) Inzwischen geben viele Chefs die Namen der Bewerber in eine Suchmaschine ein. Die Bewerber sollen sich bei ihnen vorstellen.

f) Ein Chef wird einem Bewerber kein großes Vertrauen entgegenbringen. Der Chef hat im Internet peinliche Fotos von dem Bewerber entdeckt.

13.5 „Das" und „dass" auseinanderhalten

Die Frage, ob du *das* oder *dass* schreiben musst, mag dir als ein Problem der Rechtschreibung vorkommen. In Wirklichkeit ist es ein Grammatikproblem: Das Wort *das* ist entweder ein **Artikel**, ein **Demonstrativpronomen** oder ein **Relativpronomen**, das Wort *dass* ist immer eine **Konjunktion**.

Interaktive Aufgaben: Rechtschreibung und Zeichensetzung üben

Auf einen Blick

Der Unterschied zwischen *das* und *dass*	

Das Wort ***das*** kann dreierlei sein:
• ein **Artikel**.
  Bsp.: <u>das</u> Geld, <u>das</u> Essen, <u>das</u> Spielen…
• ein **Relativpronomen**. Es verweist immer zurück auf etwas, das gerade genannt wurde.
  Bsp.: Kennst du <u>das Mädchen</u>, <u>das</u> dort steht?
• ein **Demonstrativpronomen**. Es verweist meist auf mehrere Wörter zurück, die unmittelbar zuvor genannt worden sind.
  Bsp.: <u>Du kommst früh</u>. <u>Das</u> hätte ich nicht gedacht.
	Das Wort ***dass*** ist immer:
	• eine **Konjunktion**. Sie leitet einen nachfolgenden Nebensatz ein, weist also immer nach vorne (nicht zurück).
	  Bsp.: Er weiß, <u>dass es schon spät ist</u>.
	Beachte: Der Nebensatz kann auch an erster Stelle stehen.
	  Bsp.: <u>Dass wir uns so schnell wieder sehen</u>, hätte ich nicht gedacht.

Es ist relativ leicht, den Artikel *das* in einem Satz zu identifizieren. Aber ob es sich bei dem Wort *das/dass* um ein Demonstrativpronomen, ein Relativpronomen oder eine Konjunktion handelt, ist meist nicht so einfach zu erkennen. Du kannst jedoch eine **Probe** durchführen, um es herauszufinden:

▶ Lässt sich das Wort *das/dass* durch das Wort *welches* ersetzen? Dann handelt es sich um das **Relativpronomen** <u>das</u>.

▶ Lässt sich das Wort *das/dass* durch das Wort *dieses* ersetzen? Dann handelt es sich um das **Demonstrativpronomen** <u>das</u>.

▶ Ist kein Austausch möglich? Dann handelt es sich um die **Konjunktion** <u>dass</u>.

Es ist erstaunlich, <u>das/dass</u> (?) ein Vulkanausbruch den ganzen Flugverkehr lahmlegen kann.

1. Probe: *Es ist erstaunlich, <u>welches</u> ein Vulkanausbruch …* → nicht möglich

2. Probe: *Es ist erstaunlich, <u>dieses</u> ein Vulkanausbruch …* → nicht möglich

Also handelt es sich um die Konjunktion *dass*: *Es ist erstaunlich, <u>dass</u> ein Vulkanausbruch den ganzen Flugverkehr lahmlegen kann.*

Beispiel

Tipp

> Die Konjunktion *dass* folgt häufig nach Formulierungen, die ausdrücken, dass eine Person (oder mehrere) **etwas denkt, fühlt oder sagt**. Am besten merkst du dir die typische Satzstruktur:
> *Ich weiß, dass … Mein Freund hat gesagt, dass … Sie hofft sehr, dass …*
> *Viele Menschen glauben, dass … Man hat gehört, dass … Es ist bekannt, dass …*

SPRACHKOMPETENZ

Übung 59

1. Was ist richtig: *das* oder *dass*? Trage die richtige Schreibweise in den Text ein.
2. Ordne die Wörter *(das/dass)* der jeweiligen Wortart zu. Orientiere dich an der Verwendung im Satz. Trage die Lösung in die rechte Spalte ein.

Letzte Chance für ein normales Leben

Wer einmal notorischer Blaumacher ist, findet nur schwer zurück in die Schule. In Berlin gibt es ein Internatsprojekt, _____ notorischen Schwänzern helfen soll, diesen Teufelskreis zu durchbrechen. _____ ist ihre letzte Chance.

Sie sind zwischen 12 und 16 Jahre alt und kommen aus Berlin-Neukölln. Eines haben die Jungen und Mädchen gemeinsam: _____ sie die Schule zuletzt nur selten besuchten. _____ hat sich inzwischen geändert. Denn jetzt lernen sie im Internat „Leben und Lernen".

Von Sonntagabend bis Freitagnachmittag werden die Schüler dort ganztags betreut. Ganze 2 400 Euro kostet _____ pro Schüler – monatlich. Die Eltern zahlen davon _____, was _____ Familieneinkommen zulässt. Den Rest trägt _____ Jugendamt. _____ entscheidet auch, wer aufgenommen wird – gemeinsam mit den Mitarbeitern der Wohngruppe und den Lehrern.

Ziel des Projekts ist es, _____ sich die Kinder an klare Strukturen gewöhnen. Um die Gewohnheiten zu durchbrechen, setzt _____ Internat auf Tagesstrukturen mit wenig persönlichen Rückzugsmöglichkeiten. Mit Ausnahme eines Einzelzimmers gibt es nur Doppelzimmer. Die aber sind so ausgestattet, _____ jeder einen eigenen Schreibtisch und etwas Platz für persönliche Dinge hat.

Die Nutzung des Telefons wird nur eingeschränkt erlaubt, _____ gilt auch für Handys. Klar geregelt ist, _____ die Schüler zu einer bestimmten Zeit aufstehen müssen und _____ sie den Putzdienst für die Zimmer und Gemeinschaftsräume leisten müssen.

Einfach ist die Arbeit nicht [...]. Denn wer im Internat lebt, steigt nicht automatisch ins normale Schulleben ein. _____ ist ein Entwicklungsprozess [...].

Quelle: Mandy Hannemann, news.de 2009, www.news.de/gesellschaft/ 855026951/letzte-chance-auf-ein-normales-leben/ (gekürzt und leicht geändert)

Wortart

Merkwissen

Digitales Glossar: Fachbegriffe nachschlagen

MindCards: Wichtiges wiederholen

Stilmittel

Ein Autor setzt Stilmittel bewusst ein, um eine bestimmte Wirkung zu erzielen. Aus der Vielzahl an Stilmitteln werden hier die häufigsten aufgeführt. Ihre Wirkung (gekennzeichnet mit →) wird allgemein beschrieben, im konkreten Einzelfall musst du sie auf den Text abstimmen.

Alliteration: gleicher Anlaut aufeinanderfolgender Wörter → Betonung, Einprägsamkeit, lautmalerisch, melodisch
Beispiel: *Kind und Kegel, wahre Wunder*

Anapher: Wiederholung gleicher Vers- oder Satzanfänge (Gegenteil: Epipher) → Hervorhebung, oft Ausdruck von Gefühlen
Beispiel: *Das Wasser rauscht | Das Wasser schwoll.*

Antithese: Gegenüberstellung von gegensätzlichen Begriffen oder Gedanken → Betonung des Gegensatzes
Beispiel: *Friede den Hütten | Krieg den Palästen, Himmel und Hölle*

Antonym: Begriff mit gegensätzlicher Bedeutung (Gegenteil: Synonym) → Gegenüberstellung von Dingen, Ideen
Beispiel: *lang – kurz, kaufen – verkaufen*

Archaismus: veralteter, heute nicht mehr gebräuchlicher Begriff (Gegenteil: Neologismus) → Charakterisierung des Sprechers, Darstellung eines bestimmten Zeitgeistes
Beispiel: *Oheim (für: Onkel), Fremdenverkehrsamt (für: Touristeninformation)*

Assonanz: Gleichklang von Vokalen in benachbarten Wörtern, Vokalhäufung, v.a. in der Lyrik → Erzeugen einer bestimmten Stimmung, melodisch
Beispiel: *will verblühen – in der Frühe, Ottos Mops kotzt*

Beispiel: → Veranschaulichung, Verdeutlichung
Beispiel: *Kinder lieben Süßes; wenn z. B. der Eismann kommt, hält sie nichts ...*

Chiasmus: Überkreuzstellung von Sätzen oder Satzteilen → Verstärkung, Betonung
Beispiel: *Ich weiß nicht, was ich will, ich will nicht, was ich weiß.*

Ellipse: verkürzter, unvollständiger Satz durch Auslassung von Satzteilen → erregtes, gefühlsbetontes Sprechen (Ausdruck von Freude, Angst, Entsetzen, Erleichterung, Verzweiflung), auch typisch für die Umgangssprache
Beispiel: *Je früher (du kommst), desto besser (finde ich es). Endlich (bin ich) allein!*

Enjambement: Zeilensprung in der Lyrik; ein Satz erstreckt sich über zwei oder mehr Verse → Lebendigkeit, Abwechslung, Erzeugen von Spannung, Hervorhebung bestimmter Wörter/Satzteile
Beispiel: *Daraus rennt | Mit wildem Sprunge | Ein Tiger hervor*

Epipher: Wiederholung gleicher Vers- oder Satzenden (Gegenteil: Anapher) → Hervorhebung, oft Ausdruck von Gefühlen
Beispiel: *Doch alle Lust will Ewigkeit –, – will tiefe, tiefe Ewigkeit!*

Euphemismus: beschönigender Ausdruck, Ersetzung eines unangenehm oder anstößig wirkenden Ausdrucks durch einen weniger verletzenden → Verschleierung, Abmilderung
Beispiel: *entschlummern, ableben, entschlafen* (statt: *sterben*)

Hyperbel: sehr starke Übertreibung → Hervorhebung, manchmal auch ironisch gemeint (versteckte Kritik)
Beispiel: *ein Meer von Tränen, himmelhoch jauchzend, zu Tode betrübt*

Inversion: Umstellung der normalen Satzstellung → Verstärkung, Hervorhebung des Satzanfangs
Beispiel: *Unendlich mühsam war der Weg!* (statt: *Der Weg war unendlich mühsam.*)

Ironie: versteckter, feiner Spott, meint das Gegenteil des Gesagten → humorvolle Kritik, Bloßstellung von Missständen
Beispiel: *Du bist mir ein schöner Freund.*

Klimax: Steigerung → Hervorhebung
Beispiel: *Sie arbeiten täglich zehn, zwölf, ja vierzehn Stunden am Erfolg!*

Lautmalerei: Nachahmung von Klängen, Lauten → Veranschaulichung, Verlebendigung, Spiel mit der Sprache
Beispiel: *Klingeling, Das Feuer leckt, knistert und zischt.*

Litotes: doppelte Verneinung → Hervorhebung durch Untertreibung
Beispiel: *nicht selten* (statt: *oft*), *nicht unschön* (statt: *schön*)

Metapher: bildhafter Ausdruck mit übertragener Bedeutung, nicht wortwörtlich zu verstehen, Vergleich ohne Vergleichswort → Veranschaulichung, sprachliche Verdichtung, Betonung
Beispiel: *Flug der Gedanken* (statt: *Die Gedanken bewegen sich so leicht, als ob sie fliegen könnten.*), *Bücher verschlingen* (statt: *sehr gerne lesen*), *Rabenvater* (statt: *schlechter Vater*)

Neologismus: Wortneuschöpfung, nicht im gängigen Sprachgebrauch enthalten (Gegenteil: Archaismus) → starke Aussagekraft, oft Sprachspielerei
Beispiel: *wirrflirrbunt*

Oxymoron: Verbindung von gegensätzlichen, einander ausschließenden Begriffen → stutzig machen
Beispiel: *stummer Schrei, alter Knabe, verschlimmbessern*

Parallelismus: Folge von gleich oder ähnlich gebauten Sätzen oder Satzteilen → Verstärkung, Betonung
Beispiel: *Schnell lief er hin, langsam kam er zurück.*

Parenthese: Einschub in einen Satz → ergänzender, kommentierender Gedanke, Betonung, evtl. aufgeregtes Sprechen
Beispiel: *Sein letzter Besuch – ich werde es nie vergessen – hat uns viel Gutes gebracht.*

Personifikation: Gegenstände / Begriffe werden vermenschlicht → Veranschaulichung, Verlebendigung
Beispiel: *Mutter Natur, die Säge kreischt*

Pleonasmus: überflüssige Information durch die Verbindung mehrerer Wörter mit gleicher Bedeutung → Verstärkung, Betonung, auch Ironisierung
Beispiel: *zwei Zwillinge, schweig still*

Pointe: Höhe-/Schlusspunkt bei Anekdote, Glosse, Kurzgeschichte oder Witz → Auslösen eines Überraschungseffekts

Rhetorische Frage: Scheinfrage, die keine Antwort erwartet → Betonung der Aussage, Anregung zum Nachdenken
Beispiel: *Machen wir nicht alle Fehler?*

Sarkasmus: beißender Spott, verletzender Hohn → bloßstellen, Missstände aufdecken, Ausdruck von Bitterkeit

Satire: Kritik durch scharfen Witz, Übertreibung, Ironie und beißenden Spott (auch Textsorte) → etwas oder jemanden lächerlich machen, angreifen

Symbol: Sinnbild, verweist (anders als die Metapher) auf einen umfassenden Bereich, der meist in einer sprachlichen oder kulturellen Tradition begründet ist und mit dem eine Vielzahl von Vorstellungen und Gefühlen verbunden sind → Veranschaulichung, starke sprachliche Verdichtung, Betonung
Beispiel: *Teufel* (Symbol des Bösen), *Ring* (Symbol der Treue)

Synonym: Wort mit gleicher oder sehr ähnlicher Bedeutung (Gegenteil: Antonym) → sprachliche Abwechslung
Beispiel: *Pferd, Ross, Gaul, Mähre, Reittier*

Vergleich: Aufzeigen von Ähnlichkeiten zwischen einem bildhaften Ausdruck und einer Sache oder Person mithilfe eines Vergleichswortes (z. B. *wie, als ob*) → Veranschaulichung
Beispiel: *Sie ist stark wie ein Löwe. Er stolziert, als ob er der Kaiser von China wäre.*

Wiederholung: mehrmalige Verwendung eines Wortes oder einer Wortgruppe → Hervorhebung, Betonung
Beispiel: *Die Frau war in großer Eile. Man sah ihr die Eile an.*

Wortspiel: Ausnutzen von sprachlicher Vieldeutigkeit → witzig, geistreich
Beispiel: *Ich habe den Saal schon voller und leerer gesehen, aber so voller Lehrer noch nie.*

Zynismus: verächtlicher, beißender Spott unter Missachtung von gesellschaftlichen Konventionen und von Gefühlen anderer → Missstände aufdecken, Protest, Ausdruck von Resignation oder empfundener Sinnlosigkeit

Arbeitsaufträge (Operatoren)

In der **Prüfung** wirst du in den **Aufgabenstellungen** mit verschiedenen Verben (sogenannten Operatoren) dazu aufgefordert, etwas zu tun. Meist geht es darum, dass du dich **in einer ganz bestimmten Art und Weise** zu einem Text oder einem Thema **äußern** sollst. Es ist wichtig, dass du die Bedeutungen dieser Verben unterscheiden kannst, damit du immer genau weißt, **was von dir verlangt wird**. Die folgende Übersicht hilft dir dabei.

analysieren: etwas in seine Bestandteile zerlegen; sagen, aus welchen Einzelheiten es besteht
→ *einen Text analysieren*: untersuchen, aus welchen Abschnitten ein Text besteht, welche Satzstrukturen er aufweist, welche (auffälligen) Wörter darin enthalten sind, was seine Aussage ist usw.

belegen: etwas beweisen, anhand von Verweisen oder Zitaten nachweisen, dass eine Aussage stimmt (oder nicht stimmt)
→ *am Text belegen*: Textstellen (Zitat) oder Fundstellen (Seite, Zeile) anführen, die zeigen, dass und ggf. warum etwas so ist, wie behauptet

begründen: den Grund für etwas angeben
→ *eine Meinung begründen*: sagen, weshalb man diese Meinung vertritt

berichten: das Wesentliche eines Geschehens sachlich, in richtiger zeitlicher Reihenfolge darstellen
→ *von einem Ereignis berichten*: knapp sagen, was wann wo wem warum passiert ist

beschreiben: mit eigenen Worten sagen, wie eine Person oder Sache ist/aussieht
→ *die Form eines Gedichts beschreiben*: sagen, wie die äußere Form des Textes aussieht (Strophen, Verse usw.)

beurteilen: ein eigenständiges Urteil zu etwas/jemandem äußern und es begründen
→ *das Verhalten einer Figur beurteilen*: das Verhalten einschätzen (z. B. als zuverlässig) und sagen, warum man so denkt

bewerten: ein Werturteil zu etwas abgeben, sagen, wie man etwas findet (gut oder schlecht) und warum
→ *eine Aussage bewerten*: begründet sagen, was man von der Aussage hält

darstellen: auf neutrale Weise und mit eigenen Worten sagen, was für ein Sachverhalt vorliegt
→ *eine Situation darstellen*: ohne Wertung sagen, wie die Lage ist und wie es dazu kam

einordnen: sagen, in welchen Zusammenhang etwas gehört oder passt
→ *in das Textgeschehen einordnen*: sagen, an welche Stelle der dargestellten Handlung etwas einzufügen ist

erklären: die Ursachen oder Gründe von etwas ausführlich darstellen, Zusammenhänge herstellen
→ *ein Verhalten erklären*: ausführlich sagen, warum sich jemand auf eine bestimmte Art und Weise verhält, indem man Zusammenhänge aufzeigt (z. B. was vorher geschehen ist, was die Absicht dieser Person ist, wie sie sich fühlt usw.)

erläutern: Inhalte oder Aussagen veranschaulichen und nachvollziehbar machen
→ *den Sinn einer Textstelle erläutern*: sagen, wie die Textstelle zu verstehen ist

erörtern: ein Problem diskutieren, unterschiedliche Positionen abwägen und eine Schlussfolgerung erarbeiten
→ *eine Fragestellung erörtern*: Argumente ausführen und gegeneinander abwägen, um am Ende ein Fazit daraus zu ziehen

erwähnen: etwas beiläufig nennen
→ *einen Vorfall erwähnen*: in einem bestimmten Zusammenhang kurz auf den Vorfall zu sprechen kommen

gliedern: einen Text in Sinnabschnitte einteilen, ihn strukturieren
→ *einen Aufsatz gliedern*: ihn sinnvoll unterteilen (z. B. in Einleitung, Hauptteil, Schluss; der Hauptteil ist wiederum in Absätze untergliedert)

herausarbeiten: Sachverhalte aus dem Zusammenhang isolieren und auf den Punkt gebracht darstellen
→ *die Kritik des Autors herausarbeiten*: prägnant sagen, worin genau die Kritik besteht

interpretieren: Kernaussagen eines Textes erfassen, Zusammenhänge erkennen, Schlüsse ziehen und die Inhalte deuten
→ *einen Text interpretieren:* sagen, wie der Text zu verstehen ist, was darin zum Ausdruck kommt und was es bedeutet

nennen: etwas knapp, ohne ausführliche Erklärung oder Begründung anführen
→ *verschiedene Möglichkeiten nennen:* die Möglichkeiten aufzählen, ohne zu begründen, zu bewerten usw.

schildern: etwas sehr ausführlich und anschaulich darstellen (eine Situation, eine Atmosphäre …)
→ *schildern, wie die Stimmung ist*

Stellung nehmen: sich ein Urteil über etwas bilden, eine eigene Position dazu vertreten und diese begründen
→ *zu einer Aussage Stellung nehmen:* sagen, was man von der Aussage hält, welcher Meinung man selbst ist und warum

überprüfen: etwas genau betrachten und beurteilen, dabei ggf. Fehler oder Widersprüche aufdecken
→ *eine Aussage überprüfen:* sagen, wie die Aussage nach eigenem Kenntnisstand einzuschätzen ist (z. B. un-/glaubwürdig)

umschreiben: die Bedeutung eines Wortes oder Satzes mit mehreren (anderen) Worten zum Ausdruck bringen
→ *das Wort „Mobbing" umschreiben:* mit mehreren Worten sagen, was „Mobbing" bedeutet

untersuchen: etwas nach vorgegebenen Kriterien prüfen, Zusammenhänge herstellen und Ergebnisse formulieren
→ *einen Text untersuchen:* ihn in Einzelheiten zerlegen (Sinnabschnitte, Wortgruppen usw.), seine Eigenheiten und Besonderheiten feststellen und die Ergebnisse zusammenfassend darstellen

verfassen: einen zusammenhängenden Text schreiben
→ *einen Bericht verfassen:* nach den Regeln der Textsorte Bericht einen eigenen Text erstellen

vergleichen: Gemeinsamkeiten und Unterschiede von zwei oder mehr Dingen herausfinden und darstellen
→ *zwei Gedichte vergleichen:* beide Texte gegenüberstellen und sagen, was an ihnen ähnlich und was verschieden ist (z. B. Aufbau, Thema)

wiedergeben: knapp und sachlich sagen, was geschehen ist oder was in einem Text dargestellt ist
→ *die Handlung eines Texts wiedergeben:* sie in eigenen Worten formulieren

zitieren: einen Text oder Textauszug exakt wie in der Vorlage wiedergeben, dabei Anführungszeichen setzen und die Quelle angeben
→ *eine Textstelle zitieren:* den genauen Wortlaut aufschreiben und die zugehörige Seite oder Zeile angeben

zusammenfassen: wichtige Aussagen oder Inhalte kurz und strukturiert wiedergeben
→ *den Inhalt eines Textes zusammenfassen:* mit wenigen Sätzen knapp und sachlich sagen, was in dem Text steht

zusammenstellen: Inhalte (nach bestimmten Kriterien) geordnet aufschreiben
→ *Textinformationen zusammenstellen:* in einer Liste, Tabelle oder Grafik einzelne Informationen sortiert festhalten

1 Her mit dem Stress
Eva-Maria Träger

Im Grunde ist das mit dem Stress ein einziges großes Missverständnis. Er habe sich schlicht vertan, gestand Hans Selye, der Forscher, der den Begriff prägte, 1977 in seinen Memoiren[1]. In der Physik beschreibt das englische Wort „stress" die Kraft, die auf ein Objekt wirkt. „Strain" hingegen steht für die daraus resultierende Verformung dieses Körpers, für seine Reaktionen auf eine Belastung – genau das, was Selye analog beim Menschen zu benennen suchte. […]

Als im Januar die Bundesanstalt für Arbeitsschutz und Arbeitsmedizin den „Stressreport 2012" veröffentlichte, […] schien dieser doch zu bestätigen, was viele Menschen längst zu wissen glaubten: Das Arbeitspensum in der modernen Welt überfordert immer mehr Menschen, macht sie krank. Mehr als die Hälfte der fast 18 000 Befragten gab darin etwa an, verschiedenartige Arbeiten gleichzeitig betreuen zu müssen und unter „starkem Termin- und Leistungsdruck" zu leiden. […]

Das Klageniveau dürfte höchst unterschiedlich sein. „Keiner kann von außen bestimmen, was für den Einzelnen Stress ist", sagt Gerald Hüther, Professor für Neurobiologie an der Klinik für Psychiatrie und Psychotherapie in Göttingen. „Entscheidend ist die subjektive Bewertung. Ob etwas als Stressor[2] eingestuft wird, hängt von den Erfahrungen ab, die der Mensch gesammelt hat", sagt der Hirnforscher. Was für den einen aufgrund seiner Erlebnisse handhab- und überwindbar ist, was er einordnen und mit Sinn versehen kann, kann einem anderen gänzlich überfordernd erscheinen und infolgedessen zu Stressreaktionen führen. Doch so anders die Anlässe auch sein mögen: Die Reaktionen, die dann im Körper ausgelöst werden, sind die gleichen, wie sie schon unsere ältesten Urahnen erlebt haben.

Im Gehirn wird eine Reaktionskette ausgelöst, sagt Hüther. Das Nervensystem signalisiert dem Nebennierenmark, Adrenalin auszuschütten, Blutdruck, Puls, Hautwiderstand und Muskelaktivität steigen, die Darmtätigkeit ist gehemmt. Der Körper ist in Alarmbereitschaft. Mit „fight or flight" Kampf oder Flucht, hat Walter Cannon, der zweite große Pionier der Stressforschung neben Selye, diese Reaktionen 1915 beschrieben – es geht um eine subjektive Bewertung von Gefahr. Frauen scheinen dabei allerdings weniger heftig zu reagieren als Männer und neigen zur Bewältigung offenbar auch eher zur Bildung von sozialen Netzwerken, wie neuere Studien der amerikanischen Psychologin Shelley Taylor nahelegen. „Tend and befriend", Hüten und Befreunden, statt „fight or flight", wohl evolutionär bedingt: Mit Nachwuchs kämpft und flüchtet es sich einfach schwerer.

Etwa zehn Minuten nach der Adrenalinausschüttung folgt dann Cortisol, das den Körper vor den ungünstigen Folgen einer zu langen Hochaktivierung durch Adrenalin schützen soll und gleichzeitig für eine erhöhte, länger anhaltende Wachsamkeit auf einem niedrigeren Niveau sorgt. […]

Stress bedeutet damit zunächst einmal nicht mehr, als dass der Körper in der Folge einer wahrgenommenen Belastung besonders leistungsbereit ist – eine Mobilisierung, die nicht nur bei einer Bedrohung der körperlichen Unversehrtheit nützlich ist. „Ohne Stress würden wir uns gar nicht weiterentwickeln", sagt Gerald Hüther. Belastung stärkt, Belastung stählt. Wer keine Rückschläge erleidet, keine Krisen meistert, kann nicht über sich hinauswachsen und Vertrauen in die eigenen Fähigkeiten entwickeln. Kurz: Wer keinen Stress erlebt, hält nichts aus.

[1] Lebenserinnerungen

[2] Auslöser für Stress

Auch Helen Heinemann, Gründerin des privaten „Instituts für Burnout-Prävention" in Hamburg, kann Stress viel abgewinnen: „Da bin ich superwach, superkonzentriert und kann alles, das unwichtig ist, fallenlassen", sagt sie, ein „Wohlgefühl" sei das, zunächst. Schwierig wird es, wenn sie die aufgebaute Spannung nicht zeitnah abbauen kann, sagt die Pädagogin mit psychotherapeutischer Ausbildung. Wegrennen, schreien, sich auf einen Baum retten: Im Büro geht all das nicht. Wir erleben zwar körperlich das Gleiche wie unsere Vorfahren in der afrikanischen Savanne, doch unsere Bewältigungsstrategien müssen zwangsläufig andere sein – wohldosierte Pausen zum Beispiel. [...]

Beim Stressreport 2012 etwa hat mehr als ein Viertel der Befragten angegeben, häufiger Pausen ausfallen zu lassen, obwohl diese nachweislich die Leistungsfähigkeit steigern. Für Heinemann auch ein Problem der vorherrschenden Arbeitskultur. Pausen und Leistung vertragen sich für die Deutschen nicht. [...]

Es ist die Dosis, die das Gift macht, auch beim Stress, entscheidend sind Dauer und Intensität. So wirkt ein gewisses Maß an körperlicher Erregung beispielsweise positiv auf die Gedächtnisleistung. Ein hoher Stresslevel dagegen führt zum Gegenteil – wenn auch einige Studien nahelegen, dass Reize, die gedanklich mit der Gefahr verknüpft sind, dann besser behalten werden. Extreme Stresssituationen aber können sogar zu einem Verlust der Erinnerung führen, zu einer psychogenen Amnesie. Und Dauerstress, darin sind sich die Forscher einig, wirkt schädlich auf den gesamten Organismus.

Der amerikanische Neuroendokrinologe[3] Bruce McEwen sieht das Gehirn als „zentrales Organ der Stressreaktion", das sich der Daueraktivierung durch eine Veränderung der neuronalen und neurochemischen Strukturen anpasst. Das wiederum erhöht das Risiko von depressiven Verstimmungen, erhöhtem Blutdruck, verminderter Leistungsfähigkeit und anderen mit anhaltendem Stress verbundenen Langzeitfolgen – Gesundheitsschäden für den Einzelnen und die Gesellschaft, die sich vermeiden lassen.

Dass so viele Gestresste sich trotz wiederholten Klagens schwertun, ihr Leben zu ändern, ist auch ein Resultat des Strebens nach Anerkennung. Man will jemand sein, sich etwas leisten können. Und vieles an ihrer Arbeit mache den Leuten, die zu ihr kommen, auch Spaß, sagt Heinemann. Sie sind im „Flow", so der Begriff. [...] Wer eine Tätigkeit erledigt, die er als in idealem Maße fordernd erlebt, empfindet eine tiefe, alles andere ausblendende Freude – ein Hochgefühl, das nicht selten dazu führt, dass das eigene Leben nur noch auf dieser einen Säule, dem Job, ruht. [...]

Von einem „Machbarkeitswahn" spricht Heinemann, von dem Gefühl: Jeder ist seines Glückes Schmied, trägt damit aber auch die Bürde des Scheiterns allein. Wer alles werden, alles erreichen kann, das aber dennoch nicht schafft, ist selbst schuld. Dabei stecken oftmals ungünstige Bedingungen dahinter, womöglich ein falscher, weil nicht passender Job.

Für Gerald Hüther ist Vertrauen deshalb eines der wichtigsten Mittel gegen Stress, auf dreierlei Ebenen: Vertrauen in eigene Kompetenzen, gestärkt durch das Überwinden von schwierigen Situationen. Vertrauen in das große Ganze, positive Erwartungen an das Leben und Vertrauen in andere, in Familie, Freunde, Vertraute – „psychosoziale Unterstützung", wie Psychologen es nennen. Wenn dieser „dreibeinige Hocker", wie Hüther sagt, stabil steht, „kann man da auch mit einem 50-Kilo-Sack hochsteigen". Wenn die Beine dagegen dürr sind, der Hocker klapprig, reichen schon fünf Kilo, um einzubrechen. [...]

Als „Stresspuffer" funktioniert eine Gruppe allerdings nur, wenn man sich ihr zugehörig fühlt, durch gemeinsame Ziele etwa oder durch Ähnlichkeiten in Alter, Einstellungen, Vorlieben. Nur dann werden die Unterstützungsangebote der anderen als wohlwollend emp-

3 Wissenschaftler, der die Wechselwirkung des Hormonhaushaltes mit dem Nervensystem untersucht

funden und nicht als Vorwurf interpretiert, man sei nicht in der Lage, das Problem allein zu lösen.

Für Stressforscher McEwen gehört soziale Unterstützung zu den eigentlich „einfachen und offensichtlichen" Maßnahmen, mit denen man den schädlichen Langzeitfolgen von Dauerstress entgegentreten kann. Viel Schlaf, guten Schlaf zählt er auch dazu, gesunde Ernährung, sportliche Betätigung, eine positive Lebenseinstellung. […]

Aus: Der Tagesspiegel, 20.04.2013, https://www.tagesspiegel.de/wissen/stressforschung-warum-wir-den-druck-brauchen/8094122.html

1 Sachtext „Her mit dem Stress" – Aufgaben zum Textverständnis

101 Notieren Sie, wofür die Begriffe „stress" und „strain" in der Physik stehen.

englischer Begriff	physikalische Bedeutung
a) stress	
b) strain	

102 Notieren Sie, inwiefern der Begriff „stress" von Hans Selye falsch verwendet wurde.

_____
_____
_____

103 Wovon hängt es nach Gerald Hüther ab, ob ein Mensch eine Situation als „stressig" empfindet?

_____
_____
_____

104 Nummerieren Sie die Abfolge der Reaktionen des Menschen auf Stress.

	Nummer
a) Wahrnehmung eines Stressfaktors	
b) Ausschüttung von Adrenalin	
c) Botschaft an das Nebennierenmark	
d) Ausschüttung von Cortisol	

105 Was bewirken die Hormone Adrenalin und Cortisol im Körper?

Hormone	Wirkung
a) Adrenalin	
b) Cortisol	

106 Kreuzen Sie an, ob die folgenden Stressoren im Text genannt werden. 2 P.

	ja	nein
a) Leistungsdruck	☐	☐
b) Nikotin	☐	☐
c) Mobbing	☐	☐
d) Termindruck	☐	☐
e) Arbeitspensum	☐	☐

107 Notieren Sie 2 P.
   a) zwei positive Auswirkungen von Stress.
   b) zwei negative Auswirkungen von Stress.

	Auswirkungen
a) positiv	•
	•
b) negativ	•
	•

108 Frauen und Männer bewältigen Stress unterschiedlich. 2 P.

Notieren Sie, wie
a) Männer häufig Stress bewältigen.
b) Frauen häufig Stress bewältigen.

a) _____

b) _____

109 Notieren Sie die drei Ebenen des Vertrauens, die durch den „dreibeinigen 3 P.
Hocker" symbolisiert werden.

• _____

• _____

• _____

1 P. ✱110 Wenn sich Menschen im „Flow" befinden, erleben sie ihre Tätigkeit als fordernd und erfüllend.
Erklären Sie, weshalb dieser „Flow" auch zu negativem Stress führen kann.

_____

_____

_____

2 P. ✱111 Der Titel des Textes heißt „Her mit dem Stress".
a) Erläutern Sie die Bedeutung des Titels im Textzusammenhang.
b) Notieren Sie, welcher Aspekt des Textes im Titel nicht berücksichtigt wird.

a) _____

_____

b) _____

_____

Textverständnis gesamt: 18 P.

Fundamentum: 12 P.
✱Additum: 6 P.

Sprachwissen und Sprachbewusstheit – Aufgaben zu Text 1

1 P. 151 Was bedeutet das Wort „Arbeitspensum"?

a) die Verlängerung der Arbeitszeit	☐
b) die Schwierigkeit der Arbeit	☐
c) der Umfang der zu erledigenden Arbeit	☐
d) die Bezahlung für die geleistete Arbeit	☐

1 P. 152 Was bedeutet die folgende Redewendung?
   Jeder ist seines Glückes Schmied.

_____

_____

_____

1 P. 153 Aus welchem Grund wird im folgenden Satz der Konjunktiv verwendet?
   Er habe sich schlicht vertan, gestand Hans Selye.

a) zur Darstellung einer Möglichkeit	☐
b) zur Darstellung einer irrealen Situation	☐
c) zur Darstellung einer Behauptung	☐
d) zur Darstellung einer indirekten Rede	☐

*154 Notieren Sie zwei Stilmittel, die in dem folgenden Satz verwendet werden. 1 P.

   Belastung stärkt, Belastung stählt.

   • _____

   • _____

*155 Vervollständigen Sie den folgenden Satz so, dass er keine Ellipse enthält. 1 P.

   Sie sind im „Flow", so der Begriff.

   _____

   _____

*156 Bestimmen Sie in den folgenden Sätzen, was die unterstrichene Konjunktion jeweils ausdrückt. 3 P.

   Nummerieren Sie entsprechend.
   1. Einräumung
   2. Bedingung
   3. zeitliches Verhältnis

		Nummer
a)	<u>Wenn</u> man gemeinsame Ziele hat, fühlt man sich einer Gruppe zugehörig.	
b)	<u>Als</u> der „Stressreport 2012" veröffentlicht wurde, erfuhr niemand etwas wirklich Neues.	
c)	Viele lassen häufiger Pausen ausfallen, <u>obwohl</u> diese nachweislich die Leistungsfähigkeit steigern.	

157 Unterstreichen Sie jeweils das nominalisierte Wort. 1 P.

a)	das Resultat des Strebens
b)	das Beschriften des Behälters

Sprachwissen und Sprachbewusstheit gesamt: 9 P.

Fundamentum: 4 P.
  *Additum: 5 P.

2 Und auch so bitterkalt
Lara Schützsack

Lucindas Stimme ist weich und tief, so tief, dass man sie fühlen kann. Sie spielt auf ihrer Stimme wie auf einem Instrument, streicht langsam jede ihrer Saiten, bis man Bauchschmerzen bekommt vor Sehnsucht nach dem, wovon sie erzählt. Am schönsten aber sind Lucindas Augen: schmale grüne Augen mit gelben Splittern darin. Augen, die man nicht mehr vergisst. Ich glaube, irgendwo auf dieser Welt denkt immer jemand an die Augen meiner Schwester. Lucinda ist so ein Mädchen, nach dem sich die Menschen auf der Straße umdrehen. Nicht, weil sie einfach nur schön ist, sondern weil man spürt, dass etwas mit ihr passieren wird. Etwas, das nicht jedem passiert. Man spürt es an der Art, wie sie sich bewegt, an dem Luftzug, der einen streift, wenn sie an einem vorübergeht. Man erkennt es an dem leichten Schatten, der über ihrem Gesicht liegt, und an dem Licht, das unablässig in ihren Augen flackert.

Als sie aufhört zu erzählen, bleiben wir hier auf der alten Brücke noch lange liegen, lauschen den Geräuschen der Nacht. Ich nehme Lucindas Hand und lege sie an meine Wange. Die Hand ist kühl und riecht nach Metall. In der Ferne hört man Hunde heulen. „Hörst du das?", fragt Lucinda, „in der Nacht klingt der Sommer anders. Als könne er einen verschlucken, und dann wäre man weg."

Der Lenker wackelt gefährlich. Lucinda und ich fahren auf ihrem klapprigen Fahrrad, auf einer dunklen Landstraße. Weit und breit ist kein Auto zu sehen, deswegen fahren wir auf der Mitte der Fahrbahn. Lucinda fährt großzügige Schlangenlinien. Ich sitze auf dem Gepäckträger und habe die Arme um ihre Hüfte geschlungen. Ihr langes schwarzes Haar weht mir ins Gesicht. Wir singen „Über den Wolken". Singen kann man das eigentlich nicht nennen, wir schreien eher. Ich bin der Background-Chor. Lucinda singt: „Über den Wolken", und ich stimme ein: „Eyeyeyey!" Lucinda lehnt sich tief in die Kurven, und manchmal schreie ich leise auf. Aber nicht vor Angst, sondern weil etwas in meinem Bauch vor lauter Aufregung auf und ab hüpft und rauswill. Wir steuern direkt auf das blaue Licht der Aral-Tankstelle zu, als hinter uns plötzlich und mit hoher Geschwindigkeit ein Auto auftaucht. Wir bemerken es erst so spät, dass wir keine Zeit mehr haben, an die Seite zu fahren. Der Wagen weicht nur knapp aus, beinahe hätte er uns angefahren. Der Fahrer hupt wütend. „Über den Wolken", brüllt Lucinda. Der Wagen bremst ab, kommt neben uns fast zum Stehen, rollt dann in unserem Tempo weiter. Das Fenster wird heruntergekurbelt. Ich kneife die Augen zu. Das habe ich schon als kleines Kind gemacht, die Augen fest zugekniffen, wenn es Ärger zu geben drohte. Damals dachte ich, dass ich dann unsichtbar bin. Obwohl ich inzwischen weiß, dass das ein Irrtum war, kneife ich auch jetzt die Augen zu.

„Mädchen, ihr fahrt ohne Licht mitten auf der Landstraße! Seid ihr eigentlich irre?" Die Stimme des Fahrers überschlägt sich vor Wut. Lucinda tritt fester in die Pedale:

„Natürlich sind wir irre. Was glaubst du?"

„Das ist lebensmüde!", brüllt er.

„Allerdings", flötet meine Schwester.

„Ihr seid doch total bekloppt!"

Der Mann beschleunigt geräuschvoll und rast davon. Wir lachen. Ich drücke meinen Kopf an Lucindas Rücken und schlinge meine Arme noch fester um ihren schmalen Körper. „Über den Wolken …"

„Eyeyeyey …"

Hinter dem Ortsschild biegt sie in einer halsbrecherischen Kurve zur Tankstelle ab. Wir halten direkt vor dem Fenster des Tankstellenshops. Lucinda schlägt mit der Faust gegen die Scheibe. Dahinter an der Kasse sitzt Bernd, ein Junge aus unserer Nachbarschaft. Bei dem Knall zuckt er zusammen, dann aber, als er Lucinda sieht, hellt sein Blick

sich auf. Bernd ist schon achtzehn, aber klein, unscheinbar und pickelig. Die Mädchen aus unserer Straße lachen über ihn: Sie nennen ihn Kratergesicht, und
105 es ist ihnen egal, dass er es hört. Lucinda behauptet, dass er gerade deswegen interessanter ist als die anderen, weil er so aussieht.
„Verstehe ich nicht", sage ich.
110 Und sie sagt: „Wirst du noch. Irgendwann."
Lucinda steigt ab, drückt mir das Fahrrad in die Hand. „Du wartest draußen!" Dann betritt sie den grell erleuchteten
115 Tankstellenshop, nicht ohne vorher ihren Zopf zu öffnen und einen Blick auf ihre Spiegelung im Fenster zu werfen. Ihr Schritt ist beschwingt. Ich beobachte sie durch die Glasscheibe.
120 Wenn Lucinda einen Ort betritt, gerät alles in Bewegung. Es gibt keine Gesetze mehr. Ihre Anwesenheit stellt alles in Frage. Sie wirft einen prüfenden Blick auf Bernd, und als sie zu ihrer Zufrieden-
125 heit sieht, dass er nicht anders kann, als ihr mit den Augen zu folgen, steuert sie direkt auf die Eistruhe zu, fischt eine bunte Verpackung heraus, zeigt sie mir durchs Fenster.
130 Twister, mein Lieblingseis. Ich nicke. Wie in Zeitlupe bewegt sich meine Schwester, als sie von der Tiefkühltruhe hinüber zur Kasse läuft. Langsam schiebt sie Bernd das Eis und eine Packung Kau-
135 gummi über den Ladentisch. Er greift, ohne aufzusehen, nach dem Twister. Sie hält das Eis eine Sekunde zu lange fest, so dass seine Finger ihre Hand berühren. Er schaut hoch und als er ihren Blick
140 auffängt, wird er rot und schaut schnell wieder zur Kasse. Dann zieht er die Sachen mit zitternder Hand über den Scanner. Lucinda lächelt, als sie sich umdreht und ohne zu bezahlen die Tankstelle
145 verlässt.
„Komm!" Sie drückt mir das Eis in die Hand, greift nach dem Rad, steigt auf. Ich springe hinten auf den Gepäckträger. In Schlangenlinien fahren wir an, ki-
150 chern.
„Guckt er?"

Einmal noch drehe ich mich um, von rechts nach Links schwankend, aus dem Lichtkegel der Tankstelle hinaus in die
155 Dunkelheit rollend.
„Ja, er guckt!"
Bernd sitzt vor seiner Kasse und sieht uns hinterher. Seine Schicht hat gerade erst begonnen. Und ich glaube, sie
160 kommt ihm in diesem Moment unendlich lang vor. Er tut mir leid, denn genauso kommen mir die Nächte ohne Lucinda vor: unendlich lang.
„Kann ich heute bei dir schlafen?",
165 frage ich.
„Was?", schreit Lucinda, die sich Wind und Haare um die Ohren rauschen lässt.
„Was hast du gesagt?"
170 „Bei dir schlafen, darf ich heute bei dir schlafen?", rufe ich.
Lucindas Bett ist kein Bett. Es ist eine Höhle. Es ist ein Boot. Ein Höhlenboot, das uns durch die Nacht bringt, bepackt
175 mit Tüchern, Postern, Büchern und vielen Geheimnissen – Steine, die sie von überall her hat und denen in der Dunkelheit magische Kräfte zufallen, Geschichten, die so unheimlich sind, dass ich mir
180 ab der Hälfte die Ohren zuhalten muss. Meine Schwester trotzt allen Bitten, allem Flehen meiner Eltern, sie möge doch ihr Bett aufräumen. Im Gegenteil: Die Schätze, die das Bett birgt, nehmen
185 mit der Zeit mehr und mehr Raum ein, irgendwo dazwischen meine Schwester. Zugedeckt von Büchern, Notizen und bunten Tüchern. In seltenen Nächten erlaubt Lucinda mir, bei ihr zu schlafen.
190 Diese Nächte sind besondere Nächte, durchdrungen von unserem Flüstern, Lucindas weicher Stimme und meinen hundert Fragen. Meine Schwester beantwortet sie alle. Es gibt keine Wahrheit,
195 die für alle Menschen gleich ist, sagt Lucinda, und deswegen gibt es auch keine Frage, die man nicht beantworten kann. Es gibt unendlich viele Wahrheiten. Nur das, was wir fühlen, kann für uns auch
200 wahr sein. Jeder kann jede Frage beantworten, wenn er genügend Farben im Kopf hat.

Im Gegensatz zu mir schläft Lucinda, nachdem sie die Augen geschlossen hat, sofort ein. Seit ich mich erinnern kann, verfolgen mich zwei Sorgen: die Angst vor der Dunkelheit und die davor, dass meine Schwester mich alleine lässt. Also versuche ich, sie wach zu halten. Ich stelle ihr Fragen. „Was glaubst du, wie morgen das Wetter wird? Glaubst du, Mama und Papa küssen sich oft, wenn wir es nicht sehen? Gibt es Hunde auf den anderen Planeten?" Wenn Lucindas Antworten immer leiser und langsamer kommen, weiß ich, dass sie bald einschlafen wird. „Gute Nacht!", sage ich. „Gute Nacht", sagt Lucinda. Dann ist es still. Ich will nicht alleine wach sein. „Schlaf gut", sage ich. „Schlaf gut", kommt es von weit her. „Träum was Schönes!", fällt mir noch ein.

Keine Antwort. Ich habe Angst, dass meine Schwester für immer schlafen wird. Was ist, wenn sie morgen einfach nicht mehr aufwacht? „Und wach morgen gut auf!", flüstere ich beschwörend in die Stille hinein. Dann fällt mir nichts mehr ein. Ich bin alleine. Lange liege ich so wach, bevor ich einschlafen kann.

Aus: Lara Schützsack: Und auch so bitterkalt. Fischer Verlag, Frankfurt am Main, 2014, S. 11 ff.

Literarischer Text „Und auch so bitterkalt" – Aufgaben zum Textverständnis

201 Ergänzen Sie die folgende Tabelle zum Handlungsgeschehen. 2 P.

a) Jahreszeit	
b) Tageszeit	
c) zwei Handlungsorte	
d) zwei handelnde Figuren	

202 Notieren Sie, 2 P.
   a) welche Figur in der Ich-Form erzählt.
   b) an welcher Textstelle das Geschlecht der Erzählerfigur deutlich wird.

   a) _____

 ∗ b) _____

203 Ergänzen Sie den folgenden Steckbrief zu Lucinda. 2 P.

a) Augen	
b) Haar	
c) Körperbau	
d) Stimme	

∗ 204 Notieren Sie zu den folgenden Aussagen über Lucinda jeweils einen Textbeleg aus den Zeilen 112–145. 2 P.

Aussagen über Lucinda	Textbeleg
a) Sie ist bestimmend.	
b) Sie ist manipulativ.	

205 Die Figuren Lucinda und Bernd sind gegensätzlich angelegt. Stellen Sie diese Gegensätze in der folgenden Tabelle dar. 2 P.

	Lucinda		Bernd
a) Aussehen		⟷	
∗ b) Wirkung auf andere Menschen		⟷	

1 P. | *206 Lucinda bezahlt in der Tankstelle nicht.
Notieren Sie einen möglichen Grund dafür.

2 P. | 207 Auf der Landstraße wäre es fast zu einem Verkehrsunfall gekommen.

Notieren Sie
a) zwei Umstände, die dafür verantwortlich sind.
b) jeweils eine emotionale Reaktion der einzelnen Figuren.

a) • _____

• _____

b) • Autofahrer: _____

• Lucinda: _____

• Erzählerfigur: _____

2 P. | *208 Die Erzählerfigur darf gelegentlich gemeinsam mit Lucinda in deren Bett schlafen.

Notieren Sie,
a) warum dies besondere Nächte für die Erzählerfigur sind.
b) warum sie sich davor fürchtet, dass ihre Schwester einschläft.

a) _____

b) _____

1 P. | *209 Lucinda behauptet:
> Jeder kann jede Frage beantworten, wenn er genügend Farben im Kopf hat. (Zeile 200 ff.)

Erläutern Sie, was damit gemeint sein könnte.

Textverständnis gesamt: 16 P.
Fundamentum: 8 P.
*Additum: 8 P.

Sprachwissen und Sprachbewusstheit – Aufgaben zu Text 2

251 Das Wort „bitter" hat in den folgenden Sätzen eine unterschiedliche Bedeutung. Ersetzen Sie das Wort „bitter" jeweils durch ein passendes Synonym.

Satz	Synonym für „bitter"
a) Draußen ist es bitterkalt.	
b) Den Salat mag ich nicht, weil er bitter schmeckt.	
c) Sie machte eine bittere Erfahrung.	

3 P.

252 Welchen Unterschied verdeutlichen die Verben des Redebegleitsatzes in den folgenden Beispielen?

„Das ist lebensmüde!", brüllt der Fahrer.
„Allerdings", flötet meine Schwester.

_____
_____
_____
_____

1 P.

253 Kreuzen Sie an, welcher Satz der Bedeutung des folgenden Satzes entspricht.

Meine Schwester möge doch ihr Bett aufräumen.

a) Meine Schwester mag es, ihr Bett aufzuräumen.	☐
b) Meine Schwester möchte, dass ihr Bett aufgeräumt wird.	☐
c) Meine Schwester will ihr Bett aufräumen.	☐
d) Meine Schwester soll ihr Bett aufräumen.	☐

1 P.

254 Kreuzen Sie an, ob in den folgenden Sätzen jeweils eine Gleichzeitigkeit oder eine Aufeinanderfolge von Handlungen deutlich wird.

	Gleichzeitigkeit	Aufeinanderfolge
a) Sie steuert auf die Tiefkühltruhe zu, fischt eine Verpackung heraus und zeigt sie mir.	☐	☐
* b) Lucinda betritt einen Ort und alles gerät in Bewegung.	☐	☐

2 P.

1 P. | **255** Notieren Sie zwei Stilmittel, die in dem folgenden Beispiel enthalten sind:
Lucindas Bett ist kein Bett. Es ist eine Höhle. Es ist ein Boot.
Es ist ein Höhlenboot.

- _____
- _____

2 P. | **256** Adjektive können unterschiedlich gebildet werden.
a) Vervollständigen Sie den Tabellenkopf.
b) Ergänzen Sie die Tabelle, indem Sie aus den vorgegebenen Adjektiven jeweils ein passendes auswählen.

bitterkalt   unscheinbar   haushoch

	Zusammensetzung aus Adjektiv + Adjektiv		Ableitung
*a)			
b)		blitzschnell	

1 P. | **257** Formen Sie den folgenden Satz in Standardsprache um.
Ihr seid doch bekloppt.

_____

Sprachwissen und Sprachbewusstheit gesamt: 11 P.
Fundamentum: 8 P.
*Additum: 3 P.

3 Der Siegeszug der Fernbusse

Fernbusse werden noch günstiger
Sie fahren auf immer mehr Linien, und die Preise sinken weiter.
Die Fernbusunternehmen gehören zu den Überraschungssiegern des Jahres 2014. Vor allem bei der Bahn hatte man lange unterschätzt, wie stark die Busfirmen zulegen würden. Der scharfe Wettbewerb fordert auch Opfer: Die ersten wie City2City haben sich zurückgezogen, „Dein Bus" ist insolvent, auch der ADAC will aussteigen. Wer auf diesem Markt bestehen will, muss flexibel sein – und einen langen Atem haben.

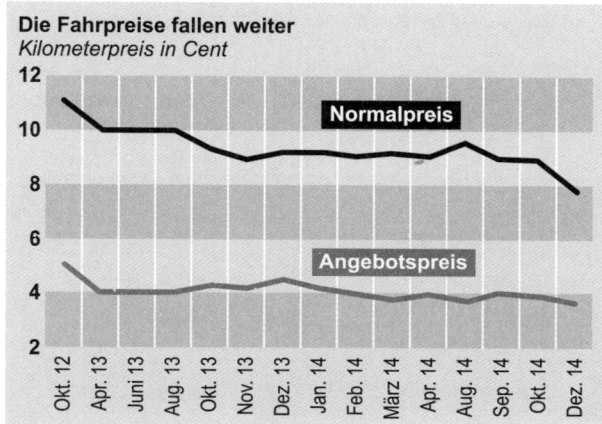

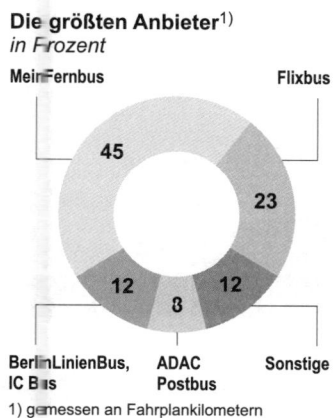

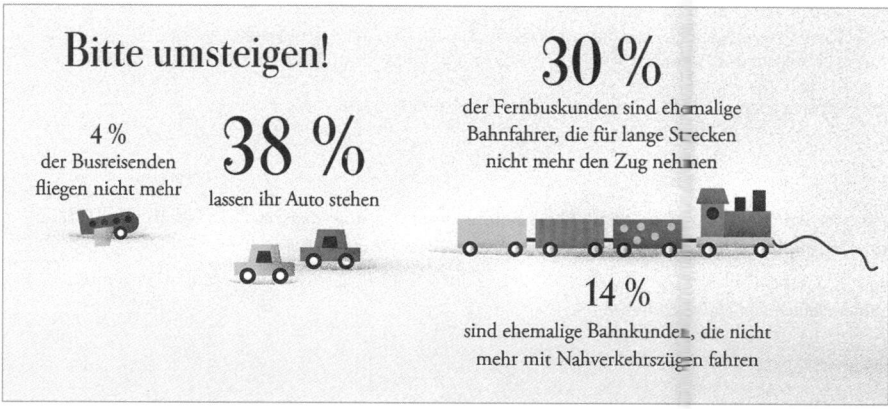

Fernbusse sind billiger, aber langsamer
Beispielbuchungen über das Portal FromAtoB.de mit Sparpreisen und bei zeitlicher Flexibilität[2]

Strecke von – nach	Fernbus Preis in Euro	Std.	Bahn Preis in Euro	Std.
Frankfurt Hamburg	15	7:20	29	3:40
Frankfurt Köln	6	2:25	29	1:03
Frankfurt Stuttgart	8	3:20	19	1:19
Köln München	18	7:35	29	4:30
Hamburg Berlin	8	3:10	29	1:42
Berlin Düsseldorf	17	5:50	67	4:36

2) Buchung am 12.12; Reise am 15.12. Ein Erwachsener. Ohne Bahncard. Bahnverbindungen ohne Umsteigen.

Grober Vergleich
Energieverbrauch, Kohlendioxidausstoß, Fahrtkosten und Zeitaufwand für die Strecke München – Berlin
(für eine Person)

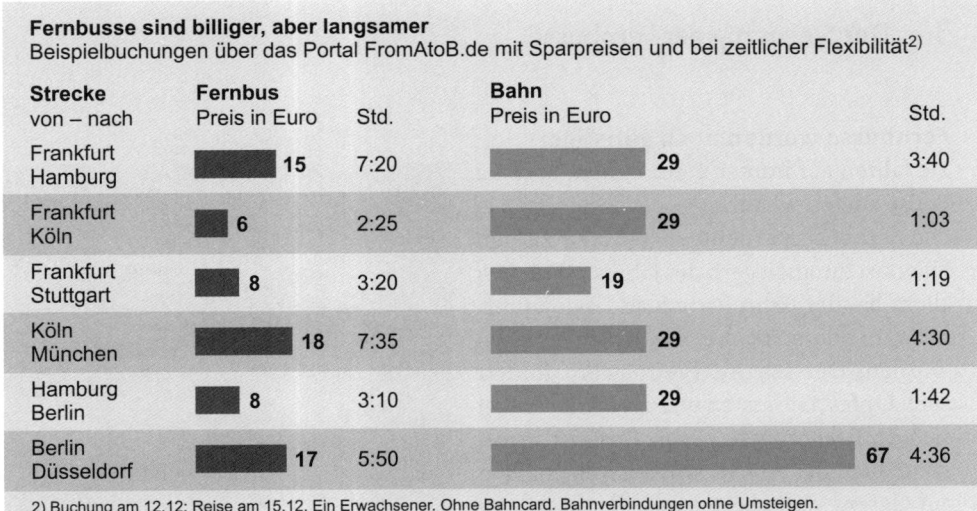

	Diesel Liter	CO_2 Kilogramm	Zeit Stunden	Kosten Euro	
Flugzeug	26,64	116,03	1.10	219	(mit Lufthansa)
Bahn	12,43	25,46	6.06	130	(mit DB)
Fernbus	7,70	17,76	6.30	17	(mit Flixbus)
Auto	35,52	82,29	6.07	58*	

Zugrunde gelegt wurden folgende durchschnittliche Auslastungen mit Fahrgästen:
60% beim Bus, 50% bei der Bahn, 76% beim Flugzeug und anderthalb Personen pro Auto.

* Durchschnittsverbrauch von 7 Litern pro 100 km, 584 Kilometer, Literpreis 1,42 €

Quelle:
„Die Fahrpreise fallen weiter", „Die größten Anbieter", „Fernbusse sind billiger, aber langsamer". In: Frankfurter Allgemeine Sonntagszeitung Nr. 50, 14.12.2014; FromAtoB.de; Iges Institut; Destatis. F.A.Z.-Grafiken / Piron

„Bitte umsteigen!", „Grober Vergleich". In: Die Zeit Nr. 51, 11.12.2014, S. 38. https://www.zeit.de/2014/51/fernbus-deutschland-unternehmen-verbindungen-nutzer

Bild Flixbus: picture alliance/dpa

Diskontinuierliche Texte „Der Siegeszug der Fernbusse" – Aufgaben zum Textverständnis

301 Was sagt die Überschrift „Der Siegeszug der Fernbusse" aus? — 1 P.

a)	Fernbusse werden von immer mehr Fahrgästen genutzt.	☐
b)	Fernbusse legen die größten Entfernungen zurück.	☐
c)	Fernbusse haben das Auto als Hauptverkehrsmittel besiegt.	☐
d)	Fernbusse siegen in Bezug auf Schnelligkeit.	☐

302 Kreuzen Sie an, worüber die Grafiken informieren. — 2 P.

Sie informieren über …

		richtig	falsch
a)	die Fahrpreise von Fernbussen.	☐	☐
b)	das Streckennetz der Bahn.	☐	☐
c)	verschiedene Reisemöglichkeiten.	☐	☐
d)	die steigende Zahl an Fernbusunternehmen.	☐	☐
e)	den Kohlendioxidausstoß verschiedener Verkehrsmittel.	☐	☐

303 Empfehlen Sie einem Reisenden ein Verkehrsmittel für eine Reise von München nach Berlin, wenn er — 1 P.
 a) schnell am Zielort sein möchte.
 b) möglichst umweltschonend reisen möchte.

 a) _____

 b) _____

304 Um die Preis-Leistungs-Angebote vergleichen zu können, wurden Beispielbuchungen vorgenommen. — 1 P.

 Notieren Sie
 a) das Buchungsportal.
 b) den Buchungstag.
 c) das Reisedatum.

 a) _____

 b) _____

 c) _____

2 P. ✱305 Fernbusunternehmen verzeichnen einen starken Zuwachs an Neukunden. Leiten Sie aus den Grafiken zwei mögliche Gründe dafür ab.

- _____
- _____

1 P. ✱306 Begründen Sie, warum der ADAC aus dem Fernbusgeschäft aussteigen möchte.

_____
_____
_____

3 P. 307 Kreuzen Sie an, auf welches Verkehrsmittel die folgenden Aussagen zutreffen.

Textverständnis gesamt: 11 P.
Fundamentum: 8 P.
✱Additum: 3 P.

Aussage	Flugzeug	Fernbus	Auto
a) Die Fahrpreise sind im Durchschnitt am niedrigsten.	☐	☐	☐
b) Die Reise verursacht den höchsten CO_2-Ausstoß pro Fahrgast.	☐	☐	☐
c) Das Verkehrsmittel benötigt den meisten Kraftstoff pro Fahrgast.	☐	☐	☐

4 Richtig schreiben

401 Welche Strategie wenden Sie an, um das Wort **klapprig** an der markierten Stelle richtig zu schreiben?

Kreuzen Sie jeweils die zutreffende Rechtschreibstrategie an.

2 P.

a) pp oder p?		
kla**pp**rig	1. Ich bilde den Plural.	☐
	2. Ich erkenne ein typisches Adjektivsuffix.	☐
	3. Ich suche ein Wort aus der Wortfamilie und trenne es.	☐

b) g oder ch?		
klappri**g**	1. Ich verlängere das Wort.	☐
	2. Ich setze vor das Wort einen Artikel.	☐
	3. Ich zerlege das Wort in seine Silben.	☐

402 Begründen Sie die Schreibung des s-Lautes in den folgenden Wörtern mit einer Rechtschreibregel **oder** einer Rechtschreibstrategie.

1 P.

	Rechtschreibregel oder Rechtschreibstrategie
a) Ma**ß**	
b) auslö**s**en	

403 Ergänzen Sie die Tabelle, indem Sie der Schreibung des unterstrichenen Wortes die jeweilige Regel zuordnen.

2 P.

Regel:
1. Nomen werden großgeschrieben.
2. Nominalisierte Verben werden großgeschrieben.
3. Adjektive werden kleingeschrieben.
4. Ableitungen von geografischen Namen auf -er werden großgeschrieben.

		Nummer der Regel
a)	Diese Nächte sind durchdrungen von unserem <u>FLÜSTERN</u>.	
b)	Ein <u>AMERIKANISCHER</u> Forscher sieht das Gehirn als zentrales Organ der Stressreaktion.	

404 Notieren Sie den Wortbestandteil (Suffix), der jeweils über die Groß- oder Kleinschreibung entscheidet.

	Wortbestandteil
Beispiel: Krankheiten	*heit*
a) unscheinbar	
b) häufiger	
c) Erfahrungen	

405 Kreuzen Sie an, ob die unterstrichenen Wörter getrennt geschrieben oder zusammengeschrieben werden.

	getrennt	zusammen
a) Vielen Gestressten wird es <u>schwer fallen</u>/<u>schwerfallen</u>, ihr Leben zu ändern.	☐	☐
b) Wir wollen noch auf der Brücke <u>liegen bleiben</u>/<u>liegenbleiben</u>.	☐	☐

Richtig schreiben gesamt: 10 P.

5 Überarbeiten eines Textes

Die folgenden Tipps für die Suche nach einem passenden Ausbildungsplatz enthalten einige Fehler.

Korrigieren Sie nur den jeweiligen Fehler.
R Rechtschreibfehler   Z Zeichensetzungsfehler
G Grammatikfehler   A Ausdrucksfehler

Nr.	Text	Fehler	Punkte
501	Der Traumberuf ist gefunden aber der Ausbildungsplatz fehlt noch.	Z (Korrigieren Sie direkt im Text.)	1 P.
502	Hier finden Sie ein Paar Tipps, die zu Beginn der Suche eine gute Orientierung bieten.	R	1 P.
*503	Betriebe planen oft weit im Voraus und schreiben Ihre Stellen schon Monate vorher aus.	R	1 P.
504	Ausbildungsbörsen im Internet bieten ein großes Angebot an Ausbildungsplätze.	G (Kasus)	1 P.
*505	Wer eine passende Stelle gefunden hat, kriegt gleich die wichtigsten Informationen zum Betrieb.	A (Umgangssprache)	1 P.
506	Die Bundesagentur für Arbeit bietet Ausbildungssuchenden ein kostenlosen Vermittlungsservice an.	G (Kasus)	1 P.
507	In einem individuellen Gespräch geben die Service-Berater weiter die Kontaktdaten von Betrieben.	G (Satzbau)	1 P.
*508	Berufsmessen sind eine der besten Möglichkeiten sich einen Überblick über Ausbildungsbetriebe in der Region zu verschaffen.	Z (Korrigieren Sie direkt im Text.)	1 P.
509	Man kann die Personalverantwortlichen der Betriebe anquatschen und sogar gleich seine Bewerbungsunterlagen abgeben.	A (Umgangssprache)	1 P.
510	Jugendliche solten auch immer Augen und Ohren offen halten, ob jemand im eigenen Umfeld einen Azubi sucht.	R	1 P.

Überarbeiten eines Textes gesamt: 10 P.

Fundamentum: 7 P.
*Additum: 3 P.

6 Erstellen eines Schreibplans

Soll auf Feuerwerk verzichtet werden?

In Ihrem Wohnumfeld gibt es Bestrebungen, auf Feuerwerke zu verzichten. Da dieser Vorschlag in der Öffentlichkeit kontrovers diskutiert wird, soll dazu eine Abstimmung in einer Bürgerversammlung stattfinden.

Setzen Sie sich intensiv mit dem Vorschlag auseinander.
Verfassen Sie dazu eine Erörterung.

Lesen Sie zunächst folgende Meinungsäußerungen:

- Jedes Feuerwerk hinterlässt Spuren. Es ist eine große Belastung für die Umwelt.
- Feuerwerk fasziniert doch jeden!
- Es ist eine alte Tradition: Je heftiger das Feuerwerk ist, umso besser kann man die bösen Geister vertreiben.
- Wenn man das Geld für ein Feuerwerk spenden würde, könnte man viel Gutes tun.

Aufgabe:
Vervollständigen Sie den nachfolgenden Schreibplan in Form eines Gliederungsrasters. Gehen Sie dabei wie folgt vor:
a) Entscheiden Sie, welche der beiden vorgegebenen Positionen Sie als These und Gegenthese verwenden wollen. Streichen Sie die jeweils für Ihren Schreibplan nicht zutreffende These und Gegenthese durch.
b) Leiten Sie aus den vorgegebenen Meinungsäußerungen zwei Pro- und zwei Kontra-Argumente ab.
c) Stützen Sie die Argumente mit jeweils einem Beleg oder Beispiel. Sie müssen dabei auch auf Ihr Alltagswissen und eigene Erfahrungen zurückgreifen.
*d) Formulieren Sie noch ein weiteres Pro- und Kontra-Argument und stützen Sie jedes mit einem eigenen Beleg oder Beispiel.
e) Ergänzen Sie stichwortartig Ihre Überlegungen für Einleitung und Schluss des Artikels, wobei der Schluss Ihre persönliche Meinung widerspiegeln soll.
*f) Ziehen Sie ein Fazit und formulieren Sie dementsprechend eine Empfehlung.

Gliederungsraster:

		1. Einleitung	
601	Schreibanlass/ aktueller Anlass		1 P.
602	Hinführung zum Thema		1 P.
		2. Hauptteil	
	These	Feuerwerke sollten verboten werden. / Ein Feuerwerk ist ein besonderes Erlebnis.	
603	1. Argument	•	1 P.
604	Beleg/Beispiel	•	1 P.
605	2. Argument	•	1 P.
606	Beleg/Beispiel	•	1 P.
*607	3. Argument	•	1 P.
*608	Beleg/Beispiel	•	1 P.

		Gegenthese	Feuerwerke sollten verboten werden. / Ein Feuerwerk ist ein besonderes Erlebnis.
1 P.	609	1. Argument	•
1 P.	610	Beleg/Beispiel	•
1 P.	611	2. Argument	•
1 P.	612	Beleg/Beispiel	•
1 P.	✱613	3. Argument	•
1 P.	✱614	Beleg/Beispiel	•
		3. Schluss	
1 P.	615	persönliche Meinung	
1 P.	✱616	Fazit	
1 P.	✱617	eine Empfehlung	

Erstellen eines Schreibplans gesamt: 17 P.

Fundamentum: 11 P.
✱Additum: 6 P.

7 Umsetzung des Schreibplans: Verfassen einer Erörterung

Aufgabe:
Verfassen Sie die Erörterung auf der Grundlage Ihres Schreibplans.

Soll auf Feuerwerk verzichtet werden?

701	Einhalten der Gliederung	2 P. (Additum 1, Fundamentum 1)
702	Schreibfunktion	5 P. (Additum 3, Fundamentum 2)
703	Sprachliche Darstellungsleistung	4 P. (Additum 2, Fundamentum 2)
704	Sprachliche Korrektheit (Grammatik)	2 P.
705	Sprachliche Korrektheit (Rechtschreibung)	2 P.
706	Sprachliche Korrektheit (Zeichensetzung)	2 P.
707	Leserfreundliche Form (Übersichtlichkeit/Schriftbild)	1 P.

Verfassen einer Erörterung gesamt: 18 P.

Fundamentum: 12 P.
✱Additum: 6 P.

1 Unser täglich Rot
Andreas Austilat

Ketchup ist ein unverzichtbarer Begleiter – beim sommerlichen Grillen ebenso wie zur Currywurst. Doch die Soße hat ein Imageproblem. Zu Recht?

Ketchup war streng verboten. Die Mutter kochte alles frisch, auch mal eine Tomatensoße, zumal sie in ihrem schwäbischen Elternhaus jede Menge Tomaten im Garten hatten. Aber Ketchup? „Es war ein absolutes No-Go, den über ihr Essen zu schütten." So erinnert sich Michael Kempf, mit zwei Michelin-Sternen[1] ausgezeichneter Koch im Berliner Restaurant „Facil", an seine Kindheit.

Kinder und Erwachsene, Currywurstesser und Feinschmecker, Amerikaner und Franzosen, zwischen ihnen scheint es eine Grenze zu geben, die von dieser ganz speziellen Tomatensoße markiert wird. In Frankreich wurde 2011 gar ein Gesetz auf den Weg gebracht, das den Ketchupkonsum in Schulkantinen drastisch reduzieren sollte. Zum Schutz der Kinder und der französischen Küche.

In den USA regte dagegen der Landwirtschaftsminister in den 1980er-Jahren an, Ketchup als eingelegtes Gemüse zu deklarieren[2], was es den Schulen erlaubt hätte, echtes Gemüse in den Kantinen einzusparen. Man wollte verhindern, dass da zu vieles auf den Tellern liegt, das von Kindern sowieso nicht gegessen wird. Der Vorstoß führte zu einer erregten Diskussion und setzte sich nicht durch.

Warum Tomaten gesund sind

Die Debatte hält an. Ketchup gilt manchen Ernährungsexperten als Risikolebensmittel, weil auf 100 Gramm je nach Hersteller bis zu 31 Gramm Zucker kommen können. Dabei ist die Tomate gesund. Vor allem das enthaltene Lycopin schützt vor Krebs- und Herzerkrankungen. Und Ketchup kann ziemlich viel Lycopin vorweisen, auch und gerade wenn er nicht aus frischen Früchten, sondern aus Tomatenmark oder Konserven gefertigt wurde – das Lycopin wird beim Kochen aufgeschlossen und kann dann vom Körper sogar besser verarbeitet werden. Ganz bedauerlich wäre der Verzicht auf Ketchup in der Grillsaison. 80 000 Tonnen verbrauchen die Deutschen im Jahr, einen Gutteil davon im Sommer. Denn die fruchtige Tomatensoße ist nicht nur in Fast-Food-Buden ein beliebter Begleiter, sondern auch zu Fleisch vom Grill. Hinzu kommen zahlreiche Varianten wie Curryketchup oder Barbecuesoße. Doch noch führt Tomatenketchup mit 70 Prozent Marktanteil vor all seinen Ablegern.

Ketchup in der Sterneküche

Michael Kempf hat das häusliche Verbot gut überstanden und bekennt sich heute zum Ketchup. Zwar werde die Soße im „Facil" kaum nachgefragt, und wenn, dann überwiegend von Kindern. Doch Ketchup hat, von vielen Gästen unbemerkt, auch in seiner Sterneküche einen festen Platz. Bei nahezu jedem Soßenansatz im Fleischbereich gibt Kempf zwei bis drei Esslöffel Ketchup hinein, statt Tomatenmark. Denn der gebe der Soße einen schönen Glanz, verleihe ihr vor allem den gewünschten Umami-Geschmack, jene geheimnisvolle fünfte Geschmacksrichtung neben süß, salzig, bitter und sauer. Im Übrigen sei das keineswegs eine Marotte von ihm. Ketchup hätten sie schon bei Dieter Müller in Bergisch Gladbach verwendet, dem Dreisternekoch, bei dem Kempf einst lernte. [...]

Wie die Tomate in die Flasche kam

In den 1830er-Jahren tauchten die ersten Flaschen Tomatenketchup als Handelsware in amerikanischen Geschäften auf. Noch einmal 30 Jahre später begann Henry John Heinz in Pennsylvania damit, eine Meerrettichsoße anzurühren.

---

[1] *Auszeichnung für Köche*

[2] *auszuweisen*

Zusammen mit einem Kompagnon verkaufte er sie in durchsichtigen Gläsern, um so die Güte des Produktes zu demonstrieren. Die Firma machte trotzdem Pleite. Doch Heinz, Sohn deutscher Einwanderer, startete neu, diesmal nahm er auch Tomatenketchup in seine Produktpalette auf.

Der Siegeszug seines Ketchups – beim Tod des Firmengründers 1919 war Heinz Ketchup bereits Marktführer in den USA und wurde es schließlich in 50 Ländern – hat wahrscheinlich drei Ursachen gehabt. Heinz verstand sich auf Marketing, seine durchsichtige Flasche mit dem praktischen Drehverschluss wurde zum Standard. Und er warb damit, dass sein Ketchup keine künstlichen Konservierungsstoffe enthielt, ein Vorteil, als zu Beginn des 20. Jahrhunderts in den USA erstmals die Debatte um Zusatzstoffe in der noch jungen Lebensmittelindustrie entbrannte. Was aber noch entscheidender war: Er schmeckte tomatiger als die mit künstlichen Mitteln haltbar gemachte Konkurrenz. Noch heute wirbt Heinz mit der Aufschrift „frei von Konservierungsmitteln, frei von Verdickungsmitteln". Ins Gerede kam Heinz in jüngster Zeit allerdings wegen des hohen Zuckergehalts.

Die Deutschen setzten auf Bratwurst mit Senf

Ebenso wichtig für den Erfolg dürften zwei andere Erfindungen gewesen sein: Mit der Weltausstellung 1893 in Chicago begann die Karriere des Hotdog. Und auf der Weltausstellung 1904 in St. Louis wurde der Hamburger im großen Stil der Öffentlichkeit präsentiert. Beide sollten sich als kongeniale[3] Partner des Ketchups erweisen. In Deutschland setzte man dagegen lange auf Bratwurst mit Senf. 1937 nahm die heute noch existierende Firma Zeisner in Bremen die Produktion des ersten deutschen Ketchups auf.

Fast Food und der industrialisierte Herstellungsprozess haben nicht nur die Karriere der Soße vorangetrieben. Sie haben gleichzeitig ihrem Image geschadet. Seit den 1950er-Jahren wird Ketchup kaum noch aus frischen Tomaten gemacht, sondern aus Konzentrat oder eingeweckten Früchten. Das muss nicht schlecht sein. Aber was tun, wenn man der Tunke aus der Flasche misstraut?

Michael Kempfs Ketchup-Rezept

Ketchup kann man leicht selbst zubereiten. Michael Kempf tut das aktuell beim Wollschweinnacken, den bestreicht er mit dem eigenen Barbecueketchup. Dafür schwitzt er Schalotten und Knoblauchzehen in Olivenöl glasig an und löscht mit passierten Tomaten ab, verfeinert das Ganze mit Pfeffer, Paprika, einer Prise Chili und geräuchertem Meersalz. Separat karamellisiert[4] er braunen Zucker und löscht mit weißem Balsamicoessig ab, die Lösung kommt dazu. Dann auf kleinster Flamme fünf, sechs Stunden köcheln lassen, je länger, desto besser. Zwischendurch regelmäßig rühren, am Ende durch ein Sieb passieren und in Gläser abfüllen. Deckel drauf, ein tiefes Backblech mit einer Zeitung auslegen und zwei Finger hoch mit heißem Wasser füllen, Gläser draufstellen und bei 100 Grad 30 Minuten lang sterilisieren. Danach hält der Ketchup etwa ein halbes Jahr.

Wem das zu mühsam ist: Auch im Handel gibt es jede Menge Ketchup, der mit der Sorgfalt bei der Auswahl seiner Zutaten wirbt. Der jüngste Anbieter kommt aus Berlin-Weißensee, dort macht Jan Daniel Fritz seit einem knappen Jahr seinen „Kiez-Ketchup". Die Firma hat ihren Sitz in einer ehemaligen Patisserie[5].

Agavendicksaft statt Zucker

Eigentlich kommt Fritz vom Film. Aber nach 16 Jahren hatte der 48-Jährige davon genug. Und weil Soßemachen schon immer sein Hobby war, investierte er 400 000 Euro in einen mannshohen Homogenisator[6], in dem die kleine Firma rund 30 Soßen herstellt. Nacheinander selbstverständlich.

Der Ketchup war ursprünglich eine reine Auftragsarbeit für das Hotel Adlon, inzwischen gehört er zu den Bestsellern

---

4 *Zucker trocken erhitzen*

5 *Feinbäckerei*

3 *hier: besonders geeignete*

6 *Gerät zum Vermischen von Lebensmitteln*

der kleinen Firma. Worauf aber kommt es Fritz bei seinem Ketchup an? Er verwendet Tomatenmark und passierte Tomaten aus biologischem Anbau. Den
195 seiner Meinung nach wichtigen Unterschied machen die weiteren Zutaten: auf keinen Fall Branntweinessig, der habe in den Spitzen zu viel Säure und würde die Fruchtnote übertönen. Er nimmt nur
200 weißen Balsamico. Das Fundament liefert ihm die Gemüsebrühe, das Produkt ist auch für Veganer geeignet. Wichtig sind das Salz, er nimmt Steinsalz, und die Süße, statt Zucker verwendet er für
205 den Kiez-Ketchup Agavendicksaft.

Ob sein Produkt nun gut zu Gegrilltem passt, das müssen am Ende andere entscheiden. Fritz isst kaum Fleisch. Immerhin, im Mai hat er 500 Kilo verkauft,
210 das entspricht etwa 2 000 Flaschen. Und da hatte die Grillsaison noch nicht den Höhepunkt erreicht.

Quelle: Austilat, Andreas: Unser täglich Rot. 08. 08. 2016.
www.tagesspiegel.de/weltspiegel/sonntag/der-grosse-ketchup-test-unser-taeglich-rot/13976590-all.html

1 Sachtext „Unser täglich Rot"

Aufgaben zum Textverständnis

101 Ergänzen Sie die Informationen zu Michael Kempf. 2 P.

a)	Beruf	
b)	Name seines Restaurants	
c)	Ort seines Restaurants	
d)	Ort der Ausbildung	
e)	Name des Ausbilders	
f)	Auszeichnung	

102 In Michael Kempfs Elternhaus war Ketchup verboten. 2 P.

Notieren Sie
a) den Grund für das Verbot.
b) die zwei Gründe, warum er für seine Soßen trotzdem Ketchup verwendet.

a) _____

b) • _____

• _____

2 P. 103 Notieren Sie für die folgenden Behauptungen jeweils ein Argument.

Behauptung	Argument
a) Ketchup ist gesund,	weil
b) Ketchup ist ungesund,	weil

1 P. *104 Notieren Sie, warum gekochte Tomaten gesünder als frische Tomaten sind.

_____

_____

2 P. *105 Frankreich und die USA entwarfen unterschiedliche Strategien, um den Ketchupkonsum von Jugendlichen zu beeinflussen.
Notieren Sie jeweils die Strategie und ein damit verfolgtes Ziel.

Land	Strategie	Ziel
a) Frankreich		
b) USA		

2 P. 106 Der amerikanische Fabrikant Henry John Heinz hatte großen Erfolg mit seinem Ketchup.
Notieren Sie zwei Gründe für seinen Erfolg.

- _____
- _____

2 P. 107 Der Erfolg des Ketchups wird eng mit der Erfindung von zwei Fast-Food-Gerichten verbunden.
Ergänzen Sie dazu die folgende Tabelle.

Erfindung	Jahr	Ort	Anlass
a) Hotdog			
b)	1904		

108 Kreuzen Sie an, ob die folgenden Aussagen richtig oder falsch sind.

3 P.

		richtig	falsch
a)	Im Sommer verbrauchen die Deutschen besonders viel Ketchup.	☐	☐
b)	In Deutschland werden jeden Sommer 80 000 Tonnen Ketchup verbraucht.	☐	☐
c)	Ketchup wird ausschließlich aus frischen Tomaten hergestellt.	☐	☐
d)	Heinz brachte als erster Ketchup in Flaschen auf den Markt.	☐	☐
e)	Ketchup ist immer frei von Konservierungsstoffen.	☐	☐

109 Texte können unterschiedliche Funktionen erfüllen.
Kreuzen Sie an, welche Funktion dieser Text vorwiegend erfüllt.

Der Text soll ...

1 P.

a)	unterhalten.	☐
b)	informieren.	☐
c)	appellieren.	☐
d)	kommentieren.	☐

Textverständnis gesamt: 17 P.

Fundamentum: 10 P.
*Additum: 7 P.

Aufgaben zum Sprachwissen und zur Sprachbewusstheit

151 Kreuzen Sie an, welcher der Sätze der Aussage des folgenden Beispielsatzes entspricht.

1 P.

Eigentlich kommt Fritz vom Film.

a)	Ursprünglich kommt Fritz vom Film.	☐
b)	Vielleicht kommt Fritz vom Film.	☐
c)	Angeblich kommt Fritz vom Film.	☐
d)	Womöglich kommt Fritz vom Film.	☐

152 Ordnen Sie den folgenden Sätzen die entsprechende Begründung für die Kommasetzung zu.

2 P.

1. Satzgefüge
2. Infinitivgruppe mit hinweisendem Wort
3. Satzreihe
4. Entgegenstellung

	Nummer
a) Ketchup ist nicht nur in Fast-Food-Buden ein beliebter Begleiter, sondern auch zu Fleisch vom Grill.	
b) Doch Heinz startete neu, diesmal nahm er auch Tomatenketchup in seine Produktpalette auf.	

1 P. **153** Formulieren Sie den folgenden Satz in direkter Rede.

Kempf sagte, dass das keineswegs eine Marotte von ihm sei.

_____

_____

3 P. **∗154** Das Partizip II kann unterschiedliche Funktionen erfüllen.
Kreuzen Sie die Funktion in den folgenden Sätzen an.

	Teil des Prädikats	Attribut	Modalbestimmung
a) Der Vorschlag führte zu einer <u>erregten</u> Diskussion.	☐	☐	☐
b) Die Gemüter sind <u>erregt</u>.	☐	☐	☐
c) Sie diskutieren <u>erregt</u> über den Vorschlag.	☐	☐	☐

1 P. **155** Formulieren Sie den folgenden Satz so um, dass er ein reales Geschehen zum Ausdruck bringt.

Zwischen Currywurstessern und Feinschmeckern scheint es eine Grenze zu geben.

_____

_____

2 P. **∗156** Kreuzen Sie an, ob die folgenden Sätze im Aktiv, Vorgangspassiv oder Zustandspassiv stehen.

	Aktiv	Vorgangspassiv	Zustandspassiv
a) Ketchup wird meistens durch Kochen hergestellt.	☐	☐	☐
b) In der Grillsaison wird er noch mehr Ketchup verkaufen.	☐	☐	☐

Sprachwissen und Sprachbewusstheit gesamt: 10 P.
Fundamentum: 5 P.
∗Additum: 5 P.

2 Annähernd Alex
Jenn Bennett

Er könnte irgendeiner von den Leuten hier sein. Schließlich habe ich keine Ahnung, wie Alex aussieht. Ich weiß nicht mal seinen richtigen Namen. Na ja, wir chatten seit Monaten, ich weiß ein paar wichtige Sachen. Er ist klug und lieb und lustig und wir haben gerade beide die Elfte abgeschlossen. Wir haben dieselbe Leidenschaft – alte Filme. Wir sind beide gern allein. Wenn das alles wäre, was wir gemeinsam haben, wäre ich nicht so durch den Wind. Aber Alex lebt in derselben Stadt wie mein Vater, und das macht die Sache … kompliziert.

Denn während ich gerade in einem kalifornischen Flughafen die Rolltreppe hinunterfahre, Fremde beobachte, die in die entgegengesetzte Richtung schweben, begebe ich mich in die grundsätzliche Nähe von Alex und in meinem Kopf findet ein Gefecht zwischen endlosen Möglichkeiten statt. Ist Alex klein? Groß? Schmatzt er oder hat er irgendeinen nervigen Lieblingsspruch? Popelt er in der Öffentlichkeit in der Nase? Hat er statt Armen bionische Tentakel? (Merken: Kein Ausschlusskriterium!)

Tja. Den wirklichen Alex zu treffen könnte super sein, aber ebenso gut eine fette peinliche Enttäuschung. Und genau aus diesem Grund bin ich nicht sicher, ob ich wirklich mehr über ihn erfahren will.

Wisst ihr, eigentlich gehe ich prinzipiell jeder Konfrontation aus dem Weg. Schon immer. Dass ich jetzt, eine Woche nach meinem siebzehnten Geburtstag, auf die andere Seite des Landes fliege, um zu meinem Vater zu ziehen, hat nichts mit Mut zu tun. Es ist eine Meisterleistung an Vermeidung.

Ich heiße Bailey Rydell und ich bin eine notorische[1] Vermeiderin. Als meine Mutter meinen Vater gegen Nate Catlin von Catlin & Partner eingetauscht hat – ich schwör's, so stellt er sich allen Ernstes vor – bin ich nicht wegen der Versprechungen bei ihr geblieben: neue Klamotten, ein eigenes Auto, eine Reise nach Europa. Alles schön, aber nichts davon war mir wirklich wichtig. (Oder ist wirklich eingetreten. Aber das nur am Rande.) Sondern weil ich nicht wusste, wie ich mich meinem Vater gegenüber verhalten sollte, während er sich an sein neues Leben als sitzengelassener Ehemann gewöhnte. Es hatte auch nichts damit zu tun, dass er mir nichts bedeuten würde. Eher im Gegenteil. Aber in einem Jahr kann sich vieles ändern, und da sich Mom und Nate mittlerweile ununterbrochen streiten, ist es für mich an der Zeit, von der Bildfläche zu verschwinden. Das ist schließlich die Grundregel einer Vermeiderin: Man muss flexibel sein und wissen, wann Abflug angesagt ist, bevor am Ende alles zu verfahren wird. Das ist angenehmer für alle Beteiligten, echt. Ich will für alle nur das Beste.

Nachdem ich mein Gepäck vom Laufband genommen habe, spähe ich durch die automatischen Türen, hinter denen mein Vater mich erwartet. Ich halte mich gut verborgen hinter einem sonnigen California-Dreamers!-Aufsteller (den das Tourismusbüro hilfreicherweise aufgestellt hat, falls jemand vergessen haben sollte, wo das Flugzeug gelandet ist). Das Wichtigste, um unangenehme Situationen zu vermeiden, ist der Präventivschlag: Sorgt dafür, dass ihr die anderen als Erste seht. Und bevor ihr mich der Feigheit bezichtigt, denkt noch mal darüber nach. Es ist nicht einfach, so neurotisch zu sein. Es erfordert Planung und gute Reflexe. Einen undurchsichtigen, verschlagenen Charakter. Meine Mutter sagt immer, ich würde eine 1a-Taschendiebin abgeben, denn bevor jemand „Wo ist meine Brieftasche?" rufen kann, bin ich schon verschwunden. Wie der Artful Dodger, der Meisterdieb aus Oliver Twist, der sich aus jeder Schwierigkeit herauslaviert. Das bin ich.

Und da drüben ist mein Vater, der alte Schlawiner[2]. Der Artful Dodger senior. Wie gesagt, ich habe ihn vor einem Jahr das letzte Mal getroffen, und der dunkel-

1 *hier: ständige*

2 *hier: pfiffiger Mensch*

haarige Mann, der im schrägen Strahl der frühen Nachmittagssonne steht, ist anders, als ich ihn in Erinnerung habe. Dass er schlank und durchtrainiert ist, überrascht mich nicht. Ich habe seinem neuen fitnessstudiogestählten Körper jede Woche Beifall gezollt, wenn er beim Skypen stolz seine Arme präsentiert hat. Die dunkleren Haare sind auch nichts Neues; ich habe ihn weiß Gott oft genug damit aufgezogen, dass er versucht, die letzten paar Jahre seiner Vierziger ungeschehen zu machen, indem er das Grau wegfärben lässt.

Aber während ich ihn heimlich und gründlich aus meinem Versteck beobachte, wird mir bewusst, dass ich nicht erwartet hatte, mein Vater würde so ... glücklich aussehen. Vielleicht wird es doch nicht so kompliziert. Tief Luft holen. Als ich aus meinem Versteck herauskomme, liegt ein Grinsen auf seinem Gesicht.

„Mink", sagt er – das ist mein alberner pubertärer Spitzname. Es stört mich nicht, er ist der Einzige, der mich so nennt (abgesehen von online-Freunden), und alle anderen in der Ankunftshalle sind sowieso zu sehr damit beschäftigt, ihre eigenen verwandten Fremden zu begrüßen, anstatt sich um uns zu kümmern. Bevor ich etwas dagegen tun kann, nimmt mich mein Vater in die Arme und drückt mich so fest, dass meine Rippen knacken. Wir sind beide ein bisschen gerührt. Ich schlucke den Kloß in meinem Hals herunter und zwinge mich, Haltung zu bewahren. „Wow, Bailey." Er mustert mich scheu. „Du bist ja richtig erwachsen."

„Du kannst mich gern als deine jüngere Schwester ausgeben, falls du sonst vor deinen Science-Fiction-Nerdkumpels zu alt aussiehst", spotte ich, um uns beiden die Verlegenheit zu nehmen, und tippe auf den Roboter auf seinem Alarm-im-Weltall-Shirt. „Niemals. Du bist mein größter Erfolg."

Argh. Es ist mir peinlich, wie geschmeichelt ich mich fühle, und mir fällt keine schlagfertige Antwort ein. Es endet damit, dass ich ein paarmal seufze.

Als er mir einige dunkle Strähnen meines Pagenkopfs[3] hinters Ohr schiebt, zittern seine Finger. „Ich freu mich so, dass du hier bist. Du bleibst doch, oder? Du hast während des Flugs nicht deine Meinung geändert?"

„Wenn du glaubst, dass ich freiwillig in diesen Karatekampf zurückkehre, den sie Ehe nennen, kennst du mich wirklich schlecht." Er kann seine Schadenfreude kaum verbergen und ich muss unwillkürlich zurücklächeln. Er umarmt mich noch einmal, aber jetzt ist das in Ordnung. Der schlimmste Teil der verlegenen Begrüßungsszene ist vorbei.

„Komm, wir fahren. Dann kannst du vergleichen, ob es draußen so aussieht, wie die Werbung dir vormachen wollte", sagt er und schaut vielsagend zu dem California-Dreamers!-Aufsteller; eine Augenbraue ist hochgezogen.

Ups. Hätte ich mir ja denken können. Ein listiger Artful Dodger lässt sich nicht überlisten.

Nach einer Kindheit an der Ostküste, während der meine weiteste Reise in den Westen bisher eine Klassenfahrt nach Chicago war, ist es merkwürdig, ins helle Sonnenlicht hinauszutreten, unter diesen riesigen, so was von blauen Himmel. Es wirkt flacher hier ohne all die dichten Baumkronen der nördlichen Ostküste, die den Horizont verdecken – so flach, dass ich rings um das Silicon Valley die Ausläufer der Berge erkennen kann. Da ich nach San José geflogen bin, die einzige große Stadt in der Nähe, haben wir zum neuen Haus meines Vaters an der Küste noch eine Dreiviertelstunde Fahrt vor uns. Nicht gerade eine Strafe, vor allem nicht, als ich sehe, dass wir in einem glänzenden blauen Sportwagen mit heruntergeklapptem Verdeck fahren werden. Mein Vater ist Wirtschaftsprüfer. Früher fuhr er eine Familienkutsche. In Kalifornien hat sich das offenbar geändert. Was noch? „Ist das dein Auto für die Midlife-Crisis?", frage ich, als er den Kofferraum aufschließt, damit ich mein Gepäck verstauen kann. Er kichert. Klarer Fall. „Steig ein", sagt er und wirft einen Blick auf sein Handy. „Und bitte

3 Kurzhaarfrisur

schreib deiner Mutter eine Nachricht, dass du nicht bei einem Flugzeugabsturz
205 im Flammeninferno umgekommen bist, sonst nervt sie mich endlos weiter."

„Zu Befehl, Captain Pete."

„Dumme Nuss."

„Spinner."

210 Er rempelt mich mit der Schulter an und ich remple zurück, und von einem Moment auf den anderen ist wieder alles wie früher. Zum Glück. Sein neuer (alter) Wagen riecht nach dem Zeug, mit dem ir-
215 gendwelche Pedanten Leder einsprühen; auf dem Boden stapeln sich ausnahmsweise keine Buchhaltungsunterlagen, offenbar werde ich bevorzugt behandelt. Als er den abartig lauten Motor aufheu-
220 len lässt, schalte ich zum ersten Mal seit der Landung mein Telefon ein. Nachrichten von Mom: vier.

Während wir aus dem Flughafenparkhaus fahren, antworte ich das Allernot-
225 wendigste. Allmählich lässt der Schock über das, was ich getan habe, nach – verdammte Scheiße, ich bin gerade auf die andere Seite des Landes gezogen. Ich versuche mir einzureden, das sei keine gro-
230 ße Sache. Immerhin habe ich dank Nate & Partner und Mom schon vor ein paar Monaten die Schule gewechselt, als wir von New Jersey nach Washington D.C. gezogen sind. Und musste deshalb keine
235 Freundschaften dort zurücklassen, in die ich nennenswert investiert hätte. In einen Freund hatte ich auch nicht investiert. Doch als ich die Nicht-Notfall-Nachrichten auf meinem Telefon durch-
240 gehe, sehe ich eine von Alex auf der Filmseite und werde wieder nervös, weil ich nun in derselben Stadt bin. […]

Quelle: Bennett, Jenn: Annähernd Alex. Übers. von Claudia Max. Königskinder, Hamburg 2016, S. 6 ff.

2 Literarischer Text „Annähernd Alex"

Aufgaben zum Textverständnis

2 P. **201** Ergänzen Sie die Informationen zur Erzählerin.

a)	Vor- und Nachname	
b)	Spitzname	
c)	Alter	
d)	letzter Wohnort	
e)	Leidenschaft	

1 P. ∗**202** Notieren Sie einen Grund, warum sich die Erzählerin auf dem Flughafen zunächst vor ihrem Vater versteckt.

_____

_____

_____

2 P. ∗**203** In Zeile 164 f. heißt es:

„Der schlimmste Teil der verlegenen Begrüßungsszene ist vorbei."

Notieren Sie aus den Zeilen 134–146 jeweils einen Textbeleg für die Verlegenheit des Vaters und die Verlegenheit der Tochter.

		Textbeleg
a)	Vater	
b)	Tochter	

2 P. **204** Die Lebensumstände des Vaters haben sich seit der Trennung von seiner Frau verändert.
Ergänzen Sie dazu die Tabelle.

		Lebensumstände	
		vor der Trennung	nach der Trennung
a)	Wohngegend		
b)	Auto		

*205 Die Erzählerin hat nicht erwartet, ihren Vater so glücklich zu sehen. Notieren Sie, welche Hoffnung sie damit verbindet.

_____
_____
_____

1 P.

*206 Die Erzählerin bezeichnet sich als notorische Vermeiderin. Notieren Sie zwei Handlungen bzw. Verhaltensweisen, die diesen Charakterzug verdeutlichen.

- _____
- _____

2 P.

207 Die Ich-Erzählerin vergleicht sich und ihren Vater mit einer literarischen Figur.

Notieren Sie
a) den Namen der Figur.
*b) die Eigenschaft der Figur, die sie auf sich und ihren Vater bezieht.

a) _____

*b) _____

2 P.

208 Der Vater hat seine Tochter in ihrem Versteck beobachtet, ohne dass diese es bemerkt.

Notieren Sie ein Beispiel, das verdeutlicht,
a) dass der Vater seine Tochter bereits gesehen hat.
b) dass die Tochter das erkennt.

a) _____

b) _____

2 P.

209 Kreuzen Sie an, ob die folgenden Aussagen über die Beziehung der Erzählerin zu Alex richtig oder falsch sind.

	richtig	falsch
a) Sie hat Alex über das Internet kennengelernt.	☐	☐
b) Sie hat bereits ein Foto von Alex gesehen.	☐	☐
c) Sie besucht dieselbe Klasse wie Alex.	☐	☐
d) Sie chattet seit Jahren mit Alex.	☐	☐

2 P.

1 P. *210 Die Zeitgestaltung stellt ein Element der Erzähltechnik dar.
Ordnen Sie dem Beispiel die entsprechende Art der Zeitgestaltung zu.
1. Zeitraffung
2. Zeitdeckung
3. Rückblende

	Nummer
„Du bist ja richtig erwachsen." „Du kannst mich gern als deine jüngere Schwester ausgeben, …" (Z. 137 ff.)	

Textverständnis gesamt: 17 P.
Fundamentum: 9 P.
*Additum: 8 P.

Aufgaben zum Sprachwissen und zur Sprachbewusstheit

1 P. 251 Notieren Sie den folgenden Satz in Standardsprache.

Alex zu treffen könnte eine fette peinliche Enttäuschung werden.

_____

_____

_____

2 P. 252 Der Text enthält Merkmale mündlicher Kommunikation.
Ergänzen Sie die Tabelle mithilfe der Zeilen 45–52.

Merkmal mündlicher Kommunikation	Beispiel aus dem Text
a) Auslassen von Buchstaben	
b) Ellipse/unvollständiger Satz	

1 P. 253 Kreuzen Sie die Bedeutung des unterstrichenen Wortes in der folgenden Wortgruppe an.

einen <u>verschlagenen</u> Charakter haben

a) verängstigt	☐
b) schlagfertig	☐
c) aggressiv	☐
d) hinterlistig	☐

*254 Formen Sie den folgenden Satz so um, dass er Gleichzeitigkeit zum Ausdruck bringt.

    Nachdem ich mein Gepäck vom Laufband genommen habe, spähe ich durch die automatischen Türen.

_____

_____

255 Formulieren Sie den folgenden Satz mithilfe von Modalverben
- a) als Wunsch.
- b) als Erlaubnis.
- c) als Aufforderung.

    Ich verstaue mein Gepäck im Kofferraum.

a) _____

b) _____

c) _____

*256 Notieren Sie aus dem folgenden Satz jeweils ein Partizip I und ein Partizip II.

    Mein Vater, einen glänzenden blauen Sportwagen mit heruntergeklapptem Verdeck fahrend, lächelt verzückt.

a) Partizip I	
b) Partizip II	

Sprachwissen und Sprachbewusstheit gesamt: 10 P.
Fundamentum: 7 P.
*Additum: 3 P.

3 Die nächste große Welle

Im Dezember 2004 rollte ein gewaltiger Tsunami durch den Indischen Ozean und forderte in den Ländern Asiens und Afrikas so viele Menschenleben wie alle anderen historisch belegten Riesenwellen zusammen. So groß danach die Versprechungen waren, die Vorsorgebereitschaft schwindet schon wieder – auch in Europa. Dabei ist auch hier die Gefahr für ein Unglück real.

Wo Tsunamis drohen
— Risiko-Küsten
▲ Frühwarneinrichtungen
◎ Entstehungszentren größerer Tsunamis seit 2000

Europas Küsten
Tsunamis bedrohen sowohl das östliche Mittelmeer als auch die Atlantikküste. Ein längst geplantes Frühwarnsystem ist aber immer noch nicht einsatzbereit

Ungleich verteilt

Auftreten der historisch belegten Tsunamis der vergangenen 4000 Jahre nach Meeresgegend

Schwarzes Meer	3 %
Karibik	5 %
Indischer Ozean	5 %
Rest-Atlantik	6 %
Mittelmeer	17 %
Pazifischer Ozean	64 %

Nicht so selten
Zwischen 1900 bis 2009 wurden rund tausend Tsunamis gezählt, etwa hundert pro Jahrzehnt. 166 davon verursachten größere Schäden

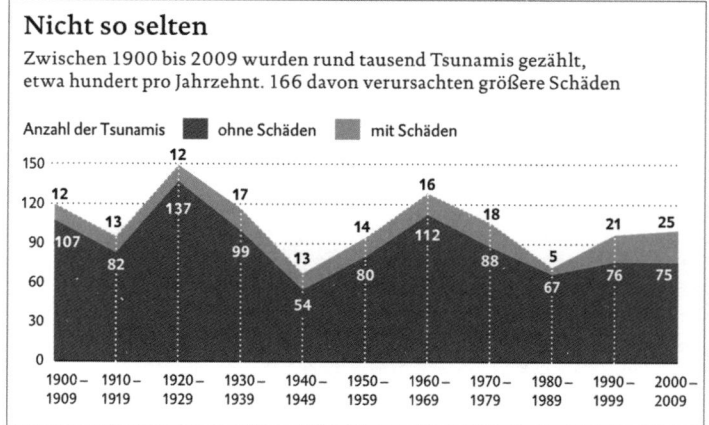

Lange unsichtbar

Ohne sichtbare Anzeichen rast ein Tsunami über den Ozean.
Eine hohe Welle türmt sich erst an der Küste auf:
Je flacher das Wasser, desto höher wächst und desto langsamer wird sie

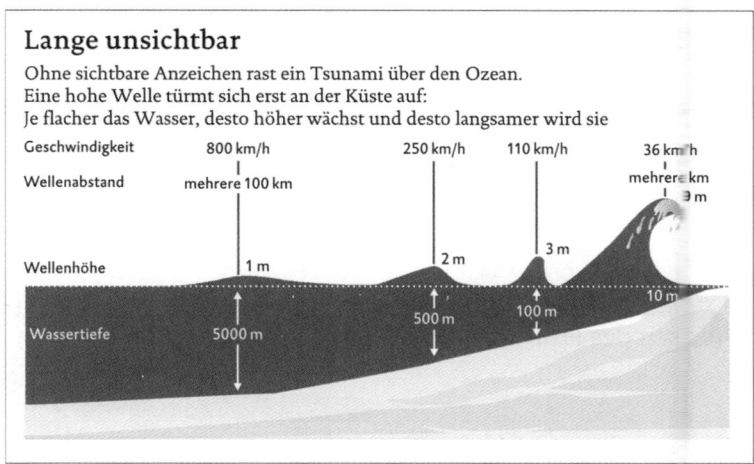

Früh gewarnt

① Dutzende Sensoren am Meeresboden messen ständig den Wasserdruck und senden ein Signal, sobald er auffällig ist

② GPS-Bojen empfangen das Signal akustisch oder per Kabel und funken es zusammen mit Messungen des Seegangs

③ Satelliten empfangen diese Informationen und überwachen Veränderungen des Meeresspiegels

④ Alle Daten werden an den Zentralrechner der Frühwarnstationen übertragen. Scheint ein Tsunami wahrscheinlich, wird dort Alarm ausgelöst – ansonsten wird Entwarnung gegeben

⑤ Die zuständigen Behörden verbreiten die Alarmmeldung über Radio, Fernsehen, Internet, Sirenen an den Küsten oder SMS-Mitteilungen – oder sie geben Entwarnung

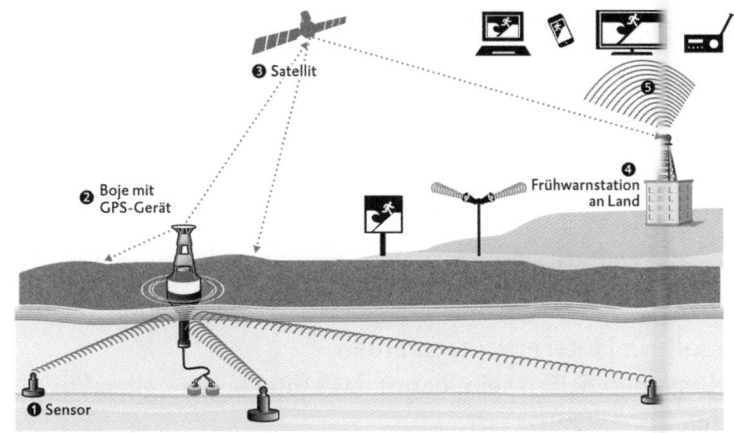

Wichtiger Unterschied

Nicht jeder Abschnitt einer Küste ist gleichermaßen bedroht

Spitze Buchten
Am höchsten türmen sich Tsunamiwellen häufig in V-förmigen Buchten auf. An deren Spitze ist die Gefahr am größten.

Flussmündungen
Tsunamiwellen können in Flussmündungen eindringen und auch kilometerweit landeinwärts noch Überschwemmungen auslösen.

Gerade Küstenlinie
An einem flachen, geraden Abschnitt ist die Gefahr zwar geringer. Allerdings: Der Fluchtweg zu höhergelegenem Gelände ist dort oft länger.

Enger Zugang
Buchten mit schmalem Zugang und Häfen mit enger Einfahrt sind meistens recht gut gegen Tsunamiwellen geschützt.

Quelle: Die Zeit Nr. 52, 17. 12. 2014, S. 37.

3 Diskontinuierliche Texte „Die nächste große Welle"

Aufgaben zum Textverständnis

1 P. 301 Warum sind auch in Europa Tsunami-Frühwarnsysteme notwendig?

_____

1 P. 302 Die Entstehung von Tsunamis wird durch Frühwarnsysteme angezeigt. Ordnen Sie die Phasen des Frühwarnsystems in der richtigen Reihenfolge.

		Nummer
a)	Die Bevölkerung wird über die Tsunami-Gefahr informiert.	
b)	Bojen registrieren Signale und leiten diese an den Satelliten weiter.	
c)	Sensoren am Meeresboden geben auffällige Veränderungen weiter.	
d)	Satelliten überwachen Veränderungen des Meeresspiegels und leiten Informationen weiter.	
e)	Messdaten werden zentral ausgewertet.	

2 P. 303 Die Entstehung eines Tsunamis folgt bestimmten Gesetzmäßigkeiten. Vervollständigen Sie dementsprechend die folgenden Sätze.

a) Je tiefer das Wasser, umso _____ die Geschwindigkeit der Welle.

b) Je langsamer die Welle, umso _____ ihre Höhe.

2 P. 304 An einer Küste soll ein Hotel errichtet werden.
Wie muss die Küste beschaffen sein, damit das Hotel bestmöglich vor den Folgen von Tsunamis geschützt ist?
Geben Sie zwei Küstenformen an.

- _____
- _____

305 Kreuzen Sie an, ob die folgenden Aussagen richtig oder falsch sind. 3 P.

		richtig	falsch
a)	Die meisten schweren Schäden durch Tsunamis sind im letzten Jahrzehnt, das in der Grafik abgebildet wird, entstanden.	☐	☐
b)	Es gab seit 1900 kein Jahrzehnt, in dem Tsunamis keine Schäden anrichteten.	☐	☐
c)	Die meisten Tsunamis gab es zwischen 1920 und 1929.	☐	☐
d)	Weltweit gab es zwischen 1900 und 2009 Tausende Tsunamis.	☐	☐
e)	Um 1900 richteten Tsunamis die wenigsten Schäden an.	☐	☐

✱ 306 Begründen Sie, warum die folgende Aussage falsch ist. 1 P.

    Am Schwarzen Meer kann kein Tsunami auftreten.

_____

_____

_____

_____

✱ 307 Die Legende „Wo Tsunamis drohen" enthält ein Symbol zu Entstehungszentren größerer Tsunamis seit 2000, welches in der dazugehörigen Grafik nicht abgebildet ist. 1 P.
Welche Erkenntnis leiten Sie daraus ab?

_____

_____

_____

Textverständnis gesamt: 11 P.

Fundamentum: 9 P.
✱ Additum: 2 P.

4 Richtig schreiben

401 Welche Strategie wenden Sie an, um das Wort **mittags** an der markierten Stelle richtig zu schreiben?

Kreuzen Sie jeweils die zutreffende Rechtschreibstrategie an.

a) M oder m?		
mittags	1. Ich wende die Artikelprobe an.	☐
	2. Ich bilde ein stammverwandtes Wort.	☐
	3. Ich erkenne ein typisches Suffix für Adverbien.	☐

b) t oder tt?		
mi**tt**ags	1. Ich verlängere das Wort.	☐
	2. Ich bilde den Plural.	☐
	3. Ich zerlege das Wort in seine Silben.	☐

402 „Das" oder „dass"?

a) Kreuzen Sie an, welche Schreibweise im folgenden Satz richtig ist.

Es gab ein Gesetz,
☐ dass   ☐ dass   Ketchuprezept schützen sollte.
☐ das   ☐ das

b) Notieren Sie, mit welcher Strategie Sie Ihre Entscheidung begründen können.

_____

_____

403 Notieren Sie das Suffix, das jeweils über die Groß- oder Kleinschreibung entscheidet.

	Suffix
Beispiel: Krank*heit*en	-heit-
a) haltbar	
b) praktischer	
c) Richtungen	

404 Kreuzen Sie an, ob die unterstrichenen Wörter groß- oder kleingeschrieben werden.

	Großschreibung	Kleinschreibung
a) Die Firma ist PLEITE.	☐	☐
b) Die ersten Flaschen kamen aus dem AMERIKANISCHEN.	☐	☐

2 P.

405 Kreuzen Sie an, ob die unterstrichenen Wendungen getrennt oder zusammengeschrieben werden.

	Getrennt-schreibung	Zusammen-schreibung
a) Beim Grillen ist das Fleisch regelmäßig zu wenden / zuwenden.	☐	☐
b) Gleichzeitig muss er sich dem Gast zu wenden / zuwenden.	☐	☐

2 P.

Richtig schreiben gesamt: 10 P.

5 Überarbeiten eines Textes

In den folgenden Informationen über den Spargel sind einige Fehler enthalten.
Korrigieren Sie nur den jeweiligen Fehler.

- **R** Rechtschreibfehler
- **Z** Zeichensetzungsfehler
- **G** Grammatikfehler
- **A** Ausdrucksfehler

Punkte	Nr.	Text	Fehlerart
1 P.	501	Die Spargelstange ist der Stängelspross der Spargelpflanze die zur Familie der Liliengewächse gehört.	Z (Korrigieren Sie direkt im Text.)
1 P.	*502	Viele alt bekannte Sorten werden heute kaum noch angebaut.	R
1 P.	*503	Spargelkulturen sollen über viele Jahre gute Erträge bringen, weil der Standort sorgfältig ausgewählt werden sollte.	G (Konjunktion)
1 P.	504	Zur Ernte werden die Spargelstangen gestochen, was nach wie vor knüppelharte Handarbeit ist.	A (umgangssprachlich)
1 P.	505	Spargel ist ein Gemüse, welches in seinem Geschmack einzigartig und deshalb bei Feinschmeckern voll beliebt ist.	A (umgangssprachlich)
1 P.	*506	Früher wurden die Spargelstangen die noch nicht zerkleinert waren relativ umständlich mit den Fingern gegessen.	Z (Korrigieren Sie direkt im Text.)
1 P.	507	Deshalb wurde zum spargelessen immer ein mit warmem Wasser gefülltes Fingerschälchen gereicht.	R
1 P.	508	Für die aus heutiger Sicht unsinnig erscheinende Sitte gab es ein einfachen Grund.	G (Kasus)
1 P.	509	Wurde der Spargel geschnitten mit dem Messer, fing dieses stark zu rosten an.	G (Satzbau)
1 P.	510	Heute können sich Spargelliebhaber über rostfreie Messer freuen und Spargel zu jedem Anlaß bedenkenlos mit Messer und Gabel essen.	R

Überarbeiten eines Textes gesamt: 10 P.
Fundamentum: 7 P.
*Additum: 3 P.

6 Erstellen eines Schreibplans

Sollte man ein Ehrenamt ausüben?

Ihre Klasse hatte im Deutschunterricht die Möglichkeit, sich für ein Erörterungsthema zu entscheiden.
Ihre Wahl fiel auf das Thema „Ehrenamtliche Arbeit".

In Vorbereitung auf die Erörterung haben Sie sich intensiv mit dem Thema auseinandergesetzt.

Verfassen Sie eine Erörterung, in der Sie die Vor- und Nachteile der Ausübung eines Ehrenamtes deutlich machen.

Lesen Sie zunächst folgende Meinungen, die Sie bei Ihrer Recherche gefunden haben:

- Wenn ich einmal aus schulischen Gründen keine Zeit haben sollte, kann ich nicht einfach absagen.
- Im Ehrenamt verdiene ich kein Geld, das ich aber brauche.
- Seitdem ich ehrenamtlich tätig bin, traue ich mir viel mehr zu.
- Ich bin stolz darauf, dass ich etwas für die Gesellschaft leiste.

Aufgabe:
Vervollständigen Sie den nachfolgenden Schreibplan in Form eines Gliederungsrasters. Gehen Sie dabei wie folgt vor:
a) Entscheiden Sie, welche der beiden vorgegebenen Positionen Sie als These und Gegenthese verwenden wollen. Streichen Sie die jeweils für Ihren Schreibplan nicht zutreffende These und Gegenthese durch.
b) Leiten Sie aus den vorgegebenen **Meinungen** zwei Pro- und zwei Kontra-**Argumente** ab.
c) Stützen Sie die Argumente mit jeweils einem Beleg oder Beispiel. Sie müssen dabei auch auf Ihr Alltagswissen und eigene Erfahrungen zurückgreifen.
*d) Formulieren Sie noch ein weiteres Pro- und Kontra-Argument und stützen Sie jedes mit einem eigenen Beleg oder Beispiel.
e) Ergänzen Sie stichwortartig Ihre Überlegungen für Einleitung und Schluss des Artikels, wobei der Schluss Ihre Meinung widerspiegeln soll.
*f) Ziehen Sie ein Fazit und formulieren Sie dementsprechend eine Empfehlung.

Gliederungsraster:

			1. Einleitung
1 P.	601	Schreibanlass/ aktueller Anlass	
1 P.	602	Hinführung zum Thema	
			2. Hauptteil
		These **oder** Gegenthese	Die Ausübung eines Ehrenamtes ist erstrebenswert. Das Ausüben eines Ehrenamtes ist abzulehnen.
1 P.	603	1. Argument	•
1 P.	604	Beleg/Beispiel	•
1 P.	605	2. Argument	•
1 P.	606	Beleg/Beispiel	•
1 P.	✶607	3. Argument	•
1 P.	✶608	Beleg/Beispiel	•

	These **oder** Gegenthese	Die Ausübung eines Ehrenamtes ist erstrebenswert. Das Ausüben eines Ehrenamtes ist abzulehnen.	
609	1. Argument	•	1 P.
610	Beleg/Beispiel	•	1 P.
611	2. Argument	•	1 P.
612	Beleg/Beispiel	•	1 P.
✶613	3. Argument	•	1 P.
✶614	Beleg/Beispiel	•	1 P.
		3. Schluss	
615	persönliche Meinung		1 P.
✶616	Fazit		1 P.
✶617	eine Empfehlung		1 P.

Erstellen eines Schreibplans gesamt: 17 P.

Fundamentum: 11 P.
　✶Additum:　6 P.

7 Umsetzung des Schreibplans: Verfassen einer Erörterung

Aufgabe:
Verfassen Sie die Erörterung auf der Grundlage Ihres Schreibplans.

Sollte man ein Ehrenamt ausüben?

2 P. (Additum 1, Fundamentum 1)	701	Einhalten der Gliederung
5 P. (Additum 3, Fundamentum 2)	702	Schreibfunktion
4 P. (Additum 2, Fundamentum 2)	703	Sprachliche Darstellungsleistung
2 P.	704	Sprachliche Korrektheit (Grammatik)
2 P.	705	Sprachliche Korrektheit (Rechtschreibung)
2 P.	706	Sprachliche Korrektheit (Zeichensetzung)
1 P.	707	Lesefreundliche Form (Übersichtlichkeit/Schriftbild)

Verfassen einer Erörterung gesamt: 18 P.
Fundamentum: 12 P.
✶Additum: 6 P.

1 Smileys und Symbole – Wie Emojis unsere Kommunikation verändern
Julia Grass

Meine Mutter nutzt seit einiger Zeit ein Smartphone. Damit schreibt sie leidenschaftlich gerne Textnachrichten, die sie mit zahlreichen kleinen Bildchen ausschmückt. Als Gutenachtgruß bekomme ich immer einen Mond, zum Geburtstag Sektgläser und Torten, auch mal fünf hintereinander, und wenn ich ihr zu lange nicht antworte, schickt sie wortlos einen runden, roten, wütenden Smiley.

Emojis heißen diese kleinen Smileys und Symbole, und meine Mutter ist nicht die Einzige, die sie nützlich findet. Die Emojis sind schwer beliebt, spätestens seit sie 2010 weltweit normiert[1] in den sogenannten Unicode aufgenommen wurden.

Der Unicode hält alle bekannten Schriftzeichen und Textelemente unterschiedlichster Sprachen fest und versieht sie mit einem digitalen Code. Deshalb können die Emojis nun auf allen Smartphones und Computern angezeigt werden und frischen die Online-Kommunikation damit auf. Der Global Language Monitor[2] will sogar festgestellt haben, dass das am häufigsten genutzte Wort 2014 ein Herz-Emoji war.

Über die Methodik der Studie ist wenig bekannt, aber der Befund stützt die Beobachtung, dass um die kleinen, meist niedlich-kindlichen Bilder mittlerweile ein regelrechter Hype entstanden ist. Schon wird die Frage laut, ob Emojis sogar so etwas wie eine neue Weltsprache darstellen. Die These klingt, zugegeben, etwas hoch gegriffen, doch erste eingefleischte Emoji-Nutzer versuchen sich bereits an der Übersetzung bekannter literarischer Werke. So wird aus Moby Dick der Titel „Emoji Dick", aus Abertausenden von kleinen Walen, Handzeichen, Telefonen, Grinsegesichtern zusammengesetzt. Und die englische Tageszeitung „The Guardian" übersetzte auf Twitter unter dem Account @emojibama eine Rede des US-Präsidenten in Emoji. Das ist natürlich spaßig gemeint. Doch für die Emojis interessiert sich mittlerweile auch die Wissenschaft.

Allgemein hat sich die Auffassung durchgesetzt, dass die kleinen Bildchen aus Japan kommen. Das stimmt jedoch nur zur Hälfte. Bei den Emojis lassen sich nämlich noch einmal zwei Unterformen definieren: Da wären zum einen die kleinen Bilder – wie der Gute-Nacht-Mond oder das Sektglas, aber auch eine ganze Reihe an Tier- und Blumensymbolen. Diese sind tatsächlich in Japan entstanden. Daneben gibt es aber auch solche Emojis, die tatsächlich Emotionen ausdrücken. Das sind die Bildchen, die wir als „Smileys" bezeichnen, mit Augen und Mund, mal lachend, mal weinend oder eben wutdampfend. Diese Unterform der Emojis nennt man Emoticons. Das Wort ist eine Mischung aus „emotion" (Gefühl) und „icon" (Bild). Diese Emoticons gibt es schon seit den Achtzigerjahren, sie entstanden ursprünglich allerdings nicht in bildhafter Form, sondern als Konstrukte aus Satzzeichen. Das bekannteste Emoticon ist :-) .

Erfunden hat die Emoticons ein US-amerikanischer Professor für Informatik, Scott Fahlman, im Jahre 1982. Fahlman stellte fest, dass es in virtuellen Diskussionen oft zu Missverständnissen kommt. Ob etwas ironisch oder ernst gemeint ist, lässt sich häufig nicht allein am Text erkennen. Fahlman schlug deshalb vor, witzig gemeinte Beiträge mit einem grinsenden Gesicht zu markieren, eben :-) , und führte für die weniger humorvollen Beiträge das Gegenstück :-(ein.

Aus ihrer Entstehungsgeschichte wird deutlich, warum Emoticons gerade in der Online-Kommunikation und SMS-Übermittlung über Smartphones und Handys so wichtig geworden sind.

„Sie ersetzen das, was in einem Gespräch von Angesicht zu Angesicht normalerweise Mimik und Gestik erfüllen",

---

[1] hier: vereinheitlicht

[2] Programm der gleichnamigen Firma zum Erfassen der verwendeten Wörter und Zeichen

sagt Anatol Stefanowitsch, Sprachwissenschaftler am Institut für Englische Philologie an der Freien Universität Berlin. Denn ein Gespräch bestehe nicht nur aus gesprochener Sprache, sondern müsse immer in einen emotionalen Kontext gesetzt werden – und dies geschehe eben hauptsächlich über Gesichtsausdrücke und Bewegungen.

Nun gab es die rein schriftliche Kommunikation auch schon vor dem Internet. Goethe und Schiller sind schließlich auch ohne Herzen und Smileys ausgekommen, und wer würde ihren Liebesbriefen oder der Lyrik von Hölderlin und Novalis die Emotion absprechen! Warum also fehlen uns heute plötzlich Gestik und Mimik in der Schriftkommunikation? Laut Anatol Stefanowitsch liegt das an der Veränderung der schriftlichen Kommunikation selbst. „Wenn Sie früher einen Brief geschrieben haben, dann haben Sie sich Zeit genommen und Ihre Gefühlszustände detailliert beschrieben. Heute kommuniziert man deutlich schneller. Wir bekommen im Minutentakt Nachrichten, antworten ebenso schnell. Das hat nicht mehr den Charakter der ursprünglichen Schriftkommunikation, sondern vielmehr den eines normalen Gesprächs, bei dem die Teilnehmer sich gegenüberstehen." Tatsächlich zeige die Forschung, dass Emoticons in der schriftlichen Kommunikation an denselben Stellen gesetzt werden, an denen man auch in einem persönlichen Gespräch lächeln, lachen oder zwinkern würde.

„Interessanterweise", sagt Stefanowitsch, „werden die klassischen Emoticons zwar als Gefühlsausdrücke interpretiert, die Verarbeitung im Gehirn findet jedoch in dem Areal statt, in dem auch Sprache verarbeitet wird – und nicht etwa in dem Teil, der für die Gesichtserkennung zuständig ist."

Diese Erkenntnis zeigt, dass die Wahrnehmung und Interpretation von Emoticons nicht instinktiv geschehen, wie etwa die Wahrnehmung eines lachenden Gesichts, sondern dass sie wie jede Sprache erlernt werden müssen. Auch meine Mutter, die Emoticon-Expertin, hat dafür eine Weile gebraucht. Als ich ihr vor Jahren den ersten Smiley schickte, fragte sie noch: „Was heißt das? Hast du dich vertippt?"

Ob sich die Verarbeitung der Emoticons ändert, nun, da sie nicht mehr nur aus Sonderzeichen bestehen, sondern als Bilder vorliegen, bleibt allerdings abzuwarten.

Auch wie wir die übrigen Emojis wahrnehmen, muss noch genauer erforscht werden. Stefanowitsch vermutet, dass die emotionslosen Bildchen, anders als die Emoticons, stärker ergänzend zum Ausdruck bestimmter Themen eingesetzt werden. Der kleine Mond meiner Mutter ergänzt also ihren Gutenachtgruß nur – der rote Wut-Smiley ist dagegen auch ohne zusätzliche Worte eindeutig. „Mit den kleinen Bildchen wird noch sehr viel gespielt und ausprobiert, gerade herrscht ein regelrechter Hype darum. Ob sie allerdings genauso unersetzlich werden wie die Emoticons, bleibt abzuwarten", sagt Stefanowitsch.

Immerhin sind die Emojis mittlerweile so relevant und präsent, dass man sich Gedanken um ihre politische Korrektheit macht. Ab Juni sollen die Gesichts-Emoticons deshalb in verschiedenen Hautfarben verfügbar gemacht werden. Und das Emoji des heterosexuellen Liebespaares wurde bei Apple bereits um zwei weitere homosexuelle Liebespaar-Emojis ergänzt.

Was sich jetzt schon zeigt, ist die Abhängigkeit der Interpretation der Bildchen vom jeweiligen kulturellen Umfeld. So ist jedem Bild im Unicode zwar eine offizielle Beschreibung zugeordnet – die reale Interpretation indes kann deutlich davon abweichen. Bestes Beispiel: Das kleine Bildchen, das der Unicode als „Kothäufchen" ausweist. Von diesem Zeichen nahm nicht nur meine Mutter zunächst an, es handle sich um lachende Schokolade.

Man ahnt, welche Tücken die Emoji- und Emoticon-Nutzung in sich birgt. Dem wichtigen Geschäftspartner schickt man besser keinen grinsenden Kothaufen

– und auch keinen vermeintlich lachenden Schokokuss. Das kann peinlich werden. Wenig überraschend ist deshalb eine Studie der Erasmus-Universität in Rotterdam, die zum Ergebnis kam, dass Emojis hauptsächlich dann genutzt werden, wenn sich die Kommunikationsteilnehmer gut kennen.

Frauen übrigens verwenden Emoticons laut einer Studie der US-amerikanischen Rice-Universität viel häufiger als Männer. Kommunizieren Männer aber mit Frauen, nimmt auch ihre Emoji-Nutzung deutlich zu.

Ich schreibe das meiner Mutter. Sie meint dazu: :-)

Quelle: www.berliner-zeitung.de/kultur/smileys-und-symbole-wie-emojis-unsere-kommunikation-veraendern-1159516 (23.01.2015)

1 Sachtext „Smileys und Symbole – Wie Emojis unsere Kommunikation verändern"

Aufgaben zum Textverständnis

101 Der Text beginnt mit den Worten „Meine Mutter nutzt ...". Notieren Sie, wessen Mutter gemeint ist.

Die Mutter von Julia Grass

102 Die Zeilen 1 bis 10 stellen die Einleitung des Textes dar. Kreuzen Sie an, welche Funktion die Einleitung erfüllt.

a)	Sie veranschaulicht das Thema.	X
b)	Sie ruft Emotionen hervor.	
c)	Sie provoziert.	
d)	Sie problematisiert das Thema.	

103 Vervollständigen Sie die folgende Tabelle zur Unterscheidung der Emojis anhand des Textes.

Oberbegriff	Emojis	
Unterteilung	emotionslose Bildchen	Emoticons
a) Beispiel	Torte	grinsendes Gesicht
b) Ursprungsland	Japan	USA

104 Notieren Sie, warum die Emoticons erfunden wurden.

Scott Fahlman stellte fest, dass es in virtuelle Diskussionen oft zu Missverständnissen kam und wollte das vermeiden

105 Notieren Sie, welche Funktion die <u>emotionslosen Bildchen</u> laut dem Sprachwissenschaftler Stefanowitsch erfüllen.

Sie ersetzen das Mimik und Gestik

106 Die schriftliche Kommunikation hat sich durch die Nutzung des Internets verändert.
Notieren Sie eine der im Text dargestellten Folgen dieser Veränderungen.

Früher haben Menschen sich Zeit genommen, um ihre Gefühlszustand detailliert zu beschreiben. Heute machen wir das nicht mehr.

107 Notieren Sie, wovon die Interpretation der Bildchen abhängig ist.

Man muss die Bedeutungen von der Bildchen lernen, deswegen ist es davon abhängig, wie man die Bedeutung der Bildchen gelernt hat.

108 Notieren Sie,
a) was im Unicode festgehalten wird.
b) welchen Vorteil die Aufnahme in den Unicode bietet.

a) Alle bekannte Schriftzeichen und Textelemente
b) Die können auf alle Smartphones und Computern benutzt.

109 Kreuzen Sie an, ob die folgenden Aussagen richtig oder falsch sind.

		richtig	falsch
a)	Emojis werden von allen Nutzern gleich interpretiert.		☒
b)	Frauen nutzen viel häufiger Emojis als Männer.	☒	
c)	Texte können durch Emojis dargestellt werden.	☒	
d)	Alle Emojis stehen für Gefühle.		☒
e)	Scott Fahlman erfand die Emoticons.	☒	

110 Leiten Sie aus dem Text eine Empfehlung für den Umgang mit Emojis in <u>offiziellen</u> Schreiben ab.

MSA und eBBR (Berlin) / Brandenburg – Deutsch 2020

111 Im Text verweist die Autorin mehrfach auf ihre Mutter.
Kreuzen Sie an, ob die folgenden Aussagen richtig oder falsch sind.

		richtig	falsch
a)	Das Beispiel der Mutter gibt dem Text einen inhaltlichen Rahmen.	☒ (durchgestrichen)	☒
b)	Das Beispiel der Mutter veranschaulicht das Thema.	☒	☐
c)	Das Beispiel der Mutter lenkt vom Thema ab.	☐	☒
d)	Das Beispiel der Mutter hat eine unterhaltende Funktion.	☒	☐

2 P. — 1,5 P

x
✓
✓

Textverständnis gesamt: 16 P. — 12,5
Fundamentum: 10 P.
*Additum: 6 P.

Aufgaben zum Sprachwissen und zur Sprachbewusstheit

151 Notieren Sie für das Wort „Tücken" im folgenden Satz ein Synonym.

Man ahnt, welche Tücken die Emoji-Nutzung mit sich bringt.

probleme

1 P. ✓

152 Kreuzen Sie an, welcher Satz der Aussage des folgenden Satzes entspricht.

Emojis frischen die Online-Kommunikation auf.

a)	Emojis muntern die Online-Kommunikation auf.	☐
b)	Emojis beleben die Online-Kommunikation.	☒
c)	Emojis kurbeln die Online-Kommunikation an.	☐
d)	Emojis verstärken die Online-Kommunikation.	☐

1 P. ✓

153 Ordnen Sie die folgenden Fremdwörter den deutschen Bezeichnungen zu.

Hype
Methode
Kommunikation
Kontext

	deutsche Bezeichnung	Fremdwort
a)	Verständigung	Kommunikation
b)	Zusammenhang	Kontext
c)	übersteigertes Interesse	Hype
d)	Vorgehensweise	Methode

2 P. ✓

✓ 2 P. 154 Ordnen Sie die folgenden Wörter in die Tabelle ein.

| feststellen | zahlreich | verarbeiten |
| lesbar | ursprünglich | Schokokuss |

Ableitung	Komposition
lesbar	zahlreich
verarbeiten	feststellen
ursprünglich	Schokokuss

✓ 1 P. 155 Formen Sie das folgende Satzgefüge so um, dass der Nebensatz dem Hauptsatz nachgestellt ist.

Wie wir die Emojis wahrnehmen, muss noch genauer erforscht werden.

Es muss genauer erforscht werden, wie wir die Emojis wahrnehmen.

✗ 1 P. *156 Formen Sie den folgenden Satz in einen Passivsatz um.

Die Emoticons hat ein amerikanischer Professor erfunden. *wurde* *worden*

Ein amerikanischer Professor hat die Emoticons erfunden.

✓ 1 P. 157 Notieren Sie aus dem folgenden Satz zwei Alliterationen.

Sie sendet wortlos einen wütenden, runden, roten Smiley.

- runden, roten
- Sie senden

✗ (1 P.) *158 Formen Sie den folgenden Satz so um, dass er kein Partizip enthält.

Das sind die Bildchen mit <u>lachendem</u> Mund.

Das sind die Bildchen mit einem Mund, der lacht.

Sprachwissen und Sprachbewusstheit
gesamt: 10 P. 8
Fundamentum: 6 P.
*Additum: 4 P.

2 Röslein stach
Susanne Mischke

1 Bis zu diesem Morgen war Antonias Leben so zäh verlaufen wie ein langweiliger Schwarz-Weiß-Film. Doch nun saß sie am Frühstückstisch und brachte vor Auf-
5 regung keinen Bissen hinunter. Gerade verabschiedete ihre Mutter Ralph mit Küsschen rechts, Küsschen links und noch einem Küsschen auf den Mund. Antonia schüttelte sich innerlich bei
10 dem Gedanken, wie man einen Mann wie Ralph – wenig Haar, wenig Kinn, viel Bauch – küssen konnte. Sie wartete, bis sie seinen Wagen wegfahren hörte. Zum Glück würden sie ihn für den Rest
15 der Woche los sein, er reiste zu einer Messe nach Berlin. So musste Antonia es erst einmal nur mit ihrer Mutter aufnehmen. Sie trank einen Schluck Kaffee, nahm ihren ganzen Mut zusammen und
20 sagte: „Mama, ich will ausziehen!"

Noch während sie es aussprach, wurde ihr mulmig zumute. Sie hatte sich auf sehr dünnes Eis gewagt. Aber jetzt gab es kein Zurück mehr.
25 Ihre Mutter, die gerade Ralphs marmeladenverschmierten Teller abräumte und in die Spülmaschine stellte, richtete sich auf und drehte sich zu ihrer Tochter um, eine tiefe Falte zwischen ihren Au-
30 genbrauen. „Wie bitte? Was ist denn das für ein Unsinn?"

Mit einer Reaktion wie dieser hatte Antonia gerechnet, dennoch merkte sie, wie sich ein Kloß in ihrer Kehle bildete.
35 Nicht heulen, beschwor sie sich, jetzt bloß nicht losheulen! Sie hatte sich fest vorgenommen, während des folgenden Gesprächs vernünftig und ruhig zu bleiben, damit ihre Mutter sie ernst nehmen
40 würde. Aber in letzter Zeit fiel es ihr immer schwerer, sich zu beherrschen, egal, ob es um eine neue Klamotte oder die Erlaubnis für eine Party ging, die sie sich erstreiten musste. Ungewollt und über-
45 fallartig stiegen beim geringsten Anlass diese verdammten Tränen in ihr hoch. Das Fatale daran war, dass ihre Mutter und Ralph ihr unterstellten, das Weinen wäre eine Masche von ihr, um ihren Wil-
50 len durchzusetzen. Und natürlich schalteten sie dann erst recht auf stur. Doch obwohl Antonia klar war, dass die Heulerei alles nur verschlimmerte, war sie völlig machtlos dagegen.
55 Auch jetzt hatte ihre Stimme schon wieder diesen verdächtigen, zittrigen Unterton. „Ich will ausziehen. Ich will nicht jeden Morgen eine Dreiviertelstunde bis zur Schule fahren."
60 Nach den Sommerferien würde Antonia in die elfte Klasse kommen. Antonias jetzige Schule besaß jedoch keine Oberstufe. Die meisten ihrer Mitschüler, die das Abitur machen wollten, würden
65 dafür ab August in die nächstgelegene Gesamtschule am Stadtrand Hannovers gehen, was jeden Tag eine umständliche Fahrt mit Bus und S-Bahn bedeutete.

„Was willst du dann? Die Schule
70 schmeißen? Bei deinen guten Noten?"

„Ich möchte die Oberstufe am Helene-Lange-Gymnasium in Hannover-Linden besuchen und dort will ich auch wohnen." So, jetzt war es raus. Antonia fühl-
75 te sich, als hätte man ihr gerade eine schwere Last abgenommen.

Doris Reuter sah ihre Tochter an. In ihrem Blick lagen Verwirrung, Zorn und – was war das – Angst? Dann schüttelte
80 sie den Kopf und lachte bitter auf. „Und woher soll ich das Geld nehmen, um dem Fräulein eine Stadtwohnung zu finanzieren? Sehe ich aus wie eine Millionärin?"
85 Nein, wie eine Millionärin sah ihre Mutter wirklich nicht aus. Ihre Jeans und das T-Shirt hatten schon deutlich bessere Zeiten gesehen und ihr dunkles Haar, dem die Dorffriseurin einen rigorosen
90 Kurzhaarschnitt verpasst hatte, müsste mal wieder nachgefärbt werden. Auch sonst ging es in der Familie nicht luxuriös zu: Die Lebensmittel stammten von Aldi, auch Antonias heiß geliebtes Toast-
95 brot, und das hässliche kleine Haus, in dem sie lebten, gehörte Ralph. Ralph mit ph. Ein Name, der klang wie das Geräusch, das entsteht, wenn eine Hängematte reißt. Ralph war der Mann ihrer
100 Mutter. So nannte ihn Antonia in Ge-

danken: Der Mann meiner Mutter. Nicht etwa Papa, was ihm sicher gefallen hätte, zumindest hatte er es ihr angeboten. Aber sie wollte die vertrauliche Anrede für ihren richtigen Vater reservieren, auch wenn sie keine Ahnung hatte, wo dieser sich aufhielt, ob er noch lebte und ob er überhaupt von ihrer Existenz wusste. Antonia war sicher, dass er eines Tages auftauchen würde. Zumindest verging kein Tag, an dem sie nicht an ihn dachte, fiktive Lebensläufe für ihn entwarf und sich den Moment ihrer Begegnung in rosaroten Tönen ausmalte. Ihre Mutter hüllte sich, was das Thema Vaterschaft anging, in Schweigen. Je bohrender Antonias Fragen mit den Jahren geworden waren, desto ablehnender hatte sie reagiert.

Antonia jedoch fühlte sich wie ein Puzzle, bei dem die Hälfte der Teile fehlte. Nicht einmal ein Foto hatte sie von ihrem Erzeuger. Vermutlich hatte sie dessen Haar- und Augenfarbe geerbt, denn in der Familie ihrer Mutter hatte niemand rötliches Haar und blaugrüne Augen. Der Rest aber war wie eine Leinwand, auf die man nach Belieben Bilder malen konnte.

Vor fünf Jahren hatten sich Antonias Mutter Doris und Ralph Reuter kennengelernt und kurz darauf waren Antonia und ihre Mutter zu ihm aufs Dorf gezogen, wo er bei einer Reparaturwerkstatt für Landmaschinen arbeitete. Antonia, die bis dahin ihre Kindheit in der Südstadt von Hannover verbracht hatte, hatte sich mit allen Mitteln dagegen gewehrt. Sie wollte nicht in eine andere Schule, wollte nicht von ihren Freundinnen getrennt werden und schon gar nicht auf dieses langweilige Dorf ziehen. Und am allerwenigsten wollte sie unter einem Dach mit Ralph leben. Sogar in einen Hungerstreik war sie getreten, den sie immerhin vier Tage durchgehalten hatte. Vergeblich.

„Du gewöhnst dich schon an die neue Umgebung, es ist doch schön da draußen, kein Lärm, kein Gestank. Wir werden einen Garten haben, du wirst neue Freunde finden und Ralph hat dich wirklich gern. Gib ihm wenigstens eine Chance", hatte ihre Mutter sie gebeten. Bald nach dem Umzug hatten Doris und Ralph geheiratet, was Antonia mit gemischten Gefühlen zur Kenntnis genommen hatte. Ralph hatte sogar vorgeschlagen, sie zu adoptieren, damit alle in der Familie einen gemeinsamen Namen tragen würden, aber dagegen hatte Antonia ebenfalls vehement protestiert. Denn wie sollte ihr richtiger Vater sie jemals finden, wenn sie ihren Nachnamen wechselte? Wenigstens in dieser Angelegenheit wurde ihr Protest gehört: Ralph verzichtete auf die Adoption und Antonia durfte ihren Nachnamen Bernward behalten, während ihre Mutter nun Doris Reuter hieß.

Antonia hatte Ralph von Anfang an nicht leiden können und sie war sicher, dass es Ralph umgekehrt genauso ging. Ihre gegenseitige Abneigung war vermutlich das Einzige, das sie gemeinsam hatten, auch wenn Ralph gegenüber Antonias Mutter so tat, als läge ihm Antonias Wohlergehen am Herzen. Es war nicht so, dass Ralph Antonia schlecht behandelte, sie konnte ihm keine konkreten Untaten vorwerfen. Aber Antonia hatte feine Antennen, sie spürte, dass sie für ihn nur das lästige Anhängsel ihrer Mutter war. Also blieb Antonia am Abend meist in ihrem Zimmer, las, chattete oder sah fern. Den Fernseher hatte ihr Ralph geschenkt. Es war ein altes Röhrengerät, das er wahrscheinlich für zehn Euro gebraucht gekauft hatte. Antonia wusste: Das war seine Art, sich seine Stieftochter nach Feierabend vom Hals zu halten. Knickerig war er zu allem hin auch noch. Das einzig brauchbare „Geschenk", das sie je von ihm erhalten hatte, war sein abgelegtes Fotohandy gewesen, nachdem er seinen Vertrag verlängert und ein neues bekommen hatte. Mit einer leisen Wehmut dachte Antonia an die Zeit zurück, als es noch keinen Ralph gegeben und sie die Abende mit ihrer Mutter auf dem großen Sofa verbracht hatte; lesend oder fernsehend, aber jedenfalls zusammen. Doch ihre Beziehung zu ihrer Mutter war seit Ralph deutlich distanzierter geworden. Selbst wenn Ralph auf Reisen war, blieb Antonia in ihrem Zimmer. Wie ein Wellensittich, der sich an seinen Käfig gewöhnt hatte und mit der offenen Tür nichts anzufangen wusste. [...]

Entgegen der Prophezeiung ihrer Mutter hatte sich Antonia in ihrem neuen Zuhause nie wohlgefühlt. Hier war es einfach nur öde. Es gab keinerlei Abwechslung. [...] Antonia verbrachte viel Zeit im Netz. Das Internet war ihr Draht zum Rest der Welt. Es vermittelte ihr das tröstliche Gefühl, am Leben der anderen teilhaben zu können, irgendwie dazuzugehören, auch wenn sie an diesem tristen Ort hier festsaß. Ohne Internet, das war ihr klar, würde sie ihr Leben wohl kaum ertragen.

Über Facebook hatte sie seit einigen Monaten wieder Kontakt zu Freundinnen aus ihrer Kinderzeit in der Südstadt aufgenommen. So war Antonia auch auf die Idee auszuziehen gekommen: Katharina Buchmann, Katie genannt, war vor zehn Jahren zusammen mit Antonia eingeschult worden. Sie hatten in der Grundschule nebeneinander gesessen und waren dicke Freundinnen gewesen. Kürzlich hatte Katie beschlossen, die Schule nach der zehnten Klasse zu verlassen, und in den nächsten Tagen würde sie eine Lehre als Tontechnikerin beginnen. Vor zwei Wochen schon hatte ihr Katie voller Begeisterung mitgeteilt, dass sie in eine WG gezogen sei. „Es ist eine alte Villa am Lindener Berg. Bisschen baufällig, aber okay. Und total billig, mit allem Drum und Dran kostet das Zimmer nur zweihundert Euro. Es ist übrigens noch eins frei ..."

„Das wird meine Mutter nie erlauben!", war Antonias erste Reaktion gewesen. Aber Katie hatte entgegnet: „Dann frag sie doch gar nicht. Meine Eltern waren auch dagegen, aber was wollen sie groß machen? Sie können mich ja schließlich nicht anbinden. Und inzwischen finden sie es ganz okay."

„Aber du verdienst bald schon dein eigenes Geld, ich nicht", hatte Antonia erwidert.

„Du kannst doch jobben", hatte Katie vorgeschlagen. „Und du kriegst bestimmt Schüler-BAföG. Überleg es dir. Dann wären wir zu viert, es wohnen noch zwei Jungs im Haus."

Katies Worte waren Antonia nicht mehr aus dem Kopf gegangen. Ausziehen! Jetzt! Sie war völlig fasziniert von diesem Gedanken.

Quelle: Mischke, Susanne: Röslein stach. Arena 2017, S. 5 ff.

2 Literarischer Text „Röslein stach"

Aufgaben zum Textverständnis

201 Ergänzen Sie die folgende Tabelle zu Antonia. 2 P. ✓

a)	Nachname	Bernward
b)	Vor- und Nachname der Mutter	Doris Reuter
c)	Vor- und Nachname des Stiefvaters	Ralph Reuter
d)	ehemaliger Wohnort	Hannover
e)	jetziger Wohnort	ein Dorf

1 P. | 202 Notieren Sie, inwiefern sich Antonias Verhältnis zur Mutter seit dem Umzug verändert hat.

vor dem Umzug: Eng und viel Zeit miteinander verbracht

nach dem Umzug: deutlich distanzierter geworden.

3 P. | *203 Antonia neigt dazu, in Konfliktsituationen schnell zu weinen.
Notieren Sie,
a) welchen Vorwurf ihr die Mutter und der Stiefvater diesbezüglich machen.
b) warum der Vorwurf für Antonia unbegründet ist.
c) wie sich das Weinen ankündigt.

a) Es ist eine Masche, um ihre Wille durchzusetz
b) Sie kann nichts dagegenmachen.
c) Es bildet sich ein Kloß in ihrer Kehle

4 P. | 204 Antonia will ausziehen.
Notieren Sie,
a) wohin sie ziehen will.
b) welchen Grund sie ihrer Mutter dafür nennt.
c) wer sie auf die Idee gebracht hat.
d) womit die Mutter ihre Ablehnung des Wunsches begründet.

a) Hannover
b) Sie will nicht jeden Morgen ein 3/4 Stunde bis zur Schule fahre
c) Katie
d) Es würde zu viel kosten.

2 P. | *205 Antonia mag ihren Stiefvater nicht. (Zitieren)
Notieren Sie dafür zwei Belege aus den Zeilen 1–20.

• Sie hat innerlich gedacht, wie man ein Mann wie Ralph küssen könnte.
• ~~Sie war glücklich, dass er für eine Woche weg war.~~

206 Aus dem Text geht nicht eindeutig hervor, wie der Stiefvater zu Antonia steht.
Entscheiden Sie, ob sein Verhalten Antonia gegenüber durch Zuneigung oder Abneigung gekennzeichnet ist. Kreuzen Sie entsprechend an.

☐ Zuneigung
☒ Abneigung

Begründen Sie Ihre Entscheidung.

Es sieht so aus, als ob Ralph die Geschenke für Antonia nur gekauft hatte, um los von ihr zu werden.

207 Erklären Sie, was mit dem folgenden Satz gemeint ist:
„Antonia jedoch fühlte sich wie ein Puzzle, bei dem die Hälfte der Teile fehlte." (Z. 120–122)

Da Antonia nichts von ihrer Vater weiß, fühlt sie sich, wie ein Puzzle, bei dem die Hälfte der Teile fehlt.

208 Notieren Sie, wodurch Antonia sich ihrem leiblichen Vater in Gedanken nahe fühlt.

Antonia hat Lebenslauf von

209 Notieren Sie, inwiefern die Mutter dazu beiträgt, dass Antonia ihrem leiblichen Vater nur in Gedanken nahe sein kann.

Ihre Mutter erzählt Antonia nichts über ihrem Vater und antwortet Antonias Fragen nicht.

✗ 1 P. *210 Notieren Sie, woran im Text das personale Erzählverhalten erkennbar wird.

Die Gefühle und Gedanken werden wiedergegeben

✓ 2 P. 211 Ordnen Sie den Beispielen die entsprechende Darbietungsform zu.

1. Erzählerbericht
2. innerer Monolog
3. erlebte Rede
4. direkte Rede

		Darbietungs-form
a)	„Was willst du dann? Die Schule schmeißen? Bei deinen guten Noten?"	4
b)	Sie wartete, bis sie seinen Wagen wegfahren hörte.	1

Textverständnis gesamt: 19 P.
Fundamentum: 11 P.
*Additum: 8 P.

17

Aufgaben zum Sprachwissen und zur Sprachbewusstheit

✗ 1 P. 251 Die Konjunktivform im folgenden Satz drückt eine Vermutung aus. Formen Sie den Satz so um, dass ein reales Geschehen zum Ausdruck gebracht wird.

Sie würden ihn für den Rest der Woche los sein.

Sie ~~wird~~ sind ihn für den Rest der Woche los ~~werden~~.

✗ 2 P. 252 Erklären Sie jeweils die Bedeutung des unterstrichenen Wortes in den folgenden Sätzen.

Satz	Bedeutung
a) Sie haben ihr etwas <u>unterstellt</u>.	werfen ihr etwas vor, das nicht der Wahrheit entspricht
b) Sie ist dem Vorgesetzten <u>unterstellt</u>.	Sie steht unter der Leitung des Vorgesetzten

253 Bestimmen Sie in den folgenden Teilsätzen jeweils die Wortart des unterstrichenen Wortes.

2 P. ✓

	Artikel	Demonstrativpronomen	Relativpronomen
a) Ihre Abneigung war vermutlich <u>das</u> Einzige,	☒	☐	☐
b) <u>das</u> sie gemeinsam hatten,	☐	☐	☒
c) und <u>das</u> war ihr klar.	☐	☒	☐

*254 Notieren Sie die Bedeutung der folgenden Redewendung.

sich auf sehr dünnes Eis wagen

1 P. ✗

Das man weiß, dass es schlecht gehen kann.

255 Notieren Sie ein im folgenden Satz verwendetes sprachliches Mittel.

Sie sieht aus wie eine Millionärin.

1 P. ✓

Vergleich

*256 Ordnen Sie den folgenden Sätzen die entsprechende Begründung für die Kommasetzung zu.

3 P. 2P ✓

1. Satzreihe
2. Aufzählung
3. Infinitivgruppe mit hinweisendem Wort
4. Apposition
5. Satzgefüge

		Nummer
a)	Sie trank einen Schluck Kaffee, nahm ihren Mut zusammen und fing an zu reden.	2
b)	Das war klar, ohne Internet würde sie ihr Leben wohl kaum ertragen.	⑤ 1
c)	Sie hatte wieder Kontakt zu Katie, ihrer Schulfreundin, aufgenommen.	4

Sprachwissen und Sprachbewusstheit gesamt: 10 P. 5P
Fundamentum: 6 P.
*Additum: 4 P.

3 Plastikmüll – Mehr als nur Tüten

Plastik erlebt seit Jahrzehnten einen Boom: In Verpackungen, Autos oder Gebäuden kann es günstig, flexibel und haltbar eingesetzt werden. Das Problem: Reste von Plastikmüll verschmutzen die Meere. Dagegen sollen Verbote von Plastiktüten helfen. Diese lösen das Problem nur bedingt, denn Plastik gelangt auch aus anderen Quellen unbemerkt ins Meer.

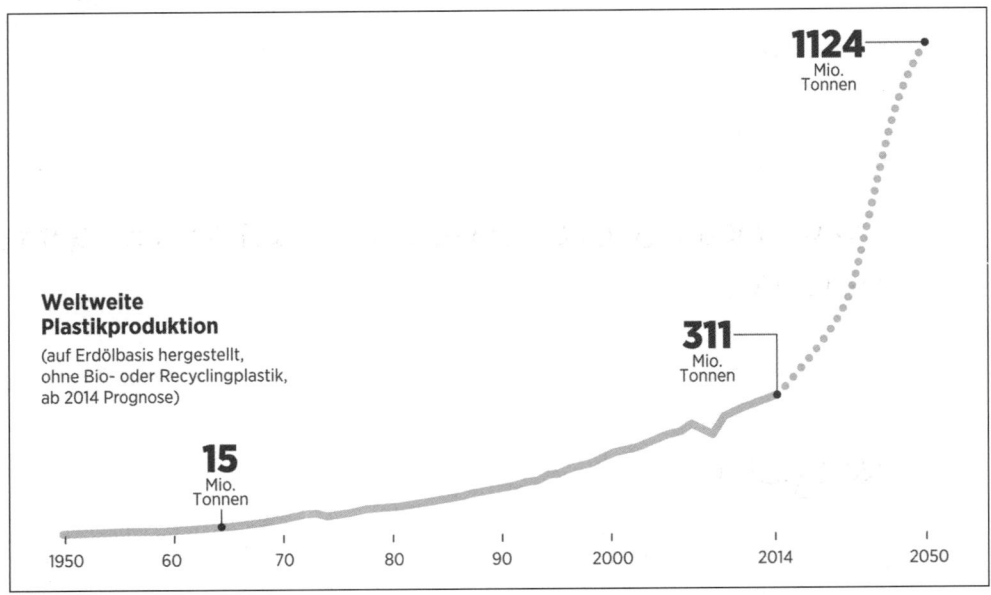

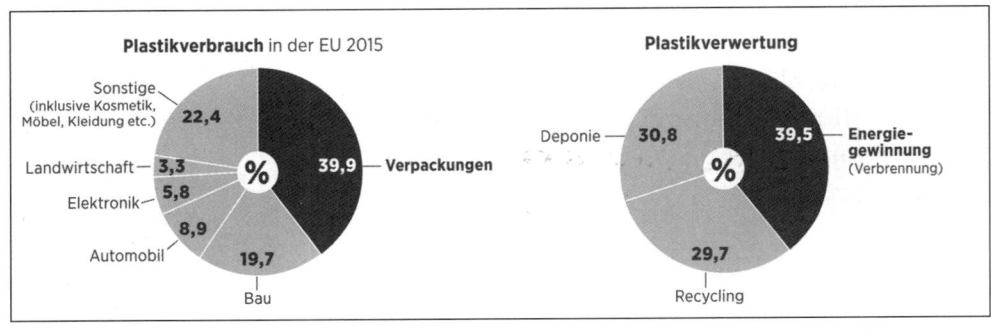

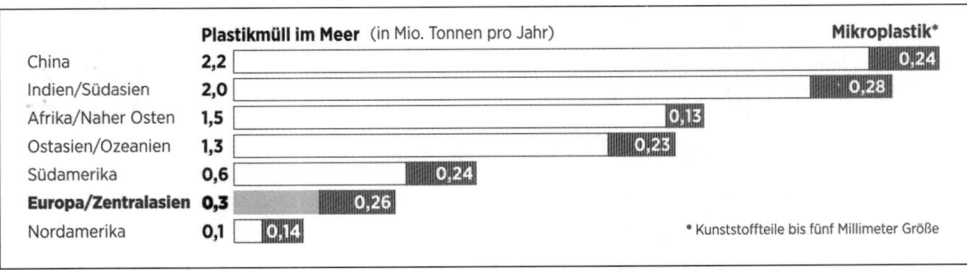

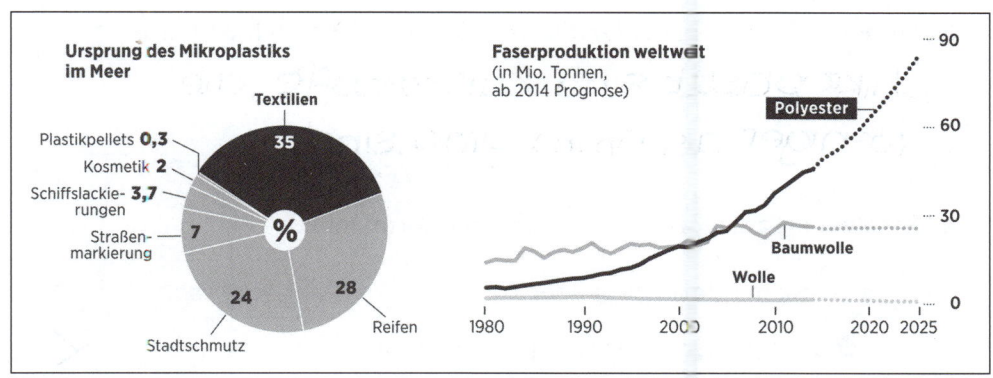

Quelle: Wirtschaftswoche Nr. 11, 10. 03. 2017, Seite 10.

3   Diskontinuierliche Texte „Plastikmüll – Mehr als nur Tüten"

Aufgaben zum Textverständnis

301 Notieren Sie   2 P. ✓

   a) drei Gründe, die für den Einsatz von Plastik sprechen.
   b) eine negative Folge, die mit dem Plastikboom verbunden ist.

   a) • Es ist günstig.
      • Es ist flexibel.
      • Es ist haltbar

   b) Reste von Plastikmüll verschmutzen die Meere.

*302 Notieren Sie, warum die folgende Aussage nicht korrekt ist.   1 P. ✓

      Die weltweite Gesamtplastikproduktion beträgt im Jahr 2014 laut
      Diagramm 311 Millionen Tonnen.

   ~~Das ist~~ sind ~~auf Plastik, das auf Erdöl~~
   Das sind nur Plastiks, die aus Erdöl gemacht wird.

303 Notieren Sie, was in der Grafik als Mikroplastik bezeichnet wird.

Mikroplastik sind Kunststoffe, die weniger als 5mm groß sind.

304 Kreuzen Sie an, worüber die Grafiken informieren.

Die Grafiken informieren über …	richtig	falsch
a) den Anteil der Verpackungen am Plastikverbrauch in der EU 2015.	☐	☒
b) die Herstellung von Plastik auf biologischem Weg.	☐	☒
c) die Herkunft des Mikroplastikmülls im Meer.	☒	☐
d) den Anteil des Mikroplastikmülls am Gesamtplastikmüll im Meer.	☒	☐
e) die Entwicklung der Plastikverwertung in der EU 2015.	☒	☐

305 Ergänzen Sie den folgenden Satz.

Der größte Anteil des Plastikmülls wird verbrannt, um *Energie zu gewinnen.*

✱306 Notieren Sie eine Möglichkeit, wie man bereits in der Faserproduktion den Anteil am Mikroplastikmüll reduzieren kann.

Man kann ~~mehr Fas~~ größere Fasern machen.

✱307 Begründen Sie, warum die folgende Aussage falsch ist.

> In Nordamerika entsorgt jeder Einwohner pro Jahr 150 Plastiktüten im Meer.

Es ist falsch, weil es ist die Mikroplastikverschmutzung in Plastiktüten umgerechnet. Das bedeutet, dass jeder Einwohner in Wirklichkeit 150 Plastiktüten nicht entsorgen.

4 Richtig schreiben

401 Welche Strategie wenden Sie an, um das Wort **hauptsächlich** an der markierten Stelle richtig zu schreiben?
Kreuzen Sie jeweils die zutreffende Rechtschreibstrategie an.

a) e oder ä?		
haupts**ä**chlich	1. Ich zerlege das Wort in seine Bestandteile.	☐
	2. Ich erkenne ein typisches Adjektivsuffix.	☐
	3. Ich suche ein stammverwandtes Wort.	☒

b) g oder ch?		
hauptsächli**ch**	1. Ich verlängere das Wort.	☒
	2. Ich suche ein Wort aus der Wortfamilie.	☐
	3. Ich erkenne den Wortstamm.	☐

2 P. ✓

402 Ergänzen Sie die Tabelle, indem Sie der Schreibung des unterstrichenen Wortes die jeweilige Regel zuordnen.

Regel:
1. Nomen werden großgeschrieben.
2. Nominalisierte Verben werden großgeschrieben.
3. Adverbien werden kleingeschrieben.
4. Adjektive werden kleingeschrieben.

		Nummer der Regel
a)	Antonia hat sich am MORGEN entschieden, das Zimmer zu nehmen.	1
b)	Sie gibt MORGEN ihrer Freundin Bescheid.	~~2~~ 3
c)	Ihre MORGENDLICHE Müdigkeit stößt auf das Unverständnis ihrer Mutter.	4

3 P. 2P

403 Notieren Sie das Suffix, das jeweils über die Groß- oder Kleinschreibung entscheidet.

		Suffix
	Beispiel: Krankheiten	-heit-
a)	Zeugnisse	-niss-
b)	Genügsamkeit	-keit

2 P. 1P

404 Kreuzen Sie an, ob die unterstrichenen Wendungen getrennt oder zusammengeschrieben werden.

		getrennt	zusammen
a)	Antonias Mutter hat nicht die Absicht, für das Zimmer <u>zu zahlen</u> / <u>zuzahlen</u>.	☒	☐
b)	Antonias Mutter möchte nicht für das Zimmer <u>zu zahlen</u> / <u>zuzahlen</u>.	☐	☒
c)	Antonia muss ihren ganzen Mut <u>zusammen nehmen</u> / <u>zusammennehmen</u>.	☒	☐

Richtig schreiben gesamt: 10 P.

$$\frac{57,5}{75} = 76,\overline{6}\,\% = 2$$

5 Überarbeiten eines Textes

Die folgenden Informationen aus einem Reiseführer über die Stadt Venedig enthalten einige Fehler.
Korrigieren Sie nur den jeweiligen Fehler.

R Rechtschreibfehler
Z Zeichensetzungsfehler
G Grammatikfehler
A Ausdrucksfehler

501	Im 8. Jahrhundert entwickelt sich aus den kleinen Inseln einer sumpfigen Lagune die See- und Handelsmacht Venedig.	G (Tempus) *entwickelte*	1 P.	✓
502	Heute gehört die Stadt zum Weltkulturerbe und ist nicht ohne grund Europas beliebtestes Städtereiseziel.	R *Grund*	1 P.	✓
*503	Der Canal Grande, Venedigs großer Kanal, durchfließt die Stadt in zwei großen Bogen und ist die wichtigste Verkehrsader.	Z (Korrigieren Sie direkt im Satz.)	1 P.	✓
504	Moderne Schnellboote und mit Frischwahren beladene Boote sorgen für ein bewegtes Treiben auf dem Kanal.	R *Frischwaren* ~~frischwahren~~	1 P.	✗
505	Auf dem Markusplatz zaubern fantastische Bauwerke gemeinsam mit zahlosen Tauben ein ganz besonderes Ambiente.	R *zauben*	1 P.	✗
*506	Der Glockenturm mit einer Höhe von 99 Meter ermöglicht einen herrlichen Blick über die Lagunenstadt.	G (Kasus) *einem*	1 P.	✗
507	Viele Besucher gucken den herrlichen Markusdom und den Dogenpalast an.	A (Umgangssprache) *schauen*	1 P.	✓
508	Auch Venedigs Cafés sind beliebt, weil man kann dort guten Kaffee trinken.	G (Satzbau) *trinken kann*	1 P.	✓
509	Den Abend lässt man am besten in einem exquisiten Restaurant ausklingen, wo man mit regionalen Köstlichkeiten verwöhnt wird.	Z (Korrigieren Sie direkt im Satz.)	1 P.	✓
*510	Doch die Stadt wird durch die gigantischen Kreuzfahrtschiffe bedroht, obwohl diese die Bausubstanz zerstören.	G (Konjunktion) *, weil*	1 P.	✓

Überarbeiten eines Textes gesamt: 10 P.

Fundamentum: 7 P.
*Additum: 3 P.

7 r

$$\frac{64,5}{85} = 75.8\%$$

6 Erstellen eines Schreibplans

Sollte man Secondhandkleidung kaufen?

Ihre Schule führt ein Projekt zum Konsumverhalten durch. Dazu werden verschiedene Arbeitsgruppen gebildet.
In Ihrer Arbeitsgruppe werden die Vor- und Nachteile des Kaufs von Secondhandkleidung diskutiert.
Die Ergebnisse der Arbeitsgruppen sollen auf der Schulhomepage veröffentlicht werden.

Verfassen Sie in Vorbereitung auf die Veröffentlichung eine Erörterung. Setzen Sie sich darin mit der Frage auseinander, ob man Secondhandkleidung kaufen sollte. Gehen Sie dabei auf die betreffenden Vor- und Nachteile ein.

Lesen Sie zunächst folgende Meinungen, die in der Diskussion geäußert wurden.

- Wenn ich den neuesten Trends folgen möchte, finde ich im Secondhandladen nichts Passendes.
- Ich schone die Umwelt, wenn ich gebrauchte Kleidung kaufe.
- Manche Teile aus dem Secondhandshop sind verwaschen und ausgeleiert.
- Ich mag ungewöhnliche Teile. Und davon gibt es im Secondhandladen jede Menge.

Aufgabe:
Vervollständigen Sie stichwortartig den nachfolgenden Schreibplan in Form eines Gliederungsrasters. Gehen Sie dabei wie folgt vor:
a) Entscheiden Sie, welche der beiden vorgegebenen Positionen Sie als These und Gegenthese verwenden wollen. Streichen Sie die jeweils für Ihren Schreibplan nicht zutreffende These und Gegenthese durch.
b) Leiten Sie aus den vorgegebenen Meinungsäußerungen zwei Pro- und zwei Kontra-Argumente ab.
c) Stützen Sie die Argumente mit jeweils einem Beleg oder Beispiel. Sie müssen dabei auch auf Ihr Alltagswissen und eigene Erfahrungen zurückgreifen.
∗ d) Formulieren Sie noch ein weiteres Pro- und Kontra-Argument und stützen Sie jedes mit einem eigenen Beleg oder Beispiel.
e) Ergänzen Sie Ihre Überlegungen für Einleitung und Schluss des Beitrages, wobei der Schluss Ihre Meinung widerspiegeln soll.
∗ f) Ziehen Sie ein Fazit und formulieren Sie dementsprechend eine Empfehlung.

Gliederungsraster:

		1. Einleitung	
601	Schreibanlass	~~Secondhandkleidungen sind Kleidungen, die man~~ Vintage Kleidungen werden heutzutage immer mehr gekauft und wird langsam zu ein Trend.	1 P.
602	Hinführung zum Thema	Wegen dies kaufen immer mehr Leute Secondhand-kleidungen. Dazu stellt sich die Frage, ob man Secondhand-kleidungen kaufen soll?	1 P.
		2. Hauptteil	
	These **oder** Gegenthese	~~Das Kaufen von Secondhandkleidung ist empfehlenswert.~~ Das Kaufen von Secondhandkleidung ist abzulehnen.	
603	1. Argument	• Wenn ich den neusten Trends folgen möchte, finde ich im Secondhandladen nichts Passendes	1 P.
604	Beleg/Beispiel	• Secondhandladen haben nur alte Kleidungen und alte Trends, ~~deswegen so~~	1 P.
605	2. Argument	• Manche Teile aus dem Secondhandshop sind verwaschen und ausgeleiert.	1 P.
606	Beleg/Beispiel	• Secondhandladen verkaufen ~~kaufen~~ Secondhandjeans, die manchmal verfärbt oder verwaschen sind.	1 P.
*607	3. Argument	• Secondhandkleidungen können auch unhygienisch sein, weil man nicht weiß, was man früher mit der gemacht hat.	1 P.
*608	Beleg/Beispiel	• Secondhand~~kleidung~~ laden ~~waschen~~ können ~~die~~ manchmal die Secondhand-kleidungen nicht waschen.	1 P.

		These **oder** Gegenthese	Das Kaufen von Secondhandkleidung ist empfehlenswert. ~~Das Kaufen von Secondhandkleidung ist abzulehnen.~~
1 P.	609	1. Argument	• Ich schone die Umwelt, wenn ich gebrauchte Kleidungen kaufe.
1 P.	610	Beleg/Beispiel	• Durch das Kaufen von Secondhand Kleidungen gehen viele Kleidungen nicht in Deponien.
1 P.	611	2. Argument	• Ich mag ungewöhnliches Teile. Und davon gibt es im Secondhandladen jede Menge.
1 P.	612	Beleg/Beispiel	• Secondhandkleidungen können alternative Stücke haben und können manche Menschen gefallen
1 P.	✳613	3. Argument	• Secondkleidungen sind billiger und deswegen auch mehr wirtschaftlich
1 P.	✳614	Beleg/Beispiel	• Luxös Secondhandkleidungen kosten normalerweise ein Teil der Normalpreis.
			3. Schluss
1 P.	615	persönliche Meinung	Meiner Meinung nach soll man Secondhandkleidungen kaufen, da sie billiger und mehr umweltfreundlich sind. Aber es gibt auch sehr viele Menschen, die Secondhandkleidungen nicht kaufen, aber ich empfehle, dass man ~~sie~~ immer Secondhandkleidungen kauft.
1 P.	✳616	Fazit	
1 P.	✳617	eine Empfehlung	

Erstellen eines Schreibplans gesamt: 17 P.
Fundamentum: 11 P.
✳Additum: 6 P.

7 Umsetzung des Schreibplans: Verfassen einer Erörterung

Aufgabe:
Verfassen Sie die Erörterung auf der Grundlage Ihres Schreibplans.

Sollte man Secondhandkleidung kaufen?

Nr.	Kriterium	Punkte
701	Einhalten der Gliederung	2 P. (Additum 1, Fundamentum 1)
702	Schreibfunktion	5 P. (Additum 3, Fundamentum 2)
703	Sprachliche Darstellungsleistung	4 P. (Additum 2, Fundamentum 2)
704	Sprachliche Korrektheit (Grammatik)	2 P.
705	Sprachliche Korrektheit (Rechtschreibung)	2 P.
706	Sprachliche Korrektheit (Zeichensetzung)	2 P.
707	Lesefreundliche Form (Übersichtlichkeit/Schriftbild)	1 P.

Verfassen einer Erörterung gesamt: 18 P.
Fundamentum: 12 P.
✶Additum: 6 P.

Hinweis: Wegen der Corona-Pandemie fanden die schriftlichen und mündlichen Prüfungen zum MSA und zur eBBR in **Berlin** im Jahr 2020 nicht statt. Bei den oben stehenden Aufgaben handelt es sich um die **Original-Prüfungsaufgaben 2020**, die in **Brandenburg** gestellt wurden.

1 Influencer: Die Einfluss-Reichen
Mareike Nieberding, Björn Stephan

Schwärmen, Schmollen, Schönreden: Sogenannte Influencer inszenieren ihr Leben im Internet und machen, nicht ganz beiläufig, Werbung. Entstanden ist eine neue Industrie.

Charles Bahr ist Unternehmer und an diesem Wintermorgen noch keine 16 Jahre alt. Es ist fünf Uhr, er sitzt hellwach auf dem Flughafen Berlin-Tegel und überlegt, wie er an eine Limousine kommt. Charles Bahr und ein 18-jähriger Begleiter, der „projektbasiert" für ihn arbeitet, wie Bahr erklärt, sind auf dem Weg nach Zürich, um „ein paar *opportunities*" auszuloten, ein paar Möglichkeiten. Jetzt will Charles Bahr als Erstes die Sache mit der Limousine regeln, genauer gesagt: regeln lassen.

Da lehnt sich also ein Teenager, schmalschultrig, blass und blond, auf einem Hartschalensitz zurück und streckt die Beine aus, während sein Mitarbeiter auf dem iPhone nachschaut, wie teuer es wäre, sich in Zürich vom Flughafen in die Stadt chauffieren zu lassen. Bahr fährt häufig Limousine, am liebsten Mercedes oder Cadillac, aber heute gibt es ein Problem: Die Fahrt kostet 80 Euro. Zu viel für Bahrs drei Kreditkarten, die gerade am Limit sind. Wobei, eigentlich sind es die Kreditkarten seiner Mutter. Zweieinhalb Stunden später reiht sich sein Mitarbeiter am Flughafen Zürich in die Schlange vor dem S-Bahn-Ticketschalter ein, und Bahr wird ungeduldig: „Verdammt, wären wir mal Limousine gefahren!" Der nächste Zug kommt in 14 Minuten. Für jemanden, der mit solch einer Zielstrebigkeit durch die Erwachsenenwelt schießt wie Charles Bahr, eine Zumutung.

Bahr geht in die zehnte Klasse eines Gymnasiums in Hamburg. In der Tasche, die sein Mitarbeiter für ihn trägt, steckt eine Reisevollmacht in einer Klarsichtfolie. Die hat sich Bahr von seiner Mutter unterschreiben lassen, damit er allein ins Ausland fliegen darf. Er ist zu jung für eine eigene Kreditkarte, zu jung eigentlich auch für seine Firma tubeconnect media, ein Unternehmen mit eigenem Büro und zehn Mitarbeitern; Bahr gründete die Firma vor einem Jahr. Sie wird offiziell von einer Freundin seiner Mutter geführt. Seinen Kunden aber kann er offenbar gar nicht jung genug sein. Sie laden ihn zu Meetings nach Berlin und München ein, sie lassen sich von ihm Werbekampagnen entwerfen, er soll ihnen das Internet erklären, genauer: wie man dort junge Menschen in seinem Alter erreichen kann.

Bahr sagt es so: „Ich möchte das Problem lösen, dass die Werbung für meine Generation nicht optimal und effizient kreiert ist." Sein Versprechen an die Firmen, die für seinen Rat zahlen, lautet: Niemand versteht die Jugend so gut wie die Jugend selbst. Niemand versteht sie so gut wie er, Charles Bahr.

In Zürich verbringt er einen langen Tag in einer Messehalle. Dort treffen sich Leute, die im Netz – und nur dort – Stars sind, mit ihren Fans und mit Menschen, die vom Ruhm dieser Stars profitieren wollen. Die Stars sind ziemlich jung, zwischen 14 und 19 Jahre alt, und wenn man sie nicht kennt, dann kann man sie leicht mit den Fans verwechseln: Die Jungen tragen Turnschuhe, Röhrenjeans und Kapuzenpullover, die Mädchen kurze Lederröcke und hohe Schuhe. Sie posieren für Handyfotos, sie führen auf einer Bühne unter Applaus ihre Fitness vor, indem sie Liegestütze und Sit-ups machen, und sie werden umschwärmt von denen, die ihre Bekanntheit ver-

markten: Leuten, die mindestens doppelt so alt sind wie sie, manch einer trägt
85 Anzug.

Man kann sagen, hier trifft die Online- auf die Offline-Welt. Charles Bahr ist der Vermittler zwischen diesen Welten.

Unter grellem Neonlicht sitzt er mit
90 Marketingmenschen zusammen, er quatscht sich in den Backstagebereich, isst argentinisches Rinderfilet mit einem Manager aus Los Angeles, zwischendurch macht er Fotos von sich selbst:
95 Dafür postiert er sich vor Stellwänden, die eng beklebt sind mit Markenlogos. Kurz bevor er die Messe verlässt, steuert er noch schnell auf den Chef einer Eventagentur zu, einen ergrauenden
100 Mann Mitte 40. In der Hand hält Bahr seine Visitenkarte wie eine Waffe. Charles Bahr sagt nicht Hallo oder Entschuldigung. Er sagt: „Ihr macht doch viel für die Telekom, oder?"
105 Der Agenturchef schaut irritiert, will schon weitergehen, aber Bahr hört nicht auf zu reden. Bald flackert im Gesicht des Ergrauenden Neugier auf, und einige Minuten später sagt er: „Danke, ja, lass uns
110 unbedingt in Kontakt bleiben. In dem Bereich können wir noch viel von euch lernen." Er nimmt Bahrs Visitenkarte. Die beiden verabschieden sich mit einem Handschlag. Es war ein Satz, den
115 Charles Bahr fast beiläufig fallen ließ, der das Interesse des Agenturchefs geweckt hat: „Unsere Firma macht ja Influencer-Marketing von Youngsters für Youngsters."

120 Charles Bahr kennt ziemlich viele Wörter aus dem Lexikon der Marketingsprache, flüssig reiht er sie aneinander, „Creator", „Zielgruppenoptimierung", aber kein Wort benutzt er so häufig wie
125 dieses: Influencer. Die Stars des Internets. Die Idole der Gegenwart. Sie sind nicht etwa deshalb berühmt, weil sie über ein besonderes Talent verfügen würden: Influencer, „Beeinflusser",
130 können nicht gut singen, schön tanzen oder erfolgreich Tennis spielen. Sie sind meist schlank und hübsch, das schon, aber nicht außerirdisch schön wie die Supermodels der neunziger Jahre. Es ist
135 gar nicht so leicht zu sagen, was diese Influencer getan haben, um im Netz bei so vielen jungen Leuten so bekannt zu werden, dass um sie herum eine ganze Industrie wachsen konnte, mit Messen wie
140 der in Zürich, mit Firmen wie der von Charles Bahr.

Am ehesten ist es wohl so: Wenn jemand in der Offline-Welt eine Sache besonders gut macht, wird er vielleicht ein
145 Star. Ein Star kann seine Bekanntheit zu Geld machen, indem er seinen Namen, sein Gesicht, seinen Körper an ein Produkt verkauft. Im Internet ist es so: Die Influencer sind auch deshalb Stars, weil
150 sie Werbung machen.

Im Großbritannien des 17. Jahrhunderts dachten die Leute, wenn sie von Influencern sprachen, an Kirchen- oder Staatsoberhäupter. Heute ist ein In-
155 fluencer meist eine junge Frau und manchmal ein junger Mann. Ihre Millionen jugendlicher Fans sehen diese Stars zum Beispiel durch Mailand flanieren, mit einer Handtasche von Dolce & Gab-
160 bana, die so viel kostet, dass ein Schüler dafür mehrere Jahre lang sein Taschengeld sparen müsste. Influencer stehen mit der neuesten Fotokamera von Canon vor einem Tempel in Thailand.
165 Influencer posieren in einem Mantel von Prada vor dem Eiffelturm in Paris, lehnen sich im Bikini der Marke Missoni am Strand von Saint-Tropez an eine Palme oder liegen zu Hause mit einer Flasche
170 Waschmittel von Coral im Bett. Das ist ihre Leistung. Dafür werden sie von ihren Fans gefeiert.

In der Offline-Welt haftet dem offensiven Anpreisen eines Produktes immer
175 noch etwas Negatives an, Lobbyisten zum Beispiel haben keinen besonders guten Ruf, kaum jemand würde etwa stolz verkünden: „Ich arbeite als Lobbyist für die Zuckerindustrie." Ein digitales
180 Dasein als Influencer aber gilt unter den Fans als ehrenwertes, erstrebenswertes Lebensmodell.

Charles Bahr, der Unternehmer, der bald 16 wird, ist mit dem Internet aufge-
185 wachsen. Sein erstes Handy hat er mit

sechs bekommen, sein erstes Smartphone mit zehn. Mit elf hat er angefangen, Videos von sich und seinem Hund hochzuladen. Bahr gehört zu einer Ge-
190 neration, in der nur jeder Fünfte eine Tageszeitung liest und nur jeder Zweite täglich fernsieht. Einer Generation, die stattdessen nach eigener Einschätzung im Durchschnitt 221 Minuten pro Tag
195 im Internet verbringt, meist über das eigene Smartphone. Wenn Bahr auf einem Podium steht oder in einem Konferenzraum sitzt und erklären soll, wie junge Menschen sich im Internet bewegen,
200 dann rasselt er nicht solche Statistiken herunter. Er redet dann als Erstes von seiner Mutter. Er sagt immer denselben Satz, mit leicht spöttischem Unterton: „Meine Mutter ist auf Facebook." Er
205 meint damit: Facebook ist die Heimat der Alten. Bahrs Mutter ist 50.

Vergleicht man ein typisches Instagram-Foto aus dem Jahr 2010 mit einem von heute, dann sieht man, dass das Netz-
210 werk eine Verwandlung durchgemacht hat. Am Anfang posteten die Nutzer Schnappschüsse, auf denen sie auch mal unvorteilhaft wirkten. Was zählte, waren Spontaneität und Schnelligkeit.
215 Heute ist auf Instagram nichts mehr *instant*[1]. Die Nutzer schwelgen dort in einer durch und durch perfektionierten und arrangierten Welt. Da leuchten Sonnenuntergänge in gewaltigen Farben
220 und scheinen Gesichter wie aus Porzellan, den Filtern sei Dank. Vor allem aber hat sich Instagram zu einem globalen Schönheitswettbewerb entwickelt, bei dem bis zur Makellosigkeit bearbeitete
225 Selbstporträts millionenfach um Aufmerksamkeit konkurrieren. Am beliebtesten ist diese Pose, in unzähligen Variationen: leicht geöffneter Mund, angewinkelter Kopf, Blick von oben. Lauter
230 Einzelne, aus denen lauter einförmige Bilder werden. Lauter junge Menschen, viel jünger im Durchschnitt als auf Facebook und Twitter, die Werbung für sich selbst machen.

235 Gibt es einen besseren Ort als Instagram für ein Unternehmen, das Werbung für sich selbst machen möchte? […]

Die Ausgaben für Influencer-Werbung
240 sind zwar nur ein Bruchteil dessen, was für andere Werbeformen ausgegeben wird; Werbung über Influencer ist noch immer etwas Neues. Aber sie ist für die Unternehmen auch sehr attraktiv: end-
245 lich mal eine Werbeform, die ohne sündhaft teure Filmdrehs auskommt, ohne Texter, Regisseure, Kameraleute, Casting-Agenturen. Und die direkt bei der Zielgruppe landet.

250 Eines der beliebtesten Bilder, die jemals auf Instagram gepostet wurden, ist das Porträt einer 25-jährigen Sängerin aus den USA: offenes Haar, rotes Top, lange rote Fingernägel. Als das Bild online
255 ging, war die Sängerin viel unbekannter als die Superstars Beyoncé, Rihanna und Madonna. Auf dem Foto macht sie eigentlich nichts Besonderes. Sie trinkt nur mit einem Strohhalm aus einer Fla-
260 sche. Auf der Flasche steht folgender Satz: „*You're the spark*". Du bist der Funke. Diese Worte bringen die Logik von Instagram auf den Punkt.

[1] *ohne Bearbeitung*

Quelle: Mareike Nieberding und Björn Stephan: Die Einfluss-Reichen, DIE ZEIT Nr. 13/2018, 22. März 2018, https://www.zeit.de/2018/13/influencer-internet-social-media-instagram-werbung

1 Sachtext „Influencer: Die Einfluss-Reichen"

Aufgaben zum Textverständnis

101 Kreuzen Sie an, ob die folgenden Aussagen zu Charles Bahr richtig oder falsch sind.

		richtig	falsch
a)	Er ist blond und schmalschultrig.	☐	☐
b)	Er gründete mit 15 Jahren seine eigene Firma.	☐	☐
c)	Er besucht in Hamburg ein Gymnasium.	☐	☐
d)	Er ist ein Influencer und macht Werbung für Markenartikel.	☐	☐
e)	Er ernährt sich vegetarisch.	☐	☐

102 Ergänzen Sie die folgende Tabelle zu Charles Bahrs Firma.

a)	Firmenname	
b)	offizielle Geschäftsführerin	
c)	Anzahl der Beschäftigten	
d)	Tätigkeitsfeld der Firma	

✱103 Auf den ersten Blick scheint Charles Bahr ein unabhängiges Leben zu führen. Der Text gibt jedoch Hinweise darauf, dass dies nicht immer so ist. Notieren Sie zwei Belege aus den Zeilen 37–50, die seine Abhängigkeit verdeutlichen.

Textbeleg 1	
Textbeleg 2	

✱104 Notieren Sie, welches Problem Charles Bahr mit seiner Firma lösen möchte.

_____

_____

_____

105 Kreuzen Sie an, ob die folgenden Aussagen zu Influencern richtig oder falsch sind.

Influencer ...	richtig	falsch
a) müssen sportlich sein.	☐	☐
b) verdienen durch Werbung Geld.	☐	☐
c) sprechen vor allem junge Menschen an.	☐	☐
d) sind außerordentlich attraktiv.	☐	☐
e) zeichnen sich durch besondere Talente aus.	☐	☐

3 P.

*106 Der Begriff Influencer bedeutet „Beeinflusser" und hat sich im Laufe der Zeit inhaltlich verändert.

Notieren Sie,
a) wer im 17. Jahrhundert in Großbritannien die Beeinflusser waren.
b) wer heute die Beeinflusser sind.

a) _____

b) _____

2 P.

*107 Notieren Sie zwei Vorteile von Influencer-Werbung im Vergleich zu herkömmlicher Werbung.

• _____

• _____

1 P.

108 Die Fotos bei Instagram haben sich im Laufe der Zeit verändert.

Notieren Sie jeweils zwei Merkmale von Instagram-Fotos
a) um 2010.
b) heute.

a) Instagram-Fotos um 2010	• _____ • _____
b) Instagram-Fotos heute	• _____ • _____

2 P.

1 P. 109 Charles Bahr sagt auf Veranstaltungen immer folgenden Satz:

„Meine Mutter ist auf Facebook." (Z. 204)

Erklären Sie, was er damit zum Ausdruck bringen möchte.

_____
_____
_____

Textverständnis gesamt: 17 P.
Fundamentum: 11 P.
✱Additum: 6 P.

Aufgaben zum Sprachwissen und zur Sprachbewusstheit

1 P. 151 Notieren Sie den folgenden Satz in Standardsprache.

Auf der Messe quatscht er mit vielen Menschen.

_____
_____

2 P. 152 Ordnen Sie den Fremdwörtern jeweils ihre deutsche Bezeichnung oder die entsprechende Nummer zu.

1. Auswahlverfahren
2. Verbesserung
3. Vermarktung
4. Vorbild

Fremdwörter	deutsche Bezeichnung/Nummer
a) Optimierung	
b) Idol	
c) Casting	
d) Marketing	

1 P. ✱153 Die folgenden zwei Sätze unterscheiden sich durch die nachträgliche Erläuterung im zweiten Satz.

Erklären Sie, inwiefern sich dadurch die Bedeutung im zweiten Satz verändert.

Satz 1: Influencer machen im Internet Werbung.
Satz 2: Influencer machen im Internet, <u>keineswegs beiläufig</u>, Werbung.

_____
_____
_____

154 Ordnen Sie den Sätzen die entsprechende Begründung für die Kommasetzung zu.

1. Aufzählung
2. Satzgefüge
3. Satzreihe

	Begründung
a) Es ist fünf Uhr, und er sitzt hellwach auf dem Flughafen.	
b) Er ist zu jung für eine eigene Kreditkarte, zu jung für eine eigene Firma.	

2 P.

155 Ergänzen Sie die folgende Tabelle, indem Sie stammverwandte Wörter bilden.

Nomen	Verb	Adjektiv
a) Kritik		
b)	spotten	
c)		optimal

2 P.

156 Formen Sie den folgenden Satz so um, dass er im Passiv steht.

Bahr gründete die Firma vor einem Jahr.

_____

_____

1 P.

*157 Ordnen Sie den folgenden Beispielen die entsprechenden sprachlichen Mittel zu.

1. Personifikation
2. Anapher
3. Metapher
4. Vergleich

	Nummer
a) Er hält seine Visitenkarte wie eine Waffe in der Hand.	
b) Vor dem Ticketschalter bildet sich eine Schlange.	
c) Die Bilder der Stars gehen um die Welt.	

3 P.

Sprachwissen und Sprachbewusstheit gesamt: 12 P.

Fundamentum: 8 P.
*Additum: 4 P.

2 Hyde
Antje Wagner

„Hallo?"

Jemand rief. Ich spähte durch meine Finger. Eine Frau beugte sich aus dem Fahrerfenster – hochgestecktes blondes Haar, Stäbchen darin, registrierte ich. Sie rief mir zu: „Kommst du? Es wird kalt!"

Es ist nichts passiert, Katrina. Nichts passiert! Ich nahm die Hände herunter, atmete aus, die Lähmung löste sich. Erleichterung flutete meinen Körper.

„Oder willst du gar nicht mitfahren?" Der Wind trug ihre Stimme in Fetzen zu mir. Er riss auch an ihrer schönen Hochsteckfrisur.

„Doch! Ich komme!" Ich humpelte vorwärts, so schnell ich konnte. Als ich beim Auto angekommen war und einsteigen wollte, schämte ich mich wegen meiner dreckigen, nassen Stiefel, doch ein Blick ins Wageninnere machte mir klar, dass ich mich deswegen nicht sorgen musste. Buchstäblich jeder Zentimeter war mit Müll bedeckt. Leere Pizzakartons, zerknüllte Einwickelpapiere verschiedenster Süßigkeiten, ausgetrunkene Cola-Zero-Dosen.

Sie bemerkte meinen Blick, sprudelte los: „Frag nicht! Es ist der Wagen meiner Tochter. Am Anfang hab ich den Fehler gemacht, sauber zu machen – aber das löst das Problem nicht. Schieb zur Seite, was stört, aber wirf nichts weg! Sie muss es von selbst wegwerfen wollen, sonst nützt das alles nichts!" Die Frau hatte eine unglaubliche Stimme. Rau, bellend. Wie ein lachender Hund. Mit einer schnellen Handbewegung fegte sie leere Chipstüten vom Beifahrersitz auf den Boden. Ihre vielen Goldarmreifen glitzerten.

Als ich mich setzte, ließ der Schmerz in meinem schwachen linken Bein nach, und am liebsten hätte ich vor Dankbarkeit gestöhnt. Vorsichtig streckte ich das Bein aus, dabei knirschte etwas unter meinen Sohlen. Ich schob den Fuß hin und her. Pflaumenkerne. Kaum saß ich, kapierte ich auch, warum der Wagen geraucht hatte. Er war blau von Zigarettenqualm. Ich *roch* den Rauch mit meiner zugeschwollenen Nase zwar nicht, aber ich *schmeckte* ihn. Jede Pore dieses Fahrzeugs war verstopft davon. Erschöpft lehnte ich mich zurück. Draußen hatte es angefangen zu graupeln. Wie müde ich war, merkte ich erst jetzt. Das Tuch um mein Gesicht war klatschnass von geschmolzenem Schnee.

„Schöne Armreifen", sagte ich.

„Wie bitte?"

Dass ich es immer wieder vergaß, dass die Leute meine Aussprache so schlecht verstanden …

„Die Armreifen", sprach ich langsam. „Sie. Sind. Schön."

„Die gehören zum Job", sagte sie. „Wie das Kleid."

Sie hatte etwas Goldenes an, das wie eine Theaterrobe um sie herumwallte. Mit der Hochsteckfrisur, diesem Kleid und ihrem Gesicht, dessen Schönheit mir wie ein Echo aus der Vergangenheit erschien – zerschlissen, abblätternd, angegriffen von zu viel Rauch und vom Leben –, wirkte sie wie eine Frau aus einem Traum in Sepia.

Sie fuhr noch nicht los. „Ich muss zwar nur zum Radio", sagte sie, „die Leute *sehen* mich also gar nicht. Aber ich brauch das – fürs Gefühl. Man spricht anders mit einem goldenen Kleid, anders als in Jeans und T-Shirt. Man denkt auch anders. Kennst du das?"

„Hm." Ich erinnerte mich an mein erstes Kleid. […]

„Ich bin Josefine", sagte meine Fahrerin und katapultierte mich aus der Vergangenheit zurück in das schmuddelige Auto. Sie sah mich direkt an, lächelte.

„Katrina."

„Karzyna? Ist das polnisch?"

„Nein, *Katrina*", sagte ich so deutlich wie möglich. Ich erwartete irgendeinen Spruch wegen meiner verschliffenen Aussprache. Oder wegen des Tuchs vor meinem Mund. Ich wappnete mich bereits innerlich. Aber nichts. Ich hatte offenbar Glück.

„Was machst du denn so alleine hier draußen in der Kälte? Wissen deine

Eltern, wo du bist? – Wie alt bist du? Fünfzehn? Sechzehn? – Ist das eine Pfadfinderkluft, die du da anhast?"

105 Ich hätte sauer sein können. Schließlich mischte sie sich ein. Aber sie fragte anders als andere. Nicht, als wollte sie mich aushorchen und festnageln, sondern als würde sie sich wirklich Sorgen machen.

110 „Ich. Bin. Achtzehn", sagte ich langsam, stolperte aber trotzdem über einzelne Buchstaben. „Tischlerin. Auf. Der. Walz[1]."

„Oh. Entschuldigen Sie." Sie sah mich
115 genauer an. Sagte aber immer noch nichts wegen des Tuchs. Oder meiner Aussprache. Ich bewunderte die beiläufige Eleganz, mit der sie vom Du zum Sie gewechselt war. „Haben Sie im Motel
120 übernachtet?"

Hatte ich. [...]

„Ich hab mal gehört, dass es so Regeln für Leute wie Sie gibt, die auf der Walz sind", sagte Josefine in meine Erinne-
125 rung hinein. „Sie dürfen für Übernachtungen nicht zahlen, oder?"

Ich nickte.

„Wir Gesellen versuchen da zu wohnen, wo es nichts kostet. Oder wo wir
130 dafür arbeiten", mühte ich mich durch die Sätze. Alle Worte, für die man die Lippen bewegen musste – B, P, M, F, W –, fielen mir schwer. „Wir übernachten in Pfarrhäusern", sagte ich. „Wenn es
135 nicht so kalt ist, auch mal in einer Scheune. Im Motel hab ich ein Fenster repariert und durfte danach ein paar Tage umsonst bleiben." Leider nicht lange genug, um die Bronchitis loszuwerden.

140 „Und jetzt wandern Sie weiter?"

„Wir dürfen keine Verkehrsmittel nehmen, die Geld kosten", sagte ich und bemühte mich wieder sehr um Deutlichkeit.

145 „Das klingt *anstrengend*! Immer nur laufen und trampen und arbeiten ..." Sie hielt mir eine Packung Zigaretten hin. Ich lehnte ab. „Nicht mal einen ordentlichen Fußweg haben sie hier gebaut!",
150 sagte sie und deutete nach draußen. Dann zündete sie sich eine Zigarette an und zog den überquellenden Aschenbecher raus. „Ein *Skandal* ... Jedes Jahr kommen welche um auf dieser Strecke!"

155 Ich musterte sie von der Seite. Ihr Haar hatte die Farbe von Buchenrinde. Einen wirren Moment lang fragte ich mich, ob es auch so roch.

„Wohin wollen Sie eigentlich?" Sie
160 blies Rauch aus.

„Am besten in die nächste Stadt. – Ich suche einen Job", sagte ich und musste dann husten. Ich hustete mich richtig ein, konnte gar nicht mehr damit auf-
165 hören.

„Fette Erkältung, hm?" Sie bellte mir ihr Lachen entgegen, ließ das Fenster auf ihrer Seite runter und die Kälte fegte ins Wageninnere. „Wegen des Rauchs.
170 Sonst ersticken Sie mir noch!" Sie aschte aus dem Fenster und gab Gas.

„Von mir aus können Sie den Mundschutz abnehmen", sagte sie und sprach damit erstmals mein Tuch an.

175 „Nein!", presste ich heraus. „Auf keinen Fall!" Ich checkte in Windeseile das Tuch, zog es exakt über Nase und Mund. Achtete darauf, dass nichts als die Augen herausschauten.

180 „Ach, wissen Sie, bei uns im Sender ist ständig jemand erkältet. Ich hab garantiert alle Bakterien dieser Welt schon durch. Ich bin immun." Sie lachte und da beruhigte ich mich und lachte auch.

185 „Ich lass es besser um", sagte ich. „Man weiß nie." Sollte sie ruhig glauben, das Tuch wäre ein Bakterienschutz.

„Tut mir leid, das mit dem Rauchen", sagte sie. „Aber ich will den Ascher so
190 voll kriegen, dass er sich nicht mehr schließen lässt. Irgendwann muss bei meiner Tochter doch mal der Punkt erreicht sein, an dem sie sich sagt: Jetzt ist das Maß voll, jetzt spuck ich in die Hän-
195 de und mach den Dreck weg!" Sie lachte. „Ich zieh das durch. Ich schwör's Ihnen – und wenn das Auto bis zum Dach hoch verdreckt!"

Ich sah auf den Aschenbecher, in dem
200 nicht nur Kippen, sondern auch zerkaute, graue Kaugummis und ein matschig-braunes Apfelgehäuse lagen.

„Es ist *zutiefst* widerwärtig, ich weiß."

In Abständen streute sie Betonungen
205 in die Sätze und seltsamerweise musste ich an Zoe[2] denken. Wie sie Lauchringe

---

[1] *Wanderschaft eines Handwerksgesellen nach Abschluss der Lehrzeit*

[2] *Katrinas Schwester*

auf unsere Brote gestreut hatte. Und wie die dann immer besser geschmeckt hatten als ohne.

210 „Aber ich kann das durchhalten. Wenn's sein muss, *für immer!*"

Josefine war eine der Fahrerinnen, die gern redeten, aber nicht darauf bestanden, dass man auch etwas erwiderte. Ich 215 war froh darüber. Sprechen war anstrengend. [...]

„Sie suchen also einen Job? Als Tischlerin?" Ich mumpfte zustimmend in mein Tuch.

220 „Möglicherweise weiß ich etwas für Sie", sagte sie. „Da könnten sie jemanden wie Sie *dringend* gebrauchen."

„Eine Schreinerei?"

„Nein. Was anderes. Es ist nur ein 225 kleiner Umweg, etwa dreißig Kilometer. Ich bring Sie hin."

Ich wollte erschrocken abwinken, aber sie hielt meine Hand mitten in der Bewegung auf, drückte sie einfach.
230 „Doch!", sagte sie. „*Nie im Leben* lasse ich zu, dass Sie da draußen weiterstapfen! Es ist so eisig, dass ein Pinguin erfrieren würde!" Damit gab sie meine Hand wieder frei. Josefine bevorzugte 235 Gesten, die man auch aus der Ferne verstehen würde. Sie war der Typ für die Bühne. Hinter jedem Satz hörte man Ausrufezeichen. Alles war *für immer, nie, vollkommen* oder *zutiefst*. Kein Mit- 240 telmaß. Nur Extreme. Das fand ich gut. Ich hatte plötzlich das berauschende Gefühl, sie zu kennen. Das hatte ich noch nie bei jemandem erlebt. Ja, ich kannte sie. Irgendwie. Nicht aus der Wirklich- 245 keit. Aus einer Sehnsucht.

„Um zu sehen, dass Sie *zusammenbrechen* würden, muss man nicht mal Wahrsagerin sein!", rief sie.

Josefine war genau das: Wahrsagerin. 250 Buchbar für Betriebsfeiern, Hochzeiten, Geburtstage, erklärte sie mir. Es war seltsam, aber ich stellte mir einen gefährlichen Moment lang vor, mich ihr anzuvertrauen. Mehr noch: mit ihr befreun- 255 det zu sein. Immer weiterzufahren mit ihr. Immer weiter in den Schnee hinein...

Quelle: Wagner, Antje: Hyde. Beltz & Gelberg in der Verlagsgruppe Beltz, Weinheim/Basel 2018, S. 9–16.

2 Literarischer Text „Hyde"

Aufgaben zum Textverständnis

2 P. 201 Ergänzen Sie die folgende Tabelle zur Erzählerin.

a)	Name	
b)	Alter	
c)	Beruf	

2 P. 202 Kreuzen Sie an, ob die folgenden Aussagen zur Autofahrerin richtig oder falsch sind.

		richtig	falsch
a)	Sie ist blond.	☐	☐
b)	Sie arbeitet beim Radio.	☐	☐
c)	Sie ist erkältet.	☐	☐
d)	Sie trägt Schmuck.	☐	☐
e)	Sie ist auf dem Weg ins Theater.	☐	☐

203 Notieren Sie zwei körperliche Probleme der Erzählerin. 1 P.

- _____
- _____

204 Die Erzählerin trägt ein Tuch vor dem Gesicht. 3 P.

Notieren Sie
a) den Bereich des Gesichts, der vom Tuch <u>nicht</u> bedeckt wird.
b) die Vermutung der Fahrerin über die Funktion des Tuches.
c) die Aussage der Erzählerin, die verdeutlicht, dass die Fahrerin sich irrt.

a) _____

b) _____

*c) _____

205 Für Handwerker auf der Walz gelten bestimmte Regeln. 2 P.
Ergänzen Sie die folgende Tabelle.

Regel	Umsetzung der Regel
a)	Gegenleistung erbringen, z. B. Reparaturarbeiten
b) Es dürfen keine Kosten für die Nutzung von Verkehrsmitteln entstehen.	

*206 Erklären Sie die Strategie, mit der die Fahrerin ihre Tochter zur Ordnung erziehen möchte. 1 P.

_____

_____

_____

*207 Die Erzählerin beschreibt die Fahrerin als „Typ für die Bühne" (Z. 236 f.). 2 P.
Notieren Sie zwei Belege aus den Zeilen 227–240, die diese Beschreibung rechtfertigen.

- _____
- _____

2 P. *208 Die Autofahrerin reagiert anders auf die Erzählerin, als diese es erwartet. Notieren Sie zwei Beispiele, die das verdeutlichen.

- _____
- _____

3 P. *209 Kreuzen Sie an, ob die folgenden Aussagen zur Erzähltechnik richtig oder falsch sind.

		richtig	falsch
a)	Das Erzählverhalten ist auktorial.	☐	☐
b)	Der Text erzählt chronologisch.	☐	☐
c)	Der Text ist in der Ich-Form verfasst.	☐	☐
d)	Der Text ist ausschließlich in Außensicht verfasst.	☐	☐
e)	Das Erzähltempus ist Präsens.	☐	☐

Textverständnis gesamt: 18 P.
Fundamentum: 9 P.
*Additum: 9 P.

Aufgaben zum Sprachwissen und zur Sprachbewusstheit

1 P. 251 Notieren Sie den folgenden Satz in Standardsprache.

   Ich habe eine fette Erkältung.

   _____

1 P. 252 Kreuzen Sie an, welcher Satz der Bedeutung des folgenden Satzes entspricht.

   Der Zustand des Autos ist widerwärtig.

a)	Der Zustand des Autos ist gegenwärtig.	☐
b)	Der Zustand des Autos ist widerwillig.	☐
c)	Der Zustand des Autos ist widerspenstig.	☐
d)	Der Zustand des Autos ist abstoßend.	☐

253 Formen Sie den folgenden Satz in einen Passivsatz um.   1 P.

Nicht mal einen ordentlichen Fußweg haben sie hier gebaut.

_____

_____

*254 Notieren Sie eines der im folgenden Satz verwendeten sprachlichen Mittel.   1 P.

Die Lähmung löste sich langsam.

_____

_____

*255 Erklären Sie die metaphorische Bedeutung des folgenden Satzes.   1 P.

Erleichterung flutete meinen Körper.

_____

_____

_____

_____

*256 Die folgenden Sätze entsprechen dem mündlichen Sprachgebrauch.   2 P.

Es ist nur ein kleiner Umweg. Etwa dreißig Kilometer.
Ich bring Sie hin.

Notieren Sie für die Merkmale mündlicher Sprache jeweils das entsprechende Beispiel aus diesen Sätzen.

Merkmal mündlicher Sprache	Beispiel aus den Sätzen
a) Wortkürzung	
b) Ellipse	

257 Formen Sie den folgenden Satz in ein Satzgefüge um.   1 P.
Beachten Sie die Zeichensetzung.

Ich schämte mich wegen meiner dreckigen Stiefel.

_____

_____

Sprachwissen und Sprachbewusstheit gesamt: 8 P.

Fundamentum: 4 P.
*Additum: 4 P.

3 Geliebte Limonade

Süßgetränke sind weltweit beliebt, ihr Absatz wächst allerdings kaum noch. Das bekommen auch die Marktführer Coca-Cola Company und Pepsico zu spüren. Ein Grund für die beginnende Zurückhaltung könnte in einem wachsenden Gesundheitsbewusstsein liegen. Etliche Länder haben die Zuckerwasser inzwischen mit einer Steuer belegt.

Lukrative süße Sprudel
Marktanteile bei alkoholfreien Getränken in Industrie- und Schwellenländern 2017

Absatz: Mineralwasser 56 %, Saft 3 %, Erfrischungsgetränke 41 %
Umsatz: Mineralwasser 33 %, Saft 7 %, Erfrischungsgetränke 60 %

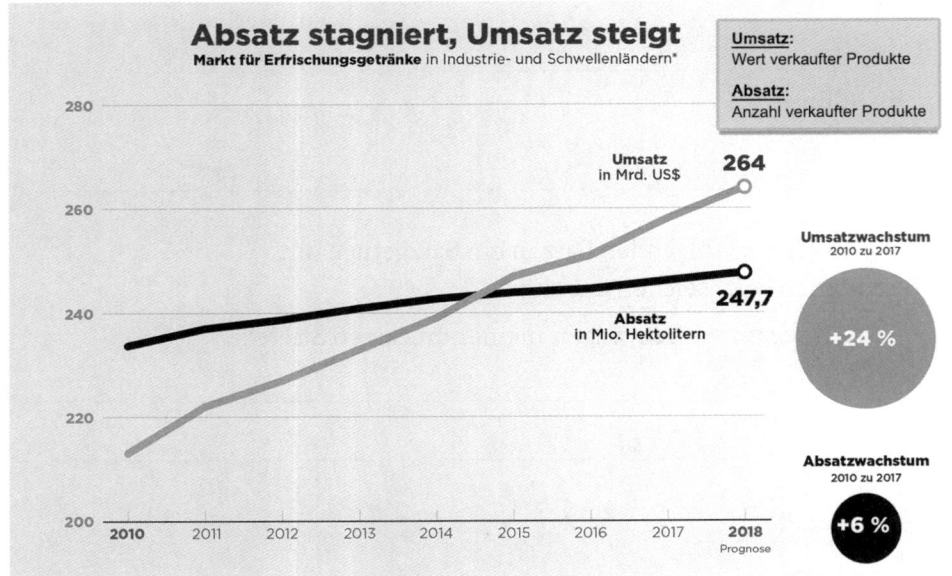

Absatz stagniert, Umsatz steigt
Markt für Erfrischungsgetränke in Industrie- und Schwellenländern*

Umsatz: Wert verkaufter Produkte
Absatz: Anzahl verkaufter Produkte

Umsatz in Mrd. US$: 264 (2018 Prognose)
Absatz in Mio. Hektolitern: 247,7

Umsatzwachstum 2010 zu 2017: +24 %
Absatzwachstum 2010 zu 2017: +6 %

MSA und eBBR (Berlin) / Brandenburg – Deutsch 2021

Die Deutschen stehen auf Mineralwasser

Pro-Kopf-Konsum alkoholfreier Getränke in Deutschland in Litern

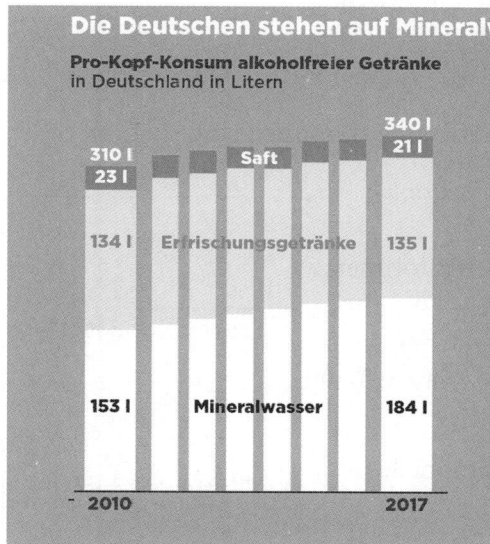

2010: 310 l gesamt — Saft 23 l, Erfrischungsgetränke 134 l, Mineralwasser 153 l
2017: 340 l gesamt — Saft 21 l, Erfrischungsgetränke 135 l, Mineralwasser 184 l

Was deutsche Verbraucher mindestens einmal wöchentlich konsumieren, Anteile 2017

Getränk	Anteil
Mineral-, Tafelwasser	89 %
Fruchtsäfte, -nektar, Multivitaminsäfte	35 %
Cola-Getränke	32 %
Limonade, Brause	29 %
Mineralwasser mit Geschmackszusatz	18 %
Fertig-Schorlen	15 %
Energy Drinks	8 %
Eisteegetränke	8 %
Smoothies	7 %
Fitness-, Sportgetränke	6 %

Basis: 23 106 Befragte, Hochrechnung auf 70 Mio. Personen, Mehrfachnennungen möglich

Coca-Cola sechs Mal unter den Top 10

Die 10 beliebtesten Softdrink-Marken 2017 in Deutschland in Prozent
// Coca-Cola Company

#	Marke	Anteil
1	Coca-Cola	41 %
2	Fanta	23 %
3	Sprite	16 %
4	Mezzo Mix	12 %
5	Coca-Cola light	11 %
6	Red Bull	9 %
7	Pepsi Cola	9 %
8	Coca-Cola Zero	9 %
9	Schweppes	8 %
10	Pfanner Eistee	8 %

Konsum in den letzten 4 Wochen

Andere Länder, anderer Inhalt

Zuckergehalt in Limonadengetränken nach Ländern (Auswahl)

Höchste Menge

Marke	Land	Zuckerwürfel je Liter
Schweppes Tonic	USA	45
Sprite	Thailand	47
Fanta Orange	Indien, Vietnam	43
Coca-Cola	Kanada	39
Pepsi	Japan	39
7up	Kanada	39
Dr. Pepper	USA	36

Deutschland

Marke	Zuckerwürfel je Liter
Schweppes Tonic	30
Sprite	30
Fanta Orange	30
Coca-Cola	35
Pepsi	36
7up	37
Dr. Pepper	22

1 Zuckerwürfel = 3g

Niedrigste Menge

Marke	Land	Zuckerwürfel je Liter
Schweppes Tonic	Argentinien	16
Sprite	Österreich, Polen	19
Fanta Orange	Großbritannien u. a.*	23
Coca-Cola	Thailand	32
Pepsi	Großbritannien u. a.**	35
7up	USA	35
Dr. Pepper	Deutschland	22

*Irland, Argentinien **Griechenland, Serbien, Schweiz

Die Weltmarktführer schwächeln

Nettoumsatz in Mrd. US-Dollar
Pepsico: 63,5 Mrd. US$
Coca-Cola: 35,4 Mrd. US$
(2007–2017)

Nettogewinn in Mrd. US-Dollar
Pepsico: 4,9 Mrd. US$
Coca-Cola: 1,3 Mrd. US$
(2007–2017)

Quelle: Handelsblatt Media Group

3 Diskontinuierliche Texte „Geliebte Limonade"

Aufgaben zum Textverständnis

1 P. 301 Notieren Sie, welcher Quelle die Grafiken entnommen sind.

_____

3 P. 302 Kreuzen Sie an, worüber die Grafiken informieren.

Die Grafiken informieren über …	richtig	falsch
a) den Umsatz und Gewinn von Coca-Cola und Pepsico.	☐	☐
b) den Umsatz und Absatz von Limonade in Industrieländern.	☐	☐
c) den wöchentlichen Limonadenkonsum der Deutschen.	☐	☐
d) die beliebtesten Limonaden der Deutschen.	☐	☐
e) die Tendenz des Absatzes von Limonade.	☐	☐

3 P. 303 Das Wort Limonade wird in den Grafiken als Oberbegriff gebraucht.

Notieren Sie
a) zwei andere Bezeichnungen für Limonade aus dem Vortext.
b) ein Beispiel für Limonade aus der Grafik „Andere Länder, anderer Inhalt".

a) • _____

• _____

b) _____

1 P. *304 Ein gesundheitsbewusster Verbraucher möchte lieber Fanta Orange aus Argentinien als aus Deutschland kaufen.

Notieren Sie den Grund für seinen Wunsch.

_____

_____

✱305 Von 2010 bis 2017 ist der Umsatz von Erfrischungsgetränken um 24 Prozent gestiegen. Die Steigerung des Absatzes beträgt allerdings nur sechs Prozent.

Erläutern Sie, wie dies möglich ist.

_____

_____

1 P.

306 Viele Staaten sind sich der Problematik eines zu hohen Zuckergehaltes von Limonaden bewusst.

Notieren Sie, womit die Staaten Einfluss auf den Zuckergehalt nehmen.

_____

_____

1 P.

Textverständnis gesamt: 10 P.

Fundamentum: 8 P.
✱Additum: 2 P.

4 Richtig schreiben

401 Welche Strategie wenden Sie an, um das Wort **unzählig** an der markierten Stelle richtig zu schreiben?

Kreuzen Sie jeweils die zutreffende Rechtschreibstrategie an.

a) ä oder e?		
unz**ä**hlig	1. Ich bilde ein stammverwandtes Wort.	☐
	2. Ich erkenne ein typisches Adjektivsuffix.	☐
	3. Ich trenne das Wort.	☐

b) u oder U?		
unzählig	1. Ich zerlege das Wort in seine Bestandteile.	☐
	2. Ich bilde den Plural.	☐
	3. Ich erkenne ein typisches Adjektivsuffix.	☐

c) g oder ch?		
unzähli**g**	1. Ich verlängere das Wort.	☐
	2. Ich trenne das Wort.	☐
	3. Ich bilde ein stammverwandtes Wort.	☐

402 „Das" oder „dass"?

a) Kreuzen Sie an, welche Schreibweise im folgenden Satz jeweils richtig ist.

☐ Dass Influencer viel Geld verdienen können, ☐ dass liegt auf der Hand.
☐ Das ☐ das

b) Notieren Sie eine Strategie, mit der Sie Ihre Entscheidungen begründen können.

_____
_____

403 „Wider" oder „wieder"?
Kreuzen Sie entsprechend an.

	wider-	wieder
a) Er möchte sie <u>wider</u>sprechen / <u>wieder</u> sprechen.	☐	☐
b) Er möchte ihr <u>wider</u>sprechen / <u>wieder</u> sprechen.	☐	☐

2 P.

404 Ergänzen Sie die Tabelle, indem Sie der Schreibung der unterstrichenen Wörter die jeweilige Rechtschreibregel zuordnen.

<u>Regel</u>:
1. Nomen werden großgeschrieben.
2. Nominalisierte Verben werden großgeschrieben.
3. Verben werden kleingeschrieben.
4. Adjektive werden kleingeschrieben.

	Nummer der Regel
a) Die <u>JUNGEN</u> sind leicht beeinflussbar.	
b) Die <u>JUNGEN</u> Stars sind Vorbilder.	

2 P.

Richtig schreiben
gesamt: 10 P.

5 Überarbeiten eines Textes

Die folgenden Informationen über einheimische und exotische Mücken enthalten einige Fehler.

Korrigieren Sie nur den jeweiligen Fehler.

- **R** Rechtschreibfehler
- **Z** Zeichensetzungsfehler
- **G** Grammatikfehler
- **A** Ausdrucksfehler

Nr.	Satz	Fehler
501	Nur die weiblichen Mücken überleben den Winter an kühlen feuchten und geschützten Stellen.	Z (Korrigieren Sie direkt im Satz.)
502	So bald die Temperaturen wieder steigen, werden sie ins Freie gelockt.	R
*503	Von den Witterungsverhältnissen im Frühling hängt es ab, wie viele Mücken es im kommenden Sommer gegeben hat.	G (Tempus)
504	Die blutsaugenden Insekten brauchen feuchte Brutplätze, um ihre Eier abzulegen zu können.	G (Satzbau)
505	Sind Überflutungsflechen im Frühling zu trocken, werden sie in ihrer Vermehrung ausgebremst.	R
506	Allerdings können die abgelegten Eier dort Jahre überdauern, bis das nähste Hochwasser kommt.	R
*507	Die nach Deutschland eingewanderten Mückenarten fühlen sich in der Trockenheit megawohl.	A (Umgangssprache)
*508	Während einheimische Arten tiefe Wasserflächen für die Eiablage brauchen, reichen die Exoten kleine Gefäße mit geringem Wasserstand.	G (Kasus)
509	Exotische Mückenarten sind so gefährlich da sie schwere Tropenkrankheiten auf den Menschen übertragen können.	Z (Korrigieren Sie direkt im Satz.)
510	Diese Mückenarten können sich besser vermehren, sodass die Temperaturen steigen.	G (Konjunktion)

Überarbeiten eines Textes gesamt: 10 P.
Fundamentum: 7 P.
*Additum: 3 P.

6 Erstellen eines Schreibplans

> **Können Streaming-Dienste den Besuch von Kultur- und Sportveranstaltungen ersetzen?**

Seit einiger Zeit erfreuen sich Streaming-Dienste immer größerer Beliebtheit. Durch diese Dienste können auch Kultur- und Sportveranstaltungen miterlebt werden.

In Ihrem Unterricht sollen die Vor- und Nachteile von Übertragungen solcher Erlebnisse durch Streaming-Dienste diskutiert werden.

Verfassen Sie in Vorbereitung auf die Diskussion eine Erörterung, in der Sie deren Vor- und Nachteile deutlich machen.

Lesen Sie zunächst folgende Meinungen.

- Ich kann mir meinen Sport ansehen, wann immer ich es will.
- Meine Lieblingsband verdient nichts, wenn ich ihren Auftritt nur streame.
- Eine Eintrittskarte kann ich mir nicht leisten.
- Mit den Massen zu feiern macht viel mehr Spaß als alleine zu Hause zu tanzen.

Aufgabe:
Vervollständigen Sie stichwortartig den nachfolgenden Schreibplan in Form eines Gliederungsrasters. Gehen Sie dabei wie folgt vor:
a) Entscheiden Sie, welche der beiden vorgegebenen Positionen Sie als These und Gegenthese verwenden wollen. Streichen Sie die jeweils für Ihren Schreibplan nicht zutreffende These und Gegenthese durch.
b) Leiten Sie aus den vorgegebenen Meinungsäußerungen zwei Pro- und zwei Kontra-Argumente ab.
c) Stützen Sie die Argumente mit jeweils einem Beleg oder Beispiel. Sie müssen dabei auch auf Ihr Alltagswissen und eigene Erfahrungen zurückgreifen.
*d) Formulieren Sie noch ein weiteres Pro- und Kontra-Argument und stützen Sie jedes mit einem eigenen Beleg oder Beispiel.
e) Ergänzen Sie Ihre Überlegungen für Einleitung und Schluss der Erörterung, wobei der Schluss Ihre Meinung widerspiegeln soll.
*f) Ziehen Sie ein Fazit und formulieren Sie dementsprechend eine Empfehlung.

Gliederungsraster:

		1. Einleitung	
1 P.	601	Schreibanlass	
1 P.	602	Hinführung zum Thema	
		2. Hauptteil	
		These	Streaming-Dienste ersetzen den Besuch von Kultur- und Sportveranstaltungen. **oder** Streaming-Dienste können den Besuch von Kultur- und Sportveranstaltungen nicht ersetzen.
1 P.	603	1. Argument	•
1 P.	604	Beleg/Beispiel	•
1 P.	605	2. Argument	•
1 P.	606	Beleg/Beispiel	•
1 P.	*607	3. Argument	•
1 P.	*608	Beleg/Beispiel	•

		Gegenthese	Streaming-Dienste ersetzen der Besuch von Kultur- und Sportveranstaltungen. **oder** Streaming-Dienste können den Besuch von Kultur- und Sportveranstaltungen nicht ersetzen.	
609		1. Argument	•	1 P.
610		Beleg/Beispiel	•	1 P.
611		2. Argument	•	1 P.
612		Beleg/Beispiel	•	1 P.
✶613		3. Argument	•	1 P.
✶614		Beleg/Beispiel	•	1 P.
		3. Schluss		
615		persönliche Meinung		1 P.
✶616		Fazit		1 P.
✶617		Empfehlung		1 P.

Erstellen eines Schreibplans gesamt: 17 P.

Fundamentum: 11 P.
✶Additum: 6 P.

7 Umsetzung des Schreibplans: Verfassen einer Erörterung

Aufgabe:
Verfassen Sie die Erörterung auf der Grundlage Ihres Schreibplans.

Können Streaming-Dienste den Besuch von Kultur- und Sportveranstaltungen ersetzen?

Punkte	Nr.	Kriterium
2 P. (Additum 1, Fundamentum 1)	701	Einhalten der Gliederung
5 P. (Additum 3, Fundamentum 2)	702	Schreibfunktion
4 P. (Additum 2, Fundamentum 2)	703	Sprachliche Darstellungsleistung
2 P.	704	Sprachliche Korrektheit (Grammatik)
2 P.	705	Sprachliche Korrektheit (Rechtschreibung)
2 P.	706	Sprachliche Korrektheit (Zeichensetzung)
1 P.	707	Lesefreundliche Form (Übersichtlichkeit/Schriftbild)

Verfassen einer Erörterung gesamt: 18 P.
Fundamentum: 12 P.
✷ Additum: 6 P.

Hinweis: Wegen der Corona-Pandemie fanden die schriftlichen und mündlichen Prüfungen zum MSA und zur eBBR in **Berlin** im Jahr 2021 nicht statt. Bei den oben stehenden Aufgaben handelt es sich um die **Original-Prüfungsaufgaben 2021**, die in **Brandenburg** gestellt wurden.

MSA und eBBR (Berlin) / Brandenburg
Deutsch 2022

Um dir die **Prüfung 2022** schnellstmöglich zur Verfügung stellen zu können, bringen wir sie in digitaler Form heraus.

Sobald die Original-Prüfungsaufgaben 2022 zur Veröffentlichung freigegeben sind, können sie als PDF auf der Online-Plattform **MyStark** heruntergeladen werden (Zugangscode vgl. Farbseiten vorne im Buch).

Prüfung 2022

www.stark-verlag.de/mystark